Azalea Roja

Anchee Min

Azalea Roja

Traducción de
Rosa Arruti

CÍRCULO DE LECTORES

A Qigu

AGRADECIMIENTOS

Gracias:

Sandra Dijkstra, mi agente, por tu descubrimiento.

Joan Chen, mi compañera de armas, por tu inspiración.

Xian-Ming Yuan, por tus enseñanzas desde la 51.ª Escuela Secundaria de Shanghai.

Michele Dremmer, por tu afecto.

Diana y Richard K. M. Eu, mi tía y mi tío, el señor S. G. Lee de Harris Meyer de Singapur, y Deborah Mihm, por vuestro sincero apoyo.

Michele Smith, por ayudarme con el inglés desde que llegué a Estados Unidos.

Vincent Yip, mi cuñado, por ser mi «diccionario andante».

Yan-Fang Jiang y Ci-Feng Zhang, mis suegros, por cuidar de Lauryan.

Julie Grau, por tu energía y fe en el libro.

Dan Frank, mi editor, gracias.

NOTA DE LA AUTORA

He traducido los nombres chinos según su significado original en vez de transcribirlos fonéticamente. He cambiado algunos nombres con el fin de proteger vidas.

PRIMERA PARTE

Me crié con las enseñanzas de Mao y las óperas de madame Mao, la camarada Jiang Qing. Me convertí en líder de los pequeños guardias rojos cuando estaba en la escuela primaria. Esto sucedió durante la Gran Revolución Cultural del Proletariado, cuando el rojo era mi color. Mis padres vivían –a decir de los vecinos– como un par de palillos para comer: siempre en armonía. Mi padre era profesor de dibujo industrial en el Instituto Textil de Shanghai, aunque su verdadera pasión era la astronomía. Mi madre era maestra en una escuela de enseñanza secundaria de Shanghai. Daba clases de lo que le pidiera el Partido, un semestre en chino y el siguiente en ruso. Mis padres creían en Mao y en el Partido Comunista, igual que el resto de la gente del vecindario. Tuvieron cuatro hijos, cada uno de ellos con un año de diferencia. Yo nací en 1957. Vivíamos en la ciudad, en la calle Frondosa del Sur, en una pequeña casa de dos pisos ocupada por dos familias. La casa nos la había dejado mi abuelo, muerto de tuberculosis justo antes de que yo naciera.

Fui una adulta desde que cumplí los cinco años. Esto no era algo fuera de lo corriente. Todos los niños con los que jugaba cargaban con sus hermanos pequeños, a los que llevaban atados a la espalda con un trozo de tela. Los pequeños se entretenían con sus mocos mientras nosotros jugábamos al escondite. Me hicieron responsable del control de la familia ya que mis padres se pasaban todo el día en sus unidades de trabajo, exactamente igual que los padres de los demás.

A mis hermanas y a mi hermano les llamaba mis niños porque tenía que recogerlos del parvulario y de la guardería siendo yo misma todavía una párvula. Cuando tenía seis años, mi hermana Flora tenía cinco; mi segunda hermana, Coral, cuatro y mi hermano, Conquistador del Espacio, tres. Mis padres elegían cuidadosamente los nombres que nos ponían. Les consideraban unos excéntricos porque lo normal era que los vecinos llamaran a sus hijos Guardia del Rojo, Gran Salto, Larga Marcha, Estrella Roja, Liberación, Revolución, Nueva China, Camino de Rusia, Resistencia a los Estados Unidos, Explorador Patriota, Incomparable Soldado Rojo, etc. Mis padres tenían ideas propias. Primero me llamaron Lin-Shuan –Sol Naciente en una Montaña– pero luego lo desecharon porque Mao era considerado el único sol. Tras nuevas reflexiones, me llamaron Anchee: Jade de Paz. Además sonaba como la versión china de la palabra inglesa «ángel». Me inscribieron en el registro con este nombre. A Flora y a Coral les pusieron estos nombres por su parecido en chino con el sonido de *chee* (jade). Los motivos por los que mis padres llamaron Conquistador del Espacio a mi hermano eran dos: uno era que a mi padre le apasionaba la astronomía, y el otro, como respuesta al anuncio de Mao de que China no tardaría en construir su propia nave espacial.

Según yo lo entendía, mis padres hacían un trabajo que estaba salvando al mundo. Cada atardecer yo iba a recoger a los niños y me peleaba con los críos de la calle a lo largo de todo el camino hasta casa. Era el plato de cada día acabar con una mejilla amoratada o con la nariz sangrando. No me importaba demasiado. Aunque me asustaba cruzar los semáforos y los callejones oscuros, aprendí a no demostrar miedo, porque tenía que ser un modelo para mis hermanos y enseñarles lo que significaba ser valiente. Después de dejar a los niños a solas jugando en la sala de estar, me iba a encender el horno de la cocina para preparar la cena. Siempre tardaba mucho tiempo en encender la cocina, pues no entendía que la madera y el carbón necesitan aire para arder. Cargaba el horno y cantaba canciones de citas de Mao. Una vez, después de intentarlo muchas veces sin que al horno le diera la gana de encenderse, perdí la paciencia y lo dejé. Luego vino un crío y me dijo que salía humo de la ventana de nuestra casa. Esto pasó en tres ocasiones.

Intentaba acostar a los niños con el cielo aún claro. Los piececitos de mis hermanos pataleaban contra las mantas de algodón y hacían nuevos agujeros sobre los antiguos. La manta no tardaba en hacerse jirones. Cuando la habitación se quedaba en silencio, me apoyaba en el alféizar de la ventana que daba a la entrada del callejón, a esperar a que aparecieran mis padres. Observaba el cielo volverse azul oscuro, cómo salía Venus, y me quedaba dormida junto a la ventana.

En 1967, cuando tenía diez años, nos mudamos. Fue porque nuestros vecinos de abajo nos acusaron de tener más espacio que ellos. Dijeron: ¿Cómo puede una familia de seis miembros ocupar cuatro habitaciones mientras una familia de once sólo tiene una? La Revolución procura la equidad. Se presentaron con orinales y vertieron mierda sobre nuestras mantas. No había policía. La comisaría de policía se consideraba un mecanismo revisionista y había sido clausurada por los revolucionarios. Los guardias rojos comenzaron a saquear casas.

Nadie respondió a nuestra llamada de ayuda. Los vecinos se limitaron a observar.

El vecino de abajo seguía molestándonos. Limpiábamos la mierda noche tras noche, nos tragábamos sus insultos con paciente sumisión. Nos amenazaron con hacernos daño a nosotros, los niños, cuando nuestros padres no estuvieran en casa. Dijeron que su segunda hija tenía todo un historial como enferma mental. En consecuencia, no podían ser responsables de lo que pudiera hacer. La segunda hija se presentó allí y me enseñó un hacha que acababa de afilar. Dijo que podría abrirme la cabeza en dos como se abre un melón. Me preguntó si me gustaría que lo hiciera. Yo le contesté: Espera aquí y ya te diré luego si me gustaría o no. Agarré a mis hermanas y a mi hermano, echamos a correr y nos apretujamos en una alacena hasta la noche.

Un día, cuando mi madre entraba por la puerta después del trabajo, la segunda hija saltó sobre ella. Las vi forcejear hasta el hueco de la escalera. Tras recibir un empujón, mi madre fue tumbada a la fuerza contra el suelo y acuchillada con las tijeras. Yo me quedé espantada. Permanecí de pie al lado mismo de mi madre viendo la sangre que le corría por la cara y las muñecas. Quise gritar pero me había quedado sin voz. La segunda hija bajó al piso inferior y se cortó sus propias muñecas con las tijeras. Luego se lanzó apresuradamente hacia un montón de curiosos que se había apiñado ante la puerta y sus manos ensangrentadas se alzaron en el aire. Gritó: Miradme. Soy una trabajadora que ha sido atacada por una intelectual burguesa. Camaradas, esto es un asesinato político. Los miembros de su familia salieron. Se pusieron a gritar: Una deuda de sangre debe pagarse con sangre.

Mi padre dijo que debíamos trasladarnos. Teníamos que escapar. Escribió pequeñas notas en las que describía nuestra casa y lo que le gustaría a cambio. Enganchó las notas a troncos de árboles por las calles. Al día siguiente, una camioneta se presentó en nuestra puerta cargada de muebles. Se bajaron cinco hombres de la camioneta diciendo que venían a intercambiar su casa por la nuestra. Mi padre respondió que todavía no habíamos mirado lo suficiente como para decidirnos. Los hombres contestaron: Nuestra casa es perfecta para vosotros y está lista para que os instaléis. Mi padre respondió que no sabíamos qué aspecto tenía. Los hombres dijeron: Id ahora a echar un vistazo, os gustará. Mi padre preguntó cuántas habitaciones había. Ellos dijeron que tres, muy bonitas, según el prototipo de Shanghai. Mi madre les preguntó: ¿Sabéis que la segunda hija de nuestra vecina de abajo es una enferma mental? Los hombres dijeron que eso no sería ningún problema. Dijeron que acababan de pegar a la segunda hija y que había confesado que era normal y que su familia sólo quería tener más habitaciones. Había prometido no causar más problemas en el futuro. Los hombres explicaron que eran un padre y sus hijos y que todos ellos trabajaban en una fábrica de acero de Shanghai. Los hijos necesitaban habitaciones para poder casarse. Las necesitaban rápidamente. Mi padre dijo: Por favor, dejad que nos lo pensemos. Los hombres respondieron: Esperaremos ante vuestra puerta mientras os decidís. Mi padre dijo: No podéis hacer eso. Los hombres respondieron: No es ningún problema. Mis padres decidieron echar un vistazo a la casa de los hombres en la calle Shanxi.

Me pidieron que vigilara la casa mientras ellos estaban ausentes. Estaba haciendo los deberes cuando vi que los hombres empezaban a descargar sus muebles. Después empezaron a mover los nuestros. Me acerqué a ellos y les dije: Mis padres no han regresado todavía. Los hombres contestaron que les gustaría ayudarnos mientras dispusieran aún de la camioneta. No podréis conseguir en ningún sitio que os dejen una camioneta para cuando hayáis decidido que estáis listos para trasladaros –dijeron–. ¿Vais a trasladar todas estas cosas con vuestras pequeñas manos desnudas?

Cuando mis padres regresaron, la mayor parte de nuestros muebles estaban instalados en la camioneta. Mi madre dijo: No es esto lo que quiero, no nos podéis obligar a trasladarnos. Los hombres respondieron: Somos trabajadores, esto no es un pasatiempo. Vosotros pusisteis un anuncio, nosotros hicimos una buena oferta. Hoy es domingo, nuestro único día libre. No nos gusta que nos tomen el pelo. Hemos pegado a la segunda hija de los vecinos de abajo porque nos tomó el pelo.

Mi padre se llevó a un lado a mi madre y a los niños. Dijo: Debemos irnos. Traslademonos, olvidémonos de la equidad. Y así lo hicimos. Nos mudamos a la calle Shanxi en el distrito Xu-Hui. Se trataba de una hilera de casas. Nuestro piso tenía dos habitaciones compartidas por tres familias. El piso era propiedad del gobierno. Las tres familias tenían que compartir un retrete. Ocupamos la parte delantera del piso. Además de una sala, había un porche y una cocina. La familia que ocupaba la parte trasera del piso estaba formada por cinco miembros. Vivían en una habitación y su hornillo para cocinar estaba justo junto al retrete. Esto no me gustaba porque, a menudo, cuando iba a cagar ellos estaban cocinando. La tercera familia del piso vivía en un espacio habilitado en el porche de la parte de atrás. Eran gente muy tranquila.

Mi padre dijo: Adaptémonos a nuestra nueva vivienda. Pensad en ello de este modo: las cosas podrían ser peores, podrían habernos matado. Por lo menos aquí estamos seguros. Todos nos mostramos conformes y luego nos sentimos mejor. En el piso de arriba había una familia con seis hijos. La tercera hija tenía mi edad. Su nombre oficial era Girasol pero en su casa la llamaban Pequeño Ataúd porque estaba tan delgada como un esqueleto. Bajó para preguntarme si me gustaría participar en el seminario de estudio de Mao que seguía su familia cada noche después de cenar. Le contesté que tenía que preguntárselo a mi padre. Mi padre dijo que no, que no quería tener la Revolución en casa. Me sorprendió. Pasé toda una noche pensando si mi padre sería un contrarrevolucionario clandestino y si debería informar o no sobre él.

Pequeño Ataúd se sintió defraudada cuando se enteró de que no iba a asistir al seminario de estudio de Mao que organizaba su familia. Volvió al piso de arriba y oí que su familia empezaba a cantar: «Rojo en el Este, sale el sol, China ha dado a luz un Mao Zedong...». Yo admiraba a su familia. Deseaba que nosotros pudiéramos hacer lo mismo.

A nosotras las chicas nos organizaron para dormir en el porche mientras mi hermano dormía en la cocina. Mi madre añoraba tremendamente nuestra vieja casa. Echaba de menos tener un lavabo para nosotros solos.

La mañana siguiente a nuestro traslado, un lunes, recuerdo, me despertó el fuerte sonido de un timbre eléctrico. Me asomé a la ventana y miré abajo. En la planta baja había un taller de materiales de cable y alambre. Cuando el potente timbre eléctrico sonaba a las siete y media, un tropel de mujeres entraba apresuradamente. Las cabezas se movían como abejas abriéndose paso a empellones para entrar en la colmena. Había unas doscientas mujeres trabajando entre la planta baja y el callejón trasero cubierto en su tercera parte por un tejadillo. Las mujeres eran normalmente amas de casa. No tenían estudios pero solían ser eficientes en los trabajos manuales. En el taller conectaban cables y soldaban todo el día. Se traían de casa el almuerzo y se lo comían en el patio. Desde mi ventana podía ver lo que comían, en su mayor parte pescado conservado en sal y tofu. Algunas de ellas recibían cupones para leche ya que los cables que soldaban llevaban sustancias químicas tóxicas. El olor de estas sustancias llegaba hasta el piso de arriba cuando tendían los alambres en el patio.

A las mujeres de abajo les gustaba charlar, discutir y cantar óperas de la camarada Jiang Qing, madame Mao. Los vecinos las describían como «Fuerte Pelea los Lunes, Miércoles y Viernes, Pequeña Discusión los Martes, Jueves y Sábados». Tenían altavoces en cada habitación. Por la tarde, alguien leía en voz alta las obras de Mao y artículos del *Diario del pueblo* y de la revista *Bandera roja*. A las tres y media, cuando regresábamos de la escuela, oíamos una cinta con música para hacer gimnasia que ponían a diario. Las mujeres salían al exterior, formaban hileras y ocupaban toda la callejuela para hacer diez minutos de estiramientos. A menudo me apoyaba en el antepecho de la ventana con mis hermanas y mi hermano para observarlas. Al cabo de poco tiempo empezamos a conocer algunos apodos de las mujeres, como Chow-Di –Atrae a un Chico–, Lai-Di –Consíguete un Chico–, Shuang-Di –Doble Chico–, Yin-Di –Gana un Chico– y Bao-Di –Garantízate un Chico–. Estos nombres me turbaban. Aunque no podía vincularme a ellos, empezó a invadir mi mente la idea de que haber nacido chica era algo triste. En el taller se hacían turnos de trabajo. La máquina de alambre estaba en marcha día y noche. Mi padre pasó una mala temporada intentando acostumbrarse al ruido. No podía dormir. Bajó a protestar pero no sirvió de nada. Las mujeres necesitaban trabajar, contestó el jefe. Se trataba de una tarea revolucionaria.

Los niños de nuestro callejón iban con frecuencia a

ver a las mujeres mientras empalmaban alambre. Las mujeres los lijaban antes de darles forma. Nos daban papel de lija y también nosotros los lijábamos. Era divertido. Nos dijeron que los alambres serían enviados a Vietnam. Lo que estábamos haciendo era un secreto nacional. Las mujeres recibían como premio certificados de honor del gobierno. El certificado de mayor tamaño fue enmarcado y colgado de la pared. Ponía: Honor y Gloria al Taller de Ferretería Wu-Lee.

Fui a la Escuela Primaria Larga Felicidad. La escuela se encontraba seis calles más allá de nuestra casa. Mis nuevos compañeros de clase se reían de mí porque siempre llevaba la misma chaqueta agujereada. Me la ponía en todas las estaciones. Eran las ropas viejas de mi prima. Flora también solía llevar esas mismas ropas cuando a mí me quedaban demasiado pequeñas. Cuando ya tenían remiendos en los cuellos y los codos, las heredaba Coral. Más remiendos. Las ropas se rompían pese a sus cuidados. Sabía que Conquistador del Espacio esperaba su turno. Conquistador del Espacio siempre iba vestido con harapos. Esto hacía que me sintiera culpable. Los muchachos del nuevo vecindario eran antipáticos. Nos atacaban a menudo. Nos llamaban «Harapos» y «Pulgas». Mi padre nos dijo: No puedo permitirme compraros ropas nuevas para que parezcáis más respetables, pero si sois aplicados en la escuela, os respetarán. Los niños malos pueden quitaros la cartera pero no pueden quitaros la inteligencia. Seguí la enseñanza de mi padre y funcionó. Al poco tiempo fui aceptada como miembro de la Pequeña Guardia Roja y después elegida jefe por mis buenas notas. Era una líder por naturaleza. Adquirí experiencia en mi propia casa desde muy corta edad. En esos días, aprender a ser un revolucionario lo era todo. Los guardias rojos nos enseñaban cómo destruir y cómo reverenciar. Saltaban de los edificios para mostrar su lealtad a Mao. Se decía que la muerte física no importaba. Era liviana como una pluma. Sólo muriendo por el pueblo, la muerte tenía más peso que una montaña.

Mis padres nunca hablaban de política en casa. Nunca se quejaban del trabajo que les asignaban. En 1971 mi padre dejó de ser profesor de la escuela profesional: le enviaron a trabajar a una imprenta como auxiliar administrativo. Aunque mi madre tenía un título universitario, la destinaron a una fábrica de zapatos. Que uno fuera miembro de la clase obrera era una exigencia política, dijo su jefe. El Partido lo denominaba programa de reeducación. Mis padres no eran felices con sus trabajos, pero se portaban correctamente por nosotros, sus hijos. Las críticas que hubieran podido recibir habrían acabado afectándonos.

Mi madre no servía para ser lo que no era. Sus colegas decían que era desacertada políticamente. Un día, cuando le ordenaron que escribiera el lema: «Una larga, larga vida para el presidente Mao» en papel parafinado, escribió:

敬祝毛主席万寿无疆!

¡Una larga, larga vida para el presidente Mao!

敬祝毛主席无寿无疆!

¡Ninguna, ninguna vida para el presidente Mao!

«Ninguna, ninguna vida para el presidente Mao.» En chino, «Una larga, larga vida» se traduce como «Diez mil años sin ningún final», y por lo tanto había un carácter que significaba «ningún» o «no» en la frase. Mi madre se armó un lío con los caracteres y al final el escrito se convirtió en «Ningún año sin final». Fue un accidente, según dijo. Estaba sufriendo un fuerte dolor de cabeza cuando le ordenaron que hiciera el trabajo. No se le autorizaba descansar cuando tenía la presión sanguínea alta. No entendía por qué lo había escrito de aquel modo. Siempre había querido a Mao, confesó. En la reunión política semanal a la que tenía que asistir todo el mundo en el distrito, la criticaron. Dijeron que lo había hecho de mala idea. Habría que tratarla como a una delincuente. Mi madre no sabía cómo justificarse. No sabía qué hacer.

Hice un borrador de un discurso de autocrítica para mi madre. Entonces tenía doce años. Escribí citas famosas de Mao. Decía que el presidente Mao nos enseña que debemos permitir que la gente corrija sus errores. Ése es el único modo de aprender el verdadero comunismo. Un error cometido por un inocente no es un delito. Pero cuando a un inocente no se le permite corregir el error, eso sí es delito. Desobedecer las enseñanzas de Mao es un delito. Mi madre leyó mi borrador en la reunión de su escuela y fue perdonada. Cuando volvió a casa, me dijo que era muy afortunada por tener una hija tan lista como yo.

Pero a la semana siguiente volvieron a sorprender a mi madre. Estaba utilizando un trozo de periódico con la foto de Mao para limpiarse en el retrete. Todos nos limpiábamos con papel de periódico en aquellos días porque era muy poca la gente que podía permitirse el papel higiénico. Mi madre enseñó una carta del médico en la reunión semanal de las masas que demostraba que tenía la presión sanguínea extremadamente alta cuando el incidente tuvo lugar. Esta vez no la perdonaron. La enviaron a trabajos forzados en una fábrica de zapatos. La fábrica producía botas de goma. Cada par pesaba cinco kilos. Su trabajo era sacar las botas de los moldes. Ocho horas al día. Cada noche llegaba a casa y se desplomaba.

En cuanto atravesaba la puerta, se dejaba caer sobre una silla. Se quedaba allí sentada, sin moverse, como si se estuviera muriendo. Yo hacía que Flora trajera una toalla húmeda y una jarra de agua, Coral un abanico de bambú, Conquistador del Espacio una taza de agua y yo misma le quitaba los zapatos. Luego esperábamos en silencio a que se reanimara y entonces empezábamos nuestro ceremonial. Nuestra madre sonreía feliz y dejaba que la atendiéramos. Le enjugaba la espalda mientras Flora la abanicaba. Coral volvía a empapar la toalla, me la pasaba, y entonces Conquistador del Espacio cambiaba el agua. Enseguida oíamos los pasos de nuestro padre subiendo por la escalera. Siempre esperábamos que abriera la puerta y nos hiciera una mueca burlona.

A menudo nos quedábamos sin comida cuando llegaba final de mes. Nos convertíamos en animales famélicos. Pasábamos tanta hambre que una vez Coral cogió un frasco del armario y se tragó unas píldoras para la diarrea de color rosa. Pensaba que eran golosinas. Su intestino se resintió. Conquistador del Espacio engullía mondas y corazones de fruta que cogía de los basureros de la calle. Flora y yo bebíamos agua anhelando que se acabara el día.

Madre recibía la paga el día cinco de cada mes en la estación de autobuses. Aquel día íbamos a esperarla. Cuando se abría la puerta del autobús, madre se bajaba con energía, con el rostro resplandeciente. Nosotros saltábamos sobre ella como monos. Nos llevaba a una panadería cercana para que comiéramos hasta saciarnos. No dejábamos de tragar hasta que nuestros estómagos estaban tan duros como melones. Nuestra madre era la mujer más feliz de la tierra en aquellos momentos. Era el único día en que no parecía estar enferma.

Mi padre no sabía hacer zapatos, pero los hacía para todos nosotros. Parecían pequeños barcos, con dos lados que se torcían hacia arriba, ya que las suelas que compraba eran demasiado pequeñas para ajustarse a la parte superior. De todos modos, las perforaba y las cosía. Utilizaba un destornillador. Cada domingo remendaba nuestros zapatos con los dedos envueltos en vendas. Lo hizo hasta que Flora y yo aprendimos a hacer zapatos con harapos.

Un día, nuestra madre vino a casa con un montón de frascos de medicinas. Llegaba del hospital. Tenía tuberculosis y le dijeron que se pusiera una mascarilla quirúrgica para estar en casa. Dijo que, en cierto modo, estaba contenta de tener la enfermedad ya que por fin podría pasar tiempo con la familia.

Me convertí en una activista de Mao en el distrito y gané concursos por ser capaz de recitar el Pequeño Libro Rojo.

Me convertí en una entusiasta de la ópera. No existían muchas formas de entretenimiento. La palabra «entretenimiento» se consideraba una sucia palabra burguesa. La ópera era otra cosa. Era una afirmación proletaria. Las óperas revolucionarias habían sido creadas por madame Mao, la camarada Jiang Qing. El hecho de que te entusiasmaran o no las óperas suponía una actitud política determinante. Demostraban si se era o no un revolucionario. Las óperas se enseñaban por la radio y en la escuela, y las organizaciones de los vecindarios las promocionaban. Durante diez años. Las mismas óperas. Escuchaba óperas cuando comía, caminaba y dormía.

Crecí con las óperas. Se convirtieron en mis células. Decoré el porche con carteles de mis heroínas operísticas favoritas. Cantaba óperas allí por donde iba. Mi madre me oía cantar en sueños; decía que las óperas me alimentaban. Era verdad. No podía pasar un día sin escucharlas. Pegaba la oreja a la radio y me figuraba las respiraciones de la cantante. La imitaba. El aria se llamaba «No abandonaré la batalla hasta que las bestias estén muertas». La cantaba Ciruela de Hierro, un personaje adolescente de una ópera llamada *La linterna roja*. No dejaba de cantar el aria hasta que me dolían las cuerdas vocales. Continuaba forzando mi voz hasta las tonalidades más altas:

> Mi Padre es un pino, su voluntad es fuerte.
> Un héroe de espíritu indomable,
> es un verdadero comunista.
> Y yo te sigo,
> camino a tu lado y nunca vacilo.
> Alzo la linterna roja en lo alto,
> la luz me guía hacia delante.
> Te sigo para derrotar a las bestias,
> mi generación y la siguiente...

Era capaz de recitar todos los libretos de las óperas *La linterna roja*, *La montaña del engaño del tigre*, *El estanque de Sha-Jia*, *El puerto*, *Ataque sorpresa sobre el regimiento del tigre blanco*, *El destacamento rojo de mujeres*, *Canción del río del dragón*. Mi padre no soportaba mis sonoros lamentos acompañando a la radio; siempre gritaba: ¿Te estás ahorcando en la cocina, o qué?

Nuestra abuela del campo nos trajo una gallina joven. El vecino de al lado, el Viejo Sastre, se quedó impresionado cuando la vio por la gran cantidad de plumas marrón oscuro que tenía junto al pico. Dijo que era como la barba de Karl Marx. Así que a la gallina le pusimos el nombre de *Gran Barba*. *Gran Barba* era la mascota de la abuela y del abuelo. Estaba con ellos desde que tenía sólo dos días. Nuestra abuela se dio cuenta de que era demasiado pobre para mantenerla y pasó un mal trago cuando quiso matarla para comérsela. Nos la trajo a Shanghai y nos dijo que nos la comiéramos nosotros. *Gran Barba* es demasiado joven para poner huevos –dijo la abuela–. Una gallina no vale nada si no da huevos. *Gran Barba* hizo un sonido co-co-co e inclinó la cabeza al oír los comentarios. Su cresta era muy, pero que muy roja, como un trozo de carbón candente. Cocedla al vapor con vino de sorgo –dijo la abuela–. Tendrá un sabor delicioso. Le pedimos a la abuela que se quedara para comerse a *Gran Barba* con nosotros, pero meneó la cabeza con rapidez y dijo: Coméosla vosotros. Yo soy alérgica a la carne de pollo. Cogió su equipaje y se alejó caminando, casi corriendo. Sus pequeños pies apenas podían marcar el paso.

Así pues, ¿quién iba a matar a *Gran Barba*? Yo no –dijo mi padre–. Ni siquiera estoy interesado en comérmela ahora que la he visto... Mi padre se quedó mirando fijamente a *Gran Barba*. *Gran Barba* movió la cabeza de un lado a otro, hizo el sonido co-co-co y luego se alisó las plumas con el pico. Nuestro padre volvió a su escritorio. *Gran Barba* agitó las alas en dirección a nuestra madre: Oh no, yo no, no puedo matar ni una mosca, ya lo sabéis. Se quedó mirándome y lo mismo hicieron los niños. Sabía lo que querían decir: Tú eres la más valiente. Tú deberías ser la carnicera.

Y yo dije: Lo haré. No le di mucha importancia. Había preparado buenos platos con palomas vivas, cangrejos y ranas. A una gallina podría quitarle las plumas en diez minutos, igual que lo había visto hacer en el mercado con los patos después de que les cortaran el cuello. Los carniceros los colgaban por las patas, dejaban que la sangre goteara completamente, los sumergían en agua hirviendo, los sacaban y les quitaban las plumas.

Mis hermanas y mi hermano me hicieron un gesto afirmativo. Nunca dudaban de mi determinación. Mi madre dijo: Sácala al patio; no quiero oír nada. Espera –me tiró de la manga–, quizás deberíamos dársela a la gente de arriba. ¿Por qué?, preguntamos todos nosotros. Simplemente es que no aguanto la idea de ver a mis hijos matar. Así era nuestra madre. Ella hizo que nos perdiéramos muchas diversiones. Nos hacía soltar los pájaros que atrapábamos, el gatito que encontramos. Yo le dije: Lo haremos en el patio. No se oirá ningún ruido. Aquella gallina valía como mínimo cinco yuans en el mercado. La paga de cinco días de trabajo de una persona, pensad un momento en ello. Mi madre se quedó callada cuando yo cogí a *Gran Barba* por las alas. *Gran Barba* hizo más sonidos co-co-co mientras forcejeaba en mis manos. Conquistador del Espacio dijo: No llores, no es tan terrible, te vamos a enviar con Karl Marx, para que comparéis vuestras barbas. Yo repliqué: Cállate, Conquistador del Espacio, ve a traerme unas tijeras grandes. De repente, antes de que Conquistador del Espacio saliera, recibí un picotazo. *Gran Barba*, la gallina, me había picoteado. Su pico parecía un par de tijeras. La solté. Se puso a volar arriba y abajo junto a la escalera. Después de golpearse en el techo varias veces, cayó bruscamente al patio de cemento.

Se quedó allí, la gallina, *Gran Barba*, sobre el estómago, encima del patio de cemento, con una de las alas colgándole a un lado, inmóvil. Co-co-co; se tambaleaba al intentar levantarse otra vez. Se cayó, arrastrando el ala con ella. Nos miramos los unos a los otros y luego a *Gran Barba*. Se ha roto el ala, dijo Coral. Conquistador del Espacio me pasó las tijeras grandes. Yo dije: No, ahora no puedo matarla. Está herida. Flora dijo: Yo tampoco. Coral dijo: Ni yo. Conquistador del Espacio dijo: De ninguna manera voy a ser yo –y se puso a llorar–. Siempre os aprovecháis de mí. Se fue corriendo hacia la ventana, levantó la cabeza y aulló: ¡Mamá, otra vez se están aprovechando de mí!

Decidimos posponer la ejecución. Esperaríamos hasta que sanara el ala de *Gran Barba*. Le hicimos una casita en la cocina, junto al fregadero. Salimos a buscar pajas secas para ella e hicimos una corona parecida a un nido. Se sentó encima con toda tranquilidad. Nosotros la contemplamos durante horas sin interrupción. La gallina permaneció allí sentada, con la cabeza bajo el ala y el pequeño cuerpo caliente. El calor surgía de debajo de sus plumas. Tiene fiebre –dijo nuestra madre–. Tiene una infección. ¿Qué debemos hacer? Todos nos pusimos nerviosos. Tengo mis antibióticos, pero no sé si... le sentarán bien a *Gran Barba* si sirven para los humanos, dijo Flora. *Gran Barba* actúa casi como un humano. De veras que lo hace –dijo Coral, alisando las plumas de la gallina–. Mirad, sabía que iban a matarla, así que decidió estrellarse y se rompió un ala.

Todos dábamos palmaditas a la gallina con mucho cuidado. *Gran Barba* nos miraba mansamente. Co-co-co-co. Co-co-co-co. Está sufriendo, mamá –dijimos todos–. Por favor, dale los antibióticos.

Nuestra madre puso un cucharada de pastillas en el pico de *Gran Barba* mientras nosotros la sujetábamos. Coral y Conquistador del Espacio le aguantaban las patas, Flora y yo las alas. *Gran Barba* cooperaba. Después de aquello, se cagó por la cocina y luego, cuando nos pusimos a cenar, se fue a dormir. No podíamos probar bocado durante la cena. La gallina apestó la pequeña cocina de olor a mierda. *Gran Barba* ocupaba un amplio rincón de la cocina y nosotros teníamos que apiñarnos en los asientos. Todos pensábamos en la gallina enferma mientras comíamos. Quiero que mantengáis la cocina limpia, es decir, que evitéis el olor –dijo nuestra madre–. ¿Me oís? Se nos quedó mirando. Nos llevamos el arroz a la boca. ¿Habéis oído a vuestra madre? –añadió mi padre–. Si no, regalaré la gallina esta misma noche.

Suplicamos y prometimos que mantendríamos la cocina limpia. Fuimos a casa de los vecinos para que nos dieran las cenizas de sus hornos. Cubrimos la caca de *Gran Barba* con cenizas, la recogimos con la pala y luego la echamos al cubo de la basura. Alimentábamos a *Gran Barba* con gusanos, huesos triturados, arroz y todo tipo de verduras. Engordó. Su color marrón se volvió más rojo. Le hablábamos y le cantábamos canciones con la esperanza de que no tardara en dar huevos. Pero nos defraudó. Se volvió cada vez más bonita, con plumas brillantes y garras fuertes, pero seguía sin dar huevos. Perdimos el interés por agasajarla. ¡Tú, a limpiar!, yo señalaba a Flora. ¡Tú, a limpiar!, Flora señalaba a Coral. ¡Tú, a limpiar!, Coral a Conquistador del Espacio. Conquistador del Espacio nos señalaba a las tres ante nuestra madre: ¡Mamá, se están aprovechando de mí otra vez!

¡Matad a la gallina!, ordenó mi padre. Yo dije que aquel fin de semana tenía que estudiar para un examen. Nosotros también, dijeron los niños. Entonces hacedlo el lunes, dijo nuestro padre. De acuerdo, el lunes, prometí.

Afilé las tijeras el lunes al mediodía. No había nadie

en casa. Me quedé mirando a *Gran Barba*. Ella me devolvió la mirada. Parecía nerviosa. Estaba inspeccionando a su alrededor y se mostraba más inquieta de lo habitual. Tenía la cara tan roja... Fue a sentarse sobre la corona de paja, luego se levantó y dio vueltas por la cocina, adelante y atrás, adelante y atrás. Sentí curiosidad. Me acerqué más para observarla. No le gustó. Se escondió debajo de la silla cerca de la tubería del desagüe. Tuve la impresión de que quería estar sola, pero yo no quería irme. Me quedé de pie intentando pensar una forma de observarla sin ser vista. Había un espejo colgado sobre el fregadero. Tuve una idea. Me subí encima de la mesa de la cocina y me tumbé sobre la espalda. Giré el espejo hasta un ángulo desde el cual podía ver a *Gran Barba* sin ser vista.

Al cabo de unos cinco minutos, *Gran Barba* se levantó de su montón de paja. Miró a su alrededor como para asegurarse de que no había nadie más en la cocina. Utilizando el pico, se puso a arreglar la paja de la corona y luego empezó a estirar las piernas. Adoptó una posición de lo más graciosa, ni postrada ni erguida, y empezó a doblar las plumas hacia abajo para cubrirse el ano. Se quedó en esa posición. Se le hinchó el cuerpo. Estaba empujando por dentro. ¿Estaría poniendo un huevo? Contuve el aliento y continué mirando atentamente al espejo. *Gran Barba* desapareció por el espejo; se movió hasta un ángulo donde no podía verla. No quería asustarla así que esperé pacientemente. Unos minutos después, *Gran Barba* entró de nuevo en escena y se volvió hacia mí en un ángulo perfecto. Vi que tenía el ano agrandado y una cosa blanca rosada estaba saliendo. ¡Era un huevo! *Gran Barba* extendió las patas todavía más; el rostro se le estaba poniendo púrpura. Volvió a la posición cómica, empujó y empujó. Finalmente, se levantó. Vi un huevo entre la paja.

Me bajé de la mesa de un salto y recogí cuidadosamente el huevo de la paja. Estaba caliente. La cáscara era delgada, casi transparente. Había puntitos de sangre en la cáscara. Miré a *Gran Barba* y ella me miró con modestia. La estreché entre los brazos mientras ella empezaba a cantar. Co-co-co ¡La! Co-co-co ¡La! Su cacareo era tan fuerte, tan orgulloso...

Coral se llevó a *Gran Barba* a la cama. Pensó que esto le permitiría un buen descanso después de un trabajo tan duro. Nos arrodillamos todos delante de la cama y le hablamos a *Gran Barba*. Nos pasábamos el huevo uno a otro. Conquistador del Espacio cogió una pluma y escribió la fecha en el huevo. Flora fue a buscar una caja de zapatos y, con gran cuidado, puso el huevo entre papeles suaves y lo guardó debajo de la cama.

Cuando llegaron nuestros padres, les contamos la gran noticia. Les dijimos que, puesto que *Gran Barba* había empezado a poner huevos, ya no había razón para matarla. Los huevos eran lo más caro del mercado. Mis padres estuvieron de acuerdo, pero dijeron que no se comerían los huevos de *Gran Barba*. Acordamos que reservaríamos los huevos para los invitados que vinieran a casa.

Gran Barba se convirtió en el centro de nuestra atención. Cada día, después de la escuela, íbamos a coger gusanos. Conquistador del Espacio se subía a los árboles para conseguir gusanos más grandes. *Gran Barba* se volvió cada vez más melindrosa en sus gustos. Empezó a comer únicamente gusanos vivos. Ponía un huevo cada dos días y pronto la caja de zapatos estuvo llena.

La buena vida de *Gran Barba* no duró mucho. Aquel verano, el comité del Partido del vecindario lanzó una Campaña Patriótica de Salud Pública según la cual había que matar a todos los perros, patos y pollos en tres días. Intentamos esconder a *Gran Barba*, pero no podíamos hacerla callar cada vez que soltaba un huevo. Tenía que expresar su orgullo de madre. El comité, un grupo de ancianos retirados, se presentó en nuestra puerta gritando consignas para movilizarnos. Al principio fingimos no oírlos. Cuando se acercaron más, agitando sus pequeñas banderas de papel en las manos, nos pusimos nerviosos. Aguantamos a *Gran Barba* debajo de la ventana y la tapamos con mantas. Los viejos gritaban con sus voces roncas y el aliento entrecortado. El lema era: ¡No hay que criar patos ni gallinas en la ciudad! Después se convirtió en: ¡No hay que criar patos... –el anciano que dirigía los gritos se quedó sin aliento en este momento, se detuvo para recuperarlo, y continuó– criar gallinas en la ciudad! Los que proferían consignas no se preocupaban por lo que gritaban, simplemente repetían lo que el viejo había interrumpido, así que siguieron: ¡No hay que criar patos! Cuando el viejo recuperó la voz, continuaron: ¡Criar gallinas en la ciudad!

El jefe del comité del Partido del vecindario vino a hablar conmigo. Me preguntó por qué no me estaba comportando como correspondía a una líder de los pequeños guardias rojos. Me preguntó si aún quería ser elegida como «Leal a Mao» el próximo año. Comprendí qué tenía que hacer. Prometí matar a *Gran Barba* a la mañana siguiente. Dijo que él y su comité vendrían hacia las siete y media a comprobar cómo me había portado. Quería ver la cabeza de *Gran Barba*.

Dormí mal, por descontado. Me desperté al amanecer. *Gran Barba* ya se había levantado y estaba comiendo su desayuno en la oscuridad. Cuando me oyó entrar, hizo su sonido co-co-co. Cogí un par de tijeras y levanté a *Gran Barba* por las alas. Bajé al patio. Arriba, Pequeño Ataúd ya había regresado del mercado. Le pregunté qué hora era. Me contestó que eran las siete menos cinco. Seguía diciéndome a mí misma esto no es nada. *Gran*

Barba sólo es una gallina, un animal, un enemigo de la salud pública. Levanté las tijeras y volví a bajarlas. Volví arriba para coger un cuenco en el que verter la sangre de *Gran Barba*. Eran las siete y cuarto. Bajé otra vez al patio y me di cuenta de que me había olvidado de otra cosa. Subí a hervir agua. Dejé a *Gran Barba* suelta en el patio. Parecía contenta. Agitaba las plumas a la vez que usaba el pico para hacerme abrir el puño. Estaba jugando conmigo. Cuando volví a subir, el agua ya estaba hirviendo. Llevé abajo el recipiente de agua y lo coloqué cerca del cuenco. Agarré a *Gran Barba*, pero forcejeó para soltarse como si intuyera algún peligro. La perseguí. Se postró delante de mí. La cogí y le metí la cabeza debajo del ala. Estaba utilizando toda mi fuerza. Empecé a arrancarle la barba. Mis manos eran débiles pero me obligué a mí misma a ignorarlo. Seguí arrancando plumas hasta que apareció el cuello de *Gran Barba*. Cogí las tijeras. Tenía los brazos rígidos. Eran las siete y veinticinco. *Gran Barba* sacó la cabeza de debajo del ala. Me miró, tenía la cara roja. Continuaba forcejeando. Oí el tambor del comité del vecindario que redoblaba en el callejón de al lado. Volví a meter la cabeza de *Gran Barba* debajo del ala. Levanté las tijeras y apunté a su cuello. Forcejeó con violencia. Eran las siete y media. Sonó el timbre del taller de ferretería Wu-Lee, las mujeres llegaron en tropel. La gente del comité apareció en la puerta; los gritos de las consignas eran como oleadas que subían y bajaban. Cerré de golpe las tijeras. *Gran Barba* sacó la cabeza e hizo un sonido co-co-co y empujó un huevo fuera de su cuerpo.

No podía mirar. Bajé las tijeras. Cuando volví a mirar vi a *Gran Barba* volando sobre las cabezas de todos, chorreando sangre por el camino. Mis hermanas y mi hermano miraban hacia abajo desde la ventana. *Gran Barba* se había subido a un árbol casi tan alto como nuestra ventana, luego se precipitó sobre el suelo de cemento.

Corrí escaleras arriba. Dije que no podría tocar a la gallina nunca más. Nadie de mi familia lo haría. *Gran Barba* yacía muerta sobre el patio de cemento, junto al cuenco y el recipiente de agua hirviendo. El huevo fue pisoteado. Cuando el agua se enfrió, Pequeño Ataúd vino a verme y me preguntó qué iba a hacer con la gallina. Va a estropearse, dijo. Le rogué que se la llevara. Le dije que sería un buen plato si la cocinaban con vino. Sabía que su padre y su abuelo eran alcohólicos. La cogió.

Después de cenar, me dirigí al piso de arriba. La familia de Pequeño Ataúd estaba en una sesión de su seminario de Mao. *Gran Barba* se había convertido en un manojo de huesos tirado en el cubo de la basura en una esquina. Pequeño Ataúd me dijo que *Gran Barba* tenía un sabor excelente.

En la escuela, los libros de Mao eran nuestros textos. Yo era la primera de la clase en historia del Partido Comunista de China. Para mí, saber historia significaba aprender cómo el proletariado había ganado a los reaccionarios. La historia occidental era la de la explotación capitalista. En nuestras clases colgábamos retratos de Marx, Engels, Lenin y Stalin junto a los de Mao. Cada mañana les hacíamos una reverencia igual que se la hacíamos a Mao y rezábamos por una larga, larga vida para él. Mis hermanas me copiaban las redacciones. Mis redacciones eran una compilación de consignas. Siempre empezaba con ésta: «Sopla el viento del Este, el tambor de la batalla redobla.

¿Quiénes son los que hoy tienen miedo en el mundo? No es el pueblo quien teme a los imperialistas americanos. Son los imperialistas americanos quienes tienen miedo al pueblo». Esas frases me hicieron ganar algunos premios. Conquistador del Espacio se quedaba mirándome como si yo fuera un mago. Las redacciones, para mí, no tenían ninguna dificultad; eran nada; eran las competiciones de ábaco las que me resultaban complicadas. Escribía redacciones para mi hermano y para mis hermanas, pero notaba que no tenía mucho en común con los demás niños. Me sentía como una adulta. Ansiaba tener retos. Estaba en la escuela día y noche fomentando el comunismo, haciendo la revolución mientras pintaba consignas sobre paredes y maderas. Dirigía a mis compañeros de escuela para recoger dinero. Queríamos donar lo que consiguiéramos a los niños que pasaban hambre en América. Estábamos orgullosos de lo que hacíamos. Estábamos seguros de que íbamos poniendo puntitos rojos en el mapa del mundo. Luchábamos para lograr la paz definitiva en el planeta. No pasaba ni un solo día en que no me sintiera heroica. Yo era la ópera.

Me pidieron que asistiera a la reunión del Comité Revolucionario de la escuela. Estábamos en 1970 y yo tenía trece años. Discutí con la gente del comité, los verdaderos revolucionarios, sobre cómo llevar adelante la Revolución Cultural en nuestra Escuela Primaria de la Larga Felicidad. Había dejado de sonrojarme cuando levantaba la mano para pedir la palabra. Sabía de lo que estaba hablando. De mi boca brotaban frases del *Diario del pueblo* y de la revista *Bandera roja*. Mis discursos estaban cargados de un espíritu apasionado y noble. Era una persona respetada. A principios de los años setenta, el hecho de ser líder de los pequeños guardias rojos en la escuela secundaria aportó honra a mi familia. Mis certificados de honor eran el orgullo de mi madre, aunque nunca los colgó de la pared. Mi nombre era constantemente mencionado por la autoridad de la escuela y ensalzado como «Activista del Estudio de los Pensamientos de Mao», la «Buena Niña de Mao» y «Estudiante de Excelencia». Cada vez que hablaba a través de un micrófono desde la emisora de la escuela, mis hermanas y mi hermano me escuchaban en sus aulas y sus compañeros de clase les miraban con admiración y envidia.

El nuevo secretario del Partido en nuestra escuela, un hombre llamado Chain, era el representante de los trabajadores de la compañía naviera de Shanghai. Tenía unos cincuenta años y estaba extremadamente delgado, como una caña de bambú. Me enseñó a presidir reuniones políticas. Le gustaba decir: Tenemos que dejar que nuestra pequeña jefa desempeñe un gran papel en la Revolución Cultural y dar una oportunidad seria a los pequeños guardias rojos. Me dijo que no me asustara de las cosas que no entendía. Debes aprender a pensar de este modo: Aunque la tierra deje de girar, yo seguiré girando.

Era la primera semana de noviembre cuando el secretario Chain me hizo pasar a su oficina. Me dijo muy excitado que el comité por fin había desenmascarado a una enemiga de clase clandestina, una espía americana. Dijo: Vamos a celebrar una reunión contra ella, un mitin al que asistirán dos mil personas. Tú serás la representante de los estudiantes encargada de hablar en su contra. Le pregunté quién era. Frunció el entrecejo y pronunció un nombre impactante. Era Hojas de Otoño, mi maestra. Pensé que no había entendido bien al secretario Chain. Pero me hizo un gesto de asentimiento con lentitud, para confirmar que había oído bien.

Me senté. De hecho me dejé caer en la silla. De pronto mis piernas habían perdido la fuerza.

Hojas de Otoño era una mujer delgada, de mediana edad y con una fuerte miopía. Llevaba gafas oscuras y tenía la voz ronca y mal genio. Le encantaban el chino, las matemáticas y la música. El primer día que entró en clase, nos preguntó a todos los alumnos si alguno de nosotros podía decir lo que significaba Hojas de Otoño. Nadie era capaz de imaginárselo. Luego lo explicó. Dijo que era un famoso poema escrito en la dinastía Tang sobre las hojas de otoño. Exaltaba la belleza y el significado de las hojas caídas. Decía que cuando una hoja caía naturalmente simbolizaba una vida plena. El contacto con el suelo simbolizaba la transformación de una hoja madura en barro fresco. Fertilizaba las semillas a lo largo del invierno. Su fecundación la enlazaba con la siguiente primavera. Dijo que nosotros éramos su primavera.

Era una maestra enérgica que nunca parecía cansarse de enseñar. Sus métodos eran únicos. Había momentos en que levantaba los brazos hasta los hombros y los estiraba a ambos lados, convirtiéndose en una cruz, para explicar el infinito; al momento siguiente hablaba con un fuerte acento de Hunan para explicar el origen de un poeta. En una ocasión perdió completamente la voz mientras intentaba explicarme la progresión geométrica. Cuando por fin logró que yo comprendiera, se rió silenciosamente como un mudo con los brazos bailando en el aire. Cuando le di las gracias, dijo que estaba contenta de que me tomara tan en serio el aprender. Me puso como ejemplo para nuestra clase y luego para todo el grado. Cuando se enteró de que quería mejorar mi nivel de chino, me trajo sus propios libros para que los leyera. Era así con todos sus alumnos. Un día en que llovía intensamente después de la clase, dejó a los estudiantes su impermeable, sus zapatos para la lluvia y su paraguas para que volvieran a casa. Ella llegó a su casa empapada. Al día siguiente tenía fiebre, pero dio la clase de todos modos y continuó esforzándose, a pesar de lo mal que se encontraba. Cuando acabó la clase, había vuelto a quedarse sin voz. De ningún modo podía imaginarme a Hojas de Otoño como una espía americana.

Como si me leyera el pensamiento, el secretario Chain sonrió y me preguntó si alguna vez había oído la frase «las llamas incontenibles refinan el verdadero oro». Negué con la cabeza. Dijo: Es hora de que tú misma te pongas a prueba para ver si eres una verdadera revolucionaria o sólo una revolucionaria teórica. Pronunció una cita de Mao: «Hacer la revolución no es como ofrecer un banquete, ni pintar un bonito cuadro o hacer un bordado. No puede ser tan tranquila y apacible. Una revolución es una insurrección, es un acto de violencia en el que una clase derroca a otra».

Me di cuenta de que las palabras se me habían quedado bloqueadas en la punta de la lengua. No podía dejar de repetirme: Hojas de Otoño es mi maestra. El secretario Chain sugirió que nos ocupáramos de mi problema. Encendió un cigarrillo y me contó la fábula titulada *Un lobo con piel de cordero*. Dijo que Hojas de Otoño era un lobo. Me explicó que el padre de Hojas de Otoño era un americano chino que aún vivía en América. Hojas de Otoño nació y fue educada en América. El secretario Chain dijo: El capitalismo envió a su hija de regreso a China para educar a nuestros niños. ¿No te parece esto problemático?

Durante las siguientes dos horas el secretario Chain me convenció de que Hojas de Otoño era una agente secreta de los imperialistas que utilizaba la enseñanza como arma para destruir nuestras mentes. El secretario Chain me preguntó si yo iba a tolerar esto. Por supuesto que no, fue lo que le contesté. Nadie puede hacer volver a nuestros proletarios a la vieja sociedad. Bien, dijo el secretario Chain y me dio unas palmaditas en la espalda. Dijo que sabía que yo sería una lanza afilada para el Partido. Levanté la cabeza y dije: Secretario, por favor, dígame lo que debo hacer. Él contestó: Escribe un discurso. Le pregunté qué era lo que debía escribir. Él respondió: Cuéntale a las masas cómo te corrompió mentalmente. El secretario Chain añadió: No estás suficientemente madura como para entenderlo todavía. Luego me preguntó mi opinión sobre el tipo de persona que creía que era Hojas de Otoño. Le dije la verdad.

El secretario Chain se rió abiertamente de mí. Dijo que me había convertido ya en una víctima de la espía, que casi me había matado con la habilidad del lobo que mata a las ovejas, sin dejar rastro de sangre. Dio con el puño en la mesa y dijo a viva voz: ¡Eso por sí solo es un material de discusión maravilloso! Me sentí extraña. Dejó de reírse y dijo: No debes permitir que tu inmadurez te desanime.

Hizo que me sintiera decepcionada conmigo misma. Déjame que te ayude, sugirió. Me preguntó los nombres de los libros que me había dejado. *La niña de los fósforos*, empecé a recordar, *La pequeña sirena* y *Blancanieves*. Me preguntó el nombre del autor. Dije que era algo así como Andersen.

De pronto el secretario Chain levantó la mano en el aire y frunció el ceño. Dijo: Basta, ya lo tenemos. ¿Quién es Andersen? Un anciano extranjero, supongo, le contesté. ¿Sobre qué trataban sus cuentos? Sobre vidas de príncipes, princesas y hadas. ¿Qué hace ahora ese Andersen?, preguntó. No lo sé, contesté.

¡Fíjate qué negligente eres! –casi gritó el secretario

Chain–. ¡Podría ser un espía extranjero! Sacó un pequeño frasco de vidrio y se llevó unas cuantas píldoras a la boca. Me explicó que era una medicina para el dolor de hígado. Dijo que el hígado le dolía mucho pero que no podía contárselo a su médico porque le hospitalizaría de inmediato. Dijo que el dolor era cada vez más insoportable pero que no podía permitirse perder ni un solo segundo en el hospital. ¿Cómo voy a decepcionar al presidente Mao, que depositó su confianza en gente como nosotros, la clase trabajadora, la clase que en otro tiempo, antes de la Liberación, estaba por debajo incluso de los cerdos y los perros?

La cara se le estaba poniendo de color púrpura. Le sugerí que se tomara un descanso. Hizo un ademán para que me marchara mientras se apretaba el hígado con las manos intentando aguantar el dolor. Me explicó que no había estudiado mucho. Sus padres murieron de hambre cuando él tenía cinco años. Su hermano y su hermana pequeña fueron arrojados al mar después de que los padres murieran de cólera. Fue vendido como mano de obra a una empresa naviera en Shanghai y a menudo recibía palizas del propietario. Después de la Liberación, se unió al Partido y le enviaron a la escuela nocturna de los trabajadores. Dijo: Le debo mucho a nuestro Partido y todavía no he trabajado lo suficientemente duro como para demostrar mi agradecimiento.

Me lo quedé mirando y me sentí conmovida. Su dolor parecía ir en aumento. Se apretaba el hígado con los dedos cada vez con más fuerza, pero se negaba a descansar. Sabes, encontramos el diario de Hojas de Otoño y tenía un párrafo sobre ti, me dijo. ¿Qué... qué decía sobre mí? Me puse nerviosa. Dijo que eras uno de los pocos niños educables. Puso entre comillas educable. ¿Se te ocurre qué quiere decir eso? Sin esperar mi respuesta, el secretario Chain dedujo: Es obvio que Hojas de Otoño pensaba que tú podías ser educada según su patrón, el patrón de su padre, el patrón imperialista. Subrayó que el propósito de escribir aquel diario era presentárselo a su jefe americano como prueba de su éxito como espía.

Se me puso el mundo patas arriba. Me sentí profundamente herida y utilizada. El secretario Chain me preguntó si era consciente de que Hojas de Otoño me había utilizado como modelo para influenciar a los demás. Su objetivo es hacer que todos vosotros traicionéis al comunismo. Sentí culpa y rabia. Le dije al secretario Chain que hablaría al día siguiente. Me hizo un gesto afirmativo. Dijo: Nuestro Partido confía en ti y sin duda Mao estaría muy orgulloso de ti.

¡Sacad a la enemiga de clase clandestina, la espía americana Hojas de Otoño! ¡Exponedla a plena luz del sol!, gritaba la multitud nada más empezar la reunión. Yo estaba sentada sobre el escenario en una de las gradas. Dos hombres fuertes escoltaron a Hojas de Otoño hasta el escenario frente a la multitud formada por dos mil personas, entre las que se incluían sus alumnos y colegas de trabajo. Llevaba los brazos atados a la espalda. Estaba casi irreconocible. Habían pasado sólo unos cuantos días desde que la había visto, pero parecía que hubiese envejecido diez años. El cabello, de pronto, se le había vuelto gris. Se le había ido el color del rostro. Del cuello le colgaba una tabla rectangular en la que ponía: «Abajo la espía americana». Dos hombres la obligaron a inclinarse tres veces ante el retrato de Mao. Uno de ellos le torció el brazo izquierdo con fuerza y le dijo: ¡Ahora, suplica perdón al presidente Mao! Hojas de Otoño se negó a pronunciar las palabras. Los dos hombres le retorcieron los brazos por detrás. Se los retorcieron con fuerza. El rostro de Hojas de Otoño se desfiguró de dolor y luego su boca se movió. Dijo las palabras y los hombres la soltaron.

Yo tenía la boca terriblemente seca. Era difícil soportar lo que estaba viendo. La cuerda de la pesada madera rasgaba la piel de Hojas de Otoño. Me olvidé de lo que se suponía que tenía que hacer –dirigir a la multitud para que gritara las consignas– hasta que el secretario Chain vino a recordarme mi deber.

¡Larga vida a la gran dictadura del proletariado!, grité siguiendo la lista de consignas. Me estaba asustando cada vez más al ver que Hojas de Otoño forcejeaba con los dos hombres que habían estado intentando empujar su cabeza hacia el suelo mientras ella trataba de mirar al cielo. Cuando se le cayeron las gafas, vi que cerraba los ojos con fuerza.

El secretario Chain le gritó. La multitud gritó: ¡Confiesa! El secretario Chain cogió el micrófono y dijo que las masas estaban perdiendo la paciencia. Al actuar de este modo, Hojas de Otoño se estaba cavando su propia tumba.

Hojas de Otoño continuó en silencio. Cuando le propinaron una fuerte patada, dijo que no tenía nada que confesar, que era inocente. Nuestro Partido nunca acusa a nadie que sea inocente –contestó el secretario Chain–, pero el Partido tampoco permitiría jamás que un enemigo de clase se escabulla de la red de la dictadura del proletariado. Añadió que había llegado el momento de demostrar que Hojas de Otoño era una delincuente. Me hizo un gesto con la cabeza y se volvió a la multitud. Dijo: ¡Dejemos que hable la víctima!

Me levanté y me sentí aturdida. La multitud empezó a dar palmas. El deslumbrante brillo de la luz del sol me hería los ojos. Se me nubló la vista y vi un millón de abejas que formaban círculos delante de mí zumbando como helicópteros. Mientras la multitud seguía dando palmas, me dirigí a la parte delantera del escenario y me detuve ante el micrófono. Al sacar el discurso que había escrito la noche anterior, de pronto sentí la necesidad de hablar con mis padres. No había ido a casa por la noche y había dormido en clase, encima de la mesa, con otros miembros de los pequeños guardias rojos. Cinco de nosotros escribimos el discurso. Lamenté no haber tenido a mis padres para revisarlo conmigo. Respiré a fondo. Los dedos me temblaban y no me obedecían cuando quería pasar las páginas.

No tengas miedo, estamos todos contigo, me dijo al oído el secretario Chain cuando vino a ajustar la altura del micrófono. Dejó una taza de agua delante de mí. Cogí el agua y me la bebí de un trago. Me sentí un poco mejor. Empecé a leer.

Leí a la multitud que Hojas de Otoño era el lobo con piel de cordero. Saqué los libros que me había dejado y se los enseñé a la multitud. Mientras pronunciaba mi discurso, vi por el rabillo del ojo que Hojas de Otoño había vuelto la cabeza en dirección a mí. Estaba murmurando algo. Me puse nerviosa pero conseguí seguir adelante. Camaradas –dije–, ahora entiendo por qué Hojas de Otoño era tan amable conmigo. ¡Estaba intentando convertirme en un enemigo de nuestro país y en un secuaz del imperialismo!

Se oyeron algunos gritos de consignas, momento que aproveché para echar una mirada furtiva a Hojas de Otoño. Parecía respirar con dificultad y estar a punto de caerse. Yo seguía de pie, se me estaban enfriando las extremidades. Intenté retirar mis ojos de Hojas de Otoño, pero era como si ella los tuviera atrapados. Me sentí aterrorizada cuando vi que me estaba observando fijamente sin las gafas. Sus ojos parecían dos pelotas de ping-pong que casi se salían de las órbitas.

La multitud gritaba: ¡Confiesa!, ¡Confiesa! Hojas de

Otoño empezó a hablar lentamente a la multitud con su voz ronca. Dijo que ella nunca querría convertir a una de sus alumnas en enemiga del país. Se echó a llorar. ¿Por qué iba a hacerlo?, repetía una y otra vez. Estaba perdiendo la voz. Empezó a balancear la cabeza como si intentara hacer resaltar sus palabras, pero no surgió ningún sonido. Dijo que su padre quería a este país y que ésa era la razón por la que ella había regresado a enseñar. Tanto su padre como ella creían en la educación. ¿Espía? ¿De qué estáis hablando? ¿De dónde habéis sacado esa idea? Me miró a mí.

¡Si el enemigo no quiere rendirse, pues hirvámosla, friámosla y quemémosla hasta que se muera!, gritó el secretario Chain. Luego fue la multitud la que se puso a gritar y a blandir los puños. El secretario Chain me indicó que continuara. Pero yo temblaba demasiado como para hacerlo. El secretario Chain se acercó al micrófono desde la parte de atrás del escenario. Se puso ante él. Le dijo a la multitud que estaba presenciando una actuación en directo de un enemigo de clase. Nos daba la oportunidad de aprender lo engañoso que puede llegar a ser un enemigo. ¿Podemos permitirle que continúe de este modo? ¡No!, gritó la multitud.

El secretario Chain estaba ordenando a Hojas de Otoño que se callara y aceptara las críticas de las masas revolucionarias con la actitud correcta. Hojas de Otoño dijo que no podía aceptar ningún hecho falso. Hojas de Otoño dijo que una niña como yo no debería ser utilizada por alguien con intención malévola.

Menospreciaste la conciencia política de nuestra Pequeña Guardia Roja, dijo el secretario Chain con una risa desdeñosa. Hojas de Otoño pidió hablar conmigo. El secretario Chain le respondió que lo hiciera. Añadió que como buen materialista dialéctico nunca desestimaba el papel de los maestros dando un ejemplo negativo.

Mientras la multitud se calmaba, Hojas de Otoño se puso en cuclillas para buscar las gafas por el suelo. Cuando volvió a ponerse las gafas, empezó a interrogarme. Yo estaba asustada. No esperaba que fuera a hablarme con tal seriedad. Mi terror se transformó en furia. Quería marcharme de allí. Dije: ¿Cómo te atreves a ponerme en un apuro así, a interrogarme como a una reaccionaria? Me has utilizado en el pasado para servir a los imperialistas, ¿ahora quieres utilizarme para escapar a las críticas? ¡Sería una vergüenza que me condenara por ti!

Hojas de Otoño me llamó por mi nombre y me preguntó si realmente creía que ella fuera un enemigo del país. Si no lo pensaba, me pidió que le dijera quién me había designado a mí para pronunciar el discurso. Dijo que quería la verdad. Yo respondí que al presidente Mao siempre le gustaba que los niños mostraran su honestidad. Me preguntó con el mismo tono exacto que utilizaba cuando me ayudaba con mis deberes. Sus ojos me exigían que centrara la atención en ellos. No podía soportar mirarla a los ojos. Ojos que me habían mirado cuando nos explicó la magia de las matemáticas; me habían mirado cuando nos contó la hermosa historia de la sirenita. Cuando conseguí el primer puesto en la Competición de Cálculo con Ábaco, me habían mirado con alegría; cuando estuve enferma, me habían mirado con simpatía y amor. No había caído en la cuenta del verdadero valor que todo esto tenía para mí hasta que lo perdí para siempre aquel día en la reunión.

Oía a la gente que me gritaba. Mi cabeza parecía una tetera hirviendo. Los ojos de Hojas de Otoño tras los gruesos lentes eran ahora como cañones de un arma que me disparaban con fuego. ¡Limítate a ser honesta!, su voz ronca se alzó al límite. Me volví al secretario Chain.

Hizo un gesto con la cabeza como para decir: ¿Vas a buscarte la ruina por un enemigo? Había desdén en su sonrisa. Piensa en la serpiente, dijo.

Sí, la serpiente, recordé. Era la historia que contaba Mao en su libro sobre un campesino que encontró una serpiente congelada tendida en el camino un día de nieve. La serpiente tenía la piel más hermosa que jamás había visto el campesino. Sintió lástima por ella y decidió salvarle la vida. La cogió y se la puso dentro de su chaqueta para calentarla con el calor de su cuerpo. Pronto la serpiente se despertó y sintió hambre. Mordió a su salvador. El campesino murió. Lo que nuestro presidente quería destacar –dijo el secretario Chain al acabar la historia– es que debemos ser absolutamente crueles y despiadados con nuestro enemigo.

Me volví para mirar al retrato de Mao que ocupaba toda la pared. Se alzaba en la parte posterior del escenario. Los ojos del presidente miraban como dos linternas oscilantes. Me recordaron mi obligación. Debía enfrentarme a cualquiera que se atreviera a oponerse a las enseñanzas de Mao. Los gritos de consignas me dieron ánimo.

Explícanos tu punto de vista, el secretario Chain me pasó el micrófono. No sabía por qué estaba llorando. Me oí a mí misma llamando a mis padres mientras cogía el micrófono. Dije: Mamá, papá, ¿dónde estáis? La multitud blandió sus puños furiosos contra mí y gritó: ¡Fuera! ¡Fuera! ¡Fuera! Tenía mucho miedo, mucho, de perder la confianza del secretario Chain, y también de no ser capaz de denunciar a Hojas de Otoño. Finalmente, junté todas mis fuerzas y aullé histérica contra Hojas de Otoño con la garganta llena de lágrimas: ¡Sí, sí, sí, creo que me corrompiste; y creo que eres una verdadera enemiga! ¡Tus sucios trucos no tendrán más efecto sobre mí! ¡Si te atreves a intentarlo de nuevo conmigo, te haré callar! ¡Utilizaré una aguja para coserte los labios para siempre!

Nunca me perdonó. Incluso cuando ya habían pasado más de veinte años, tras el fin de la Revolución. Sólo después de que le suplicara perdón, oí su familiar voz ronca que me decía: Lo siento mucho, no te recuerdo. No creo que nunca te haya tenido como alumna.

En aquel mitin fue donde aprendí el significado de la palabra «traición», así como el de la palabra «castigo». De hecho, era muy joven entonces, aunque una nunca es demasiado joven para ser vanidosa. Cuando mis padres se enteraron de lo del mitin a través de Flora, Coral y Conquistador del Espacio, se sintieron espantados. Hablaron de repudiarme. Mi madre dijo: Yo también soy maestra, ¿qué te parecería que una alumna mía me hiciera lo mismo? Me dejó fuera de casa durante seis horas. Dijo que se avergonzaba de ser mi madre.

Escribí mil veces lo que me ordenó mi madre. Era una vieja enseñanza transmitida desde Confucio. Decía: «No trates a los demás como a ti no te gustaría ser tratada». Mi madre me exigió que lo escribiera sobre papel de arroz utilizando tinta y un pincel. Dijo: Quiero que esta frase se quede grabada en tu mente. Si alguna vez desobedeces esta enseñanza, dejarás de ser mi hija.

Al cumplir diecisiete años, mi vida cambió por completo. El subdirector de la escuela tuvo unas palabras conmigo después de charlar con otros muchos alumnos. Me dijo que quería recordarme que era una líder de los estudiantes, un modelo para los que se titulaban. La planificación era algo que estaba allí presente, tan estricta como una ecuación de matemáticas. Me dijo que yo pertenecía a una categoría. Pertenecía al grupo de los que se convertían en campesinos. Dijo que se trataba de una decisión inalterable. La política de Pekín se respetaba a rajatabla, todos sin falta la aceptaban y se daba por supuesto que yo obedecería. Dijo que había enviado a cuatro de sus propios hijos a trabajar al campo. Estaba muy orgulloso de ellos. Dijo muchas más palabras. Palabras llenas de abstracciones. Palabras como canciones. Dijo que si desafiar al cielo produce placer, si desafiar a la tierra produce placer, desafiar a la propia naturaleza del hombre produce el máximo gozo. Estaba recitando el poema de Mao. Dijo que un verdadero comunista se sentía encantado de aceptar retos. Los aceptaba con dignidad. Yo tenía diecisiete años. Me sentía estimulada. Me sentía ansiosa por entregarme a algo. Esperaba con anhelo el arduo trabajo.

Presté atención a las historias que se contaban en el vecindario. Mi vecino de al lado escribió desde su pueblo y dijo que durante el trabajo se había golpeado a propósito con el martillo en el dedo para alegar estar herido y tener una posibilidad de volver a casa. La hermana mayor de Pequeño Ataúd se fue a la frontera del norte y escribió que habían disparado a su compañera de habitación en la frontera por traidora cuando intentaba escaparse a la URSS. Mi primo, que se había ido a Mongolia Interior, escribió para contar que su mejor amigo había muerto al apagar un incendio en la montaña. Le rindieron honores de héroe: salvó la provisión de cereal del pueblo a costa de su propia vida. Mi primo dijo que el héroe le hizo comprender el verdadero sentido de la vida y que había decidido pasar el resto de la suya montado a caballo en Mongolia para conseguir parecerse a él.

Entre los rumores, oí también que la hija de la familia Li había sido violada por el jefe de un pueblo en la provincia del suroeste; el hijo de la familia Yang había recibido honores por matar un oso que se había comido a su compañero de trabajo en un bosque en una granja del norte. Todas estas familias estaban inquietas. Fueron con aquellas espeluznantes historias a los gestores locales del Partido. Enseñaron las cartas. Pero la respuesta a las familias fue que no se creyeran unas mentiras tan monstruosas inventadas por enemigos que temían la propagación de la Revolución. Las autoridades del Partido enseñaron a las familias fotografías de los lugares adonde habían ido sus hijos, imágenes de prosperidad. Las familias se quedaron convencidas y aliviadas. La familia del piso de arriba envió a su segundo y tercer hijo al campo. Los padres de Pequeño Ataúd fueron premiados con certificados de honor y flores rojas de papel, ya que la familia había enviado a tres hijos al campo. Tenían las puertas y las paredes cubiertas de cartas de felicitación del tamaño de carteles.

Finalmente, mi nombre apareció en la Lista Roja Gloriosa de la escuela: me habían destinado a la granja del Fuego rojo, que se situaba cerca de la zona de la costa del mar de China Oriental. Al día siguiente me ordenaron que fuera a un edificio de la ciudad para cancelar mi residencia en Shanghai.

Era una tarde fría. El edificio de la ciudad no tenía luz. Los administrativos trabajaban entre sombras. Fue entre sombras donde empecé mi recorrido heroico. El funcionario me devolvió el libro de registro de residencia de mi familia. Vi mi nombre tachado con un sello rojo. El sello rojo, el símbolo de la autoridad. Aquella tarde me sentí como un huevo desprotegido depositado encima de una roca. Quizás lograra salir a la vida o quizás simplemente fuera aplastada por la pezuña de alguna criatura extraña. En aquel momento me di cuenta de lo fácil que era cantar *Iré adonde indique el dedo del presidente Mao*. Recordé cómo solía cantar aquella canción. Nunca hasta aquel día me había dado cuenta de lo que estaba cantando realmente.

Me quedé sentada en la oscuridad. Y mi familia se sentó conmigo. Y llegó el día.

SEGUNDA PARTE

La mañana del 15 de abril de 1974, mi familia me acompañó a la plaza del Pueblo. Diez grandes camiones estaban estacionados en el centro de la plaza. Cada camión llevaba sujetas a los lados banderas rojas con caracteres de color oro que proclamaban «Granja del Fuego rojo». Las banderas ondeaban en toda su magnitud, brillantes como el color de la sangre fresca.

Di mi nombre. Me saludó una mujer de unos veinticinco años, con el pelo corto a la altura de las orejas y ojos con forma de media luna. Era afable. Se presentó como la camarada Lu. Me expresó sus felicitaciones repetidas veces, se inclinó por encima de mi hombro y me dijo: Siéntete orgullosa de ti misma. Sonrió. Los ojos en forma de media luna se convirtieron en cuartos de luna. Me estrechó la mano y me puso una flor roja de papel en la parte delantera de la blusa. Dijo: Eh, a sonreír; ahora somos una familia.

Me subí al camión menos atestado. Mi padre me pasó las maletas. Mi madre parecía enferma. Flora y Coral fueron a su lado para cogerla por los brazos. Conquistador del Espacio me miraba atentamente. Sus ojos hundidos parecían dos pozos de caos. Mi padre me saludó con la mano y forzó una sonrisa. Y ahora, lárgate de aquí, dijo, intentando en vano sonar gracioso.

Mi familia permaneció de pie ante mí, como si estuvieran posando tontamente para una foto. Era una foto de tristeza, una imagen que nunca se repetiría. Yo me quedaba fuera de la fotografía.

Quería decir a mi familia que se marchara porque cuanto más rato permanecieran allí más amargura sentiría yo, pero no fui capaz de decir nada. Era demasiado triste decir cualquier cosa. Sin embargo tenía diecisiete años. Tenía valor. Me volví en dirección al viento. Le dije al futuro: Ahora estoy lista, ven y ponme a prueba.

Cuando los camiones arrancaron, la congregación de gente gimió. Los padres no querían soltar los brazos de sus hijos. Yo aparté la mirada. Pensé en mi pasado heroico, en cómo siempre había estado orgullosa de ser una revolucionaria consagrada. Me obligué a mí misma a sentirme orgullosa, y de ese modo me sentí un poco mejor. La camarada Lu me vio, vio que no saludaba para despedirme de mi familia. Se me acercó y me dijo: Tienes coraje. Me pidió que cantara una canción de alguna cita de Mao. Ella empezó: «Vamos al campo, vamos a la frontera, vamos adonde nuestro país nos necesite más... ».

Nos pusimos a cantar con Lu. Nuestras voces sonaban secas y débiles como las de unas vacas viejas y enfermas. Lu sacudió con fuerza el brazo en un intento de que el canto se acelerara. La gente no le prestaba atención. Era uno de esos momentos en que la memoria echa raíces. El momento en que la juventud empezaba a marchitarse. Miré fijamente a mis padres que permanecían de pie como unas berenjenas congeladas, con las cabezas colgándoles flácidamente delante del pecho. Me saltaron las lágrimas. Canté con fuerza. Chillé. Lu me dijo al oído: Vaya coraje, vaya coraje. Su brazo sostenía la bandera de la granja del Fuego rojo. Los camiones avanzaron contra el viento. El polvo empañaba la imagen de Shanghai que se desvanecía.

En los camiones, nadie se presentó a los demás. Todo el mundo estaba sentado junto a su equipaje, escuchando el sonido rugiente del viento. Nos quedamos sentados, como si lloráramos la pérdida de algo. A las pocas horas fuimos recibidos por las estrellas de la noche en el cielo. Empecé a echar de menos a mi padre. Pensé en la vez en que nos sacó de la cama a mí, a Flora y a Conquistador del Espacio a medianoche para observar la Vía Láctea y las estrellas. Quería que fuéramos astrónomos. El sueño que él no había tenido ocasión de realizar. Aquel día estaba igual de claro que esta noche, el cielo, la Vía Láctea, Júpiter, Marte, Venus y un satélite de la tierra hecho por el hombre y puesto en órbita...

Estaba adormecida cuando me llegó el olor del mar de la China Oriental. Lu nos dijo que habíamos llegado a la granja del Fuego rojo. Era ya última hora de la tarde. Había un océano sin fin de juncos marinos. Los camiones se dispersaron en diferentes direcciones. Nuestro camión se arrastró por el prado como una pequeña araña. El cielo parecía lóbrego y bajo, tan bajo como un techo que se puede tocar.

Bajé del camión con hormigueo en las piernas. Ante mí había dos barracones rectangulares de ladrillo situados a ambos lados. Entre los barracones había un fregadero comunitario con muchos grifos. Vi gente que entraba y salía de ambas edificaciones. Gente con aspecto cansado, aburrido, con ropas polvorientas y pelo grasiento. No nos prestaron atención.

Estaba cogiendo mis maletas cuando oí que alguien gritaba de pronto: ¡Juntaos! ¡Viene la comandante!

¿Comandante? ¿Era aquello un campamento militar? Confundida, me volví hacia Lu, que miraba fijamente y con tensión en dirección este. Su sonrisa había desaparecido por completo. Su mirada era severa. Seguí sus ojos en dirección al campo raso. Una pequeña figura apareció en el horizonte.

Era alta, tenía una buena constitución y caminaba con autoridad. Llevaba el uniforme del Ejército de Liberación Popular, lavado hasta parecer casi blanco y recogido en la cadera con un cinturón de siete centímetros de ancho. Llevaba dos trenzas cortas y espesas. Tenía la mirada de un conquistador.

Se paró a metro y medio de donde nosotros nos encontrábamos y nos sonrió. Se puso a observarnos uno a uno. Tenía un par de ojos penetrantes, exaltados, en los que vi la energía de un león. La piel curtida, cejas espesas, nariz huesuda, pómulos altos y una boca carnosa, con forma de castaña de agua, y los hombros de un antiguo señor de la guerra, anchos hasta rozar lo extravagante. Iba descalza. Llevaba las mangas y los pantalones remangados. Las manos las apoyaba en la cintura. Cuando sus ojos se encontraron con los míos, yo temblé sin ninguna razón. Me quemó con el sol de sus ojos. Me sentí desnuda.

Empezó a hablar. Sus palabras no transportaban ningún sonido. La gente se calló y se oyó una voz como un susurro. Bienvenidos, nuevos soldados de la granja del Fuego rojo que os unís a nosotros como –se aclaró la garganta y escupió las palabras una a una– como nuestra sangre nueva. Dijo que nos invitaba a que saliéramos de nuestro pequeño mundo de preocupaciones personales para formar parte de una operación a gran escala. Dijo que acabábamos de dar el primer paso de la Larga Marcha. De pronto, alzando la voz, anunció que quería presentarse. Dijo: Me llamo Yan Sheng. Yan, como disciplina; Sheng, como victoria. Podéis llamarme Yan. Añadió que era secretaria del Partido y comandante de nuestra compañía, una compañía que estaba realizando cambios trascendentales para el mundo. Bajó otra vez la voz hasta susurrar. Explicó que en realidad no tenía mucho que decir en una ocasión como ésa. Pero sí quería añadir una cosa. Entonces gritó: ¡No se os ocurra a ninguno de vosotros restregarme la mierda por la cara! ¡No defraudéis ninguno de vosotros el nombre glorioso de la Séptima Compañía Avanzada, modelo de todo el Ejército de la granja del Fuego rojo! Preguntó si había quedado claro y todos nosotros, sobresaltados, respondimos: ¡Sí!

A continuación, abanicando la mano ante su nariz como si tuviera que librarse de algún mal olor, preguntó si deseábamos dejar de ser tan débiles como éramos. Repitió la frase una vez más. Quería oírnos decir «¡Sí!» del modo que corresponde a un soldado. Y gritamos con voz entusiasta.

Dijo: Esto está mejor, y luego sonrió. Su sonrisa era afectuosa. Pero sólo duró tres segundos. Volvió a mirar con severidad y nos dijo que la granja tenía trece mil miembros y nuestra compañía cuatrocientos. Dijo que esperaba que cada uno de nosotros funcionara como un tornillo en una gran máquina revolucionaria. Manteneos despiertos. Corred, corred y corred –dijo ella–, porque si os paráis os oxidaréis. Quería que recordáramos que aunque no nos dieran uniformes formales, seríamos instruidos como verdaderos soldados. Dijo: Nunca digo tonterías, nunca. Esta frase suya se me quedó grabada en la mente durante mucho tiempo, por el tono tan amenazador con que había sido expresada.

Como si nos hubiéramos quedado bloqueados por la impresión, nadie se movió después de que Yan ordenara romper filas. Lu levantó la mano, Yan dio un paso hacia atrás para apartarse de la tropa y presentó a Lu como su comandante auxiliar.

Lu dijo que tenía un par de cosas que explicar a la

tropa. Marchó por delante de las filas. Antes de que abriera la boca, en su cara se dibujaron varias sonrisas amplias. Con una voz extremadamente clara dijo que aunque había sido recientemente trasladada a esta compañía, era un antiguo miembro de la familia del Partido Comunista. Empezó a recitar la historia del Partido Comunista, comenzando por la primera reunión de constitución en un pequeño barco cerca de Shanghai. Habló y habló hasta que el sol retiró su último rayo y quedamos envueltos por la niebla que descendió sobre nosotros.

Me destinaron a la casa número tres, ocupada por mujeres. Mi habitación medía tres por cinco metros aproximadamente y estaba ocupada por cuatro camas litera. Tenía siete compañeras de habitación. Dentro, el único espacio privado era el del interior de la mosquitera que colgaba de unas delgadas cañas de bambú. El suelo era de tierra apretada.

Al día siguiente nos ordenaron que fuésemos a trabajar a los arrozales. Las sanguijuelas en el agua enlodada me daban miedo. A mi lado trabajaba una chica llamada Pequeña Hoja. Tenía una sanguijuela en la pierna. Cuando intentó arrancársela, el animal penetró aún más. Pronto desapareció dentro de la piel, dejando un punto negro en la superficie. La chica chillaba de horror. Llamé a una mujer soldado con experiencia llamada Orquídea para pedirle ayuda. Orquídea vino y dio golpecitos a la piel que quedaba por encima de la cabeza de la sanguijuela. La sanguijuela se retiró hasta salir al exterior. Pequeña Hoja se mostró muy agradecida por mi ayuda y nos hicimos buenas amigas.

Pequeña Hoja tenía dieciocho años. Su cama estaba junto a la mía. Era pálida, tan pálida que la exposición al sol a lo largo de todo el día no alteraba el color de su piel. Sus dedos eran delgados y finos. Esparcía excrementos de cerdo como si ordenara joyas. Caminaba con gracia, como un sauce movido por una suave brisa. Sus largas trenzas se balanceaban sobre su espalda. Bajaba la mirada al suelo cada vez que hablaba. Era tímida. Pero le gustaba cantar. Me contó que la había criado su abuela, quien había sido cantante de ópera antes de la Revolución Cultural. Había heredado su voz. A sus padres les habían enviado a trabajar a unos remotos campos petrolíferos porque eran intelectuales. Iban a casa una vez al año, la víspera del Año Nuevo. Nunca había llegado a conocer mucho a sus padres, pero se sabía todas las óperas antiguas a pesar de que nunca las cantaba en público. En público cantaba *Mi patria*, una canción que se había hecho popular desde la Liberación. Su voz era el orgullo de nuestro pelotón. Nos ayudaba a superar el duro trabajo, a superar los días en que teníamos que levantarnos a las cinco y trabajar en los campos hasta las nueve de la noche.

Era osada. Tenía la osadía de adornar su hermosura. Se ataba las trenzas con cordones de colores mientras el resto de nosotras nos atábamos las trenzas con gomas marrones. Su feminidad nos ridiculizaba. Yo la observaba y percibía el peligro de su temeridad. Yo había sido líder de los guardias rojos. Conocía las reglas. Sabía cuál era la fina línea que separaba lo correcto de lo incorrecto. Observaba a Pequeña Hoja. Su belleza. Quería atarme las trenzas con cordones de colores cada día, pero no tenía coraje para demostrar mi desprecio a las reglas. Siempre había sido buena.

Tenía que admitir que Pequeña Hoja era muy hermosa. Pero tanto yo como el resto de mujeres soldados decíamos que no lo era. Nos poníamos gomas marrones. El color del barro, de los excrementos de cerdo, de nuestras mentes. Porque nosotras creíamos que un verdadero comunista nunca se preocupaba por su aspecto. La belleza del alma era lo único por lo que había que preocuparse. Pequeña Hoja nunca se peleaba con nadie. No hacía caso de lo que decíamos. Sonreía para sí. Bajaba la mirada al suelo. Sonreía, desde el corazón, a sí misma, a sus cordones de color, y se sentía satisfecha. Sin importar lo cansada que estuviera, Pequeña Hoja caminaba siempre cuarenta y cinco minutos hasta el lugar donde había agua caliente y volvía cargada con agua para lavarse. Se limpiaba el barro de las uñas con paciencia y alegría. Cada atardecer se lavaba dentro de su mosquitera mientras yo yacía en la mía, observándola, con mis uñas como las de una zarpa apoyadas en los muslos.

Pequeña Hoja me enseñó orgullosa cómo utilizaba restos de tejidos para confeccionarse bonitas prendas de ropa interior, bordadas delicadamente con flores, hojas y pájaros. Tendió una cuerda cerca de nuestra pequeña ventana, entre nuestras camas, de la que colgaba su ropa interior para que se secara. En nuestra habitación vacía, aquella cuerda era como una galería de arte.

Pequeña Hoja me perturbaba. Perturbaba a las compañeras de habitación, al pelotón y a la compañía. Atraía nuestras miradas. No podíamos evitar mirarla. Los más gandules no podían retirar la vista de ella, de esa criatura llena de encanto burgués. Yo desdeñaba mi propio deseo de mostrar mi juventud. Un deseo despreciable, me decía a mí misma cientos de veces. Yo tenía diecisiete años y medio. Admiraba el coraje de Pequeña Hoja, el coraje de volver a diseñar las ropas que nos daban: estrechaba sus camisas por la cintura; rehacía los pantalones para que las piernas parecieran más largas. No se sentía avergonzada de sus pechos plenos. A primera hora del atardecer cargaba con los dos contenedores de agua, la espalda recta y el pecho henchido. Caminaba hasta nuestra habitación cantando. Tras ella el cielo era de un azul aterciopelado. Los soldados varones, medio hombres medio monos, la contemplaban cuando pasaba a su lado. Era la Venus del atardecer de la granja. Yo la envidiaba y la adoraba. En junio se atrevió a salir sin sujetador. Yo odié mi sujetador cuando la vi caminando hacia mí, con los senos vibrantes. Hizo que me sintiera marchita sin siquiera haber florecido.

Los días eran largos, tan largos... El trabajo no tenía fin. A las cinco de la mañana ya estábamos cortando las plantas oleíferas. Las semillas negras rodaban por mi cuello y dentro de mis zapatos mientras derribaba las plantas. No me molestaba en enjugarme el sudor que goteaba y salaba mis ojos. No tenía tiempo. Nuestro pelotón era el más rápido de la compañía. Nos elevábamos vertiginosamente como flechas. Avanzábamos a través de los campos en formación de escalera. Cuando trabajábamos, nos sumergíamos en el mar de las plantas. Apenas erguíamos la espalda; no teníamos tiempo para hacerlo. Pequeña Hoja se erguía de vez en cuando. Nos perturbaba. Proferíamos palabras poco amistosas. Le decíamos: ¡Qué vergüenza ser tan holgazán! No parábamos hasta que Pequeña Hoja volvía a inclinarse para trabajar. Le hacíamos esto a todo el mundo excepto a Yan. Yan era jinete. Nosotros éramos sus caballos. No tenía que fustigarnos para que siguiéramos en movimiento. Sentíamos el frío de un látigo en la espalda cuando ella se acercaba para examinar nuestro trabajo. Yo contemplaba sus pies cuando pasaba a mi lado. No me atrevía a levantar la cabeza. Me concentraba en lo que hacían mis manos. Ella se paraba y me observaba trabajando. Yo cortaba la planta y la derribaba limpiamente. Intentaba no dejar que las semillas negras se derramaran en exceso. Ella pasaba y yo exhalaba un suspiro.

Alguien robó unas de las prendas interiores bordadas a mano más bonitas de Pequeña Hoja. El acto se consideraba un crimen ideológico. El comité del Partido de la compañía convocó una reunión. Se celebró en el comedor. Cuatrocientas personas estaban sentadas en pequeñas banquetas de madera, en fila. Le correspondió a Yan plantear la cuestión referente al robo. Nadie admitió ser culpable. Lu estaba indignada. Dijo que no podía consentir un comportamiento así. Dijo que el objeto que se había robado nos avergonzaba a todos. Dijo que el Partido tendría que emprender una campaña política para prevenir que se volviera a repetir una conducta de ese tipo. Dijo que la falta correspondía más a los jefes de compañía que a los soldados. Yan se levantó. Pidió disculpas por ser débil al juzgar a sus soldados. Se disculpó ante el Partido. Criticó a Pequeña Hoja por su vanidad. Le ordenó que hiciera una confesión y le dijo que en el futuro no colgara la ropa interior cerca de la ventana.

Pequeña Hoja se estaba limpiando las uñas al atardecer. Intentaba lavar la porquería marrón, el fungicida que había manchado sus uñas. Utilizaba un cepillo de dientes. Yo me tendí reclinando la cabeza sobre las manos. Contemplé su paciencia. Pequeña Hoja dijo que Yan la había defraudado. Pensaba que era más humana que Lu –dijo Pequeña Hoja–. Lu es un perro. No esperaba que exhibiera colmillos de elefante pero se suponía que Yan era un elefante. Se supone que tiene marfil en vez de dentadura de sierra como un perro.

No hice ningún comentario. Me resultaba duro hacer comentarios sobre Yan. No era consciente de cuándo me había convertido en admiradora de Yan. Como otros muchos de mi compañía, la defendía automáticamente. Durante los descansos en el campo, chismorreábamos historias legendarias sobre Yan. Me enteré por Orquídea que Yan se había unido al Partido Comunista cuando tenía dieciocho años. A su llegada, cinco años antes, la tierra de la granja del Fuego rojo era yerma. Había conducido a su pelotón de veinte guardias rojos para reclamar aquella tierra. Orquídea se encontraba entre ellos. Yan era famosa por sus hombros de hierro. Para retirar el barro y construir los canales de riego, hizo veinte trayectos de ochocientos metros en un día, cargando con setenta y cinco kilos en dos capazos que colgaban de una pértiga que llevaba sobre los hombros. Sus hombros se hincharon como pan cocido al vapor. Pero continuó cargando con los capazos. Permitió que la pértiga le rozara una y otra vez los hombros ensangrentados. Creía en el poder de la voluntad. Al cabo de un año sus ampollas tenían el tamaño de pulgares. Era la número uno de la compañía en levantamiento de peso. Orquídea contaba la historia como si Yan fuera un dios.

Contemplaba a Yan llevando grandes cargas por la tarde. Apilaba leña y más leña encima de su cabeza hasta dar la sensación de que tenía una colina sobre los hombros y sólo las piernas se movían por debajo de ella. Tenía los músculos de un hombre. Sus piernas eran como las patas de un animal.

Los soldados más antiguos nunca se cansaban de describir una imagen de su heroína. Pocos años antes, después del almacenamiento del cereal, se produjo un incendio. Las chozas de paja y las cosechas de los campos listas para recoger se quemaron y todos los guardias rojos lloraron. Yan se puso frente a las filas de soldados con una de sus trenzas quemadas, el rostro chamuscado y las ropas humeantes. Dijo que su fe en el comunismo era todo lo que necesitaba para volver a materializar el sueño. La compañía edificó nuevas casas en nueve meses. Yan fue reverenciada. Era más real que Mao.

Avanzada la noche, mientras oía el sonido de Pequeña Hoja lavándose, me imaginaba a Yan con la trenza quemada, la piel chamuscada por el fuego que rugía tras ella... Yan se había convertido en la protagonista de mi ópera. Empecé a cantar *Destacamento rojo de mujeres*. Pequeña Hoja canturreaba conmigo, luego se unieron el resto de las compañeras de cuarto. Estaba cantando la canción de Yan. Yan era la heroína en la vida real. Al cantar quería alcanzarla para convertirme en ella. Quería convertirme en heroína. Adoraba a Pequeña Hoja como amiga, pero necesitaba a Yan para reverenciarla.

Al otro lado de la ventana el sauce se mecía con fuerza. Las hojas golpeaban ligeramente en el vidrio. Hacía una noche ventosa. Mañana sería otro día duro. La depresión caló hondo. Dediqué mis pensamientos a Yan. Ella me inspiraba, daba significado a mi vida. Que Yan hubiera decepcionado a Pequeña Hoja no disminuía mi admiración por ella. Necesitaba un líder que me levantara el ánimo. Me dolía la espalda. Tenía las uñas completamente marrones, la piel agrietada. Pero Yan ocupaba el centro de mi atención. Pensando en ella me quedé dormida.

Empecé a imitar la forma de andar de Yan, su forma de hablar y de vestirse. No era consciente de lo que estaba haciendo. Mi cinturón tenía cinco centímetros de ancho. Deseaba que tuviera un par de centímetros más.

Me corté mis largas trenzas hasta dejarlas de la misma longitud que las de Yan. Intentaba cargar con todo lo que podía cuando nuestro pelotón era enviado a cavar un nuevo canal de riego. Dejaba que la pértiga me rozara las ampollas ensangrentadas de los hombros. Cuando el dolor se hacía un hueco hasta llegar al corazón, me obligaba a mí misma a pensar en Yan y en el modo en que ella se enfrentaba al miedo.

Pronunciaba discursos en la reunión de autoconfesión y autocrítica de todas las noches para impresionar a Yan. Ponía mi debilidad encima de la mesa. Todo el mundo hacía lo mismo. Nos ayudábamos los unos a los otros a examinar nuestros pensamientos, a librarnos de las ideas incorrectas. Creíamos que si no lográbamos hacerlo, nuestros corazones serían aniquilados por los malignos espíritus burgueses. Mao nos había advertido que esos espíritus malignos estaban en todas partes, escondidos y esperando el momento adecuado para apoderarse de nosotros. Es preciso hablar a diario de la lucha de clases, cada mes y cada año, decía Mao. Discutíamos sobre nuestros caracteres, hablábamos sobre el modo de mejorarnos a nosotros mismos y de mantener la decencia. Hablábamos sobre el modo de construir una voluntad más firme. Una voluntad mágica. Una voluntad de victoria permanente. No me di cuenta hasta más tarde de que aquéllos eran días llenos de significado, días de un amor ardiente y días de satisfacción. Me sentía entusiasmada en estas reuniones. Aunque Yan no parecía caer en la cuenta de mi existencia, no me desanimaba. Me dejaba llevar por la sinceridad y creía que finalmente ganaría su confianza.

Me encontraba en el grupo al que ordenaron asistir a un programa de formación militar organizado por el cuartel general de la granja. Estaba contenta de que me consideraran políticamente digna de confianza. El programa constaba de una serie de cursos intensivos sobre tiro, manejo de granadas y combate. Yan dijo que no consideraría que habíamos superado el programa hasta que nos encurtiéramos en nuestro propio sudor. Además nos convocaban a salir de inspección a medianoche, momento en que teníamos que levantarnos de la cama y estar listos para partir con nuestros rifles y linternas en un plazo de tres minutos.

A principios de verano me despertó a medianoche una llamada de emergencia. El jefe del pelotón me llamó por la ventana y en cuestión de minutos me encontré fuera con el resto del grupo.

El aire parecía agua, me refrescaba el rostro. Nos movíamos con energía, casi corríamos a través de los juncos. Cuando llegamos a los campos de trigo, alguien susurró una orden de carga.

Me espabilé de golpe; ésa era la primera vez que recibía la orden de usar munición real. Algo serio había pasado. Cargué mi arma.

Y después oí la voz de Yan. Nos ordenó echarnos al suelo y luego avanzar. Era la voz de un asesino.

Empezamos a arrastrarnos a través del trigo. Era difícil ver algo. El trigo nos fustigaba y dejaba agujas minúsculas por todo el cuerpo. Sostuve el arma firmemente. El soldado varón que iba delante de mí dejó de gatear y pasó hacia atrás la orden de alerta.

Me mantuve allí, echada, conteniendo la respiración y escuchando. Los insectos empezaron a cantar y el trigo despedía un dulce aroma. La noche estaba en calma. Los mosquitos empezaron a picarme a través de la ropa. En la distancia se oía un ruido, luego silencio. Pensé que el ruido era producto de mi imaginación. Después de aproximadamente un minuto, lo volví a oír. Se trataba de dos sonidos. Uno era de un hombre y el otro de una mujer que estaban murmurando. Oí un grito suave y amortiguado. Y luego la conmoción se apoderó de mí: reconocí la voz de Pequeña Hoja.

Mi único pensamiento era: No puedo dejar que Pequeña Hoja sea atrapada de esta forma. Era mi mejor amiga, el único aire en nuestro sofocante cuarto. Nunca me había contado nada sobre un asunto con un hombre, aunque era fácil entender por qué: sería escandaloso admitirlo. Se suponía que una buena camarada dedicaba toda su energía, su juventud entera, a la Revolución; no se le permitía ni tan siquiera pensar en un hombre hasta que se aproximaba a los treinta años, momento en el que se podía tener en cuenta el matrimonio. Pensé en las consecuencias que tendría que soportar Pequeña Hoja si era atrapada. Podía ver su futuro arruinado en un momento. Sería abandonada por la sociedad y su familia caería en desgracia. Me adelanté a gatas en dirección al ruido.

Una mano firme me empujó inmediatamente hacia abajo contra el suelo. Era Yan. Forcejeé intentando librarme de ella. Pero Yan era demasiado joven. Su gesto era firme como una roca. Parecía saber con exactitud lo que estaba sucediendo.

Los murmullos y los jadeos subieron de volumen. Yan apretó los dientes y cobró aliento. Yo sentía la fuerza de su cuerpo. En un segundo aflojó la presión sobre mi espalda y gritó repentinamente: ¡Ahora!

Fue como si una bomba hubiera explotado junto a mí. Yan dirigió su linterna sobre Pequeña Hoja y el hombre. Aproximadamente otras treinta linternas, incluida la mía, se encendieron al mismo tiempo.

Pequeña Hoja gritó. Su voz rasgó la noche. Llevaba su camisa favorita: la que estaba bordada con flores de ciruelo rosas. Las luces hicieron resplandecer sus nalgas desnudas. Su grito me perforó hasta la médula. Mi corazón quedó partido en rodajas.

El hombre que estaba con Pequeña Hoja era delgado, llevaba gafas y parecía instruido. Se subió los pantalones e intentó correr. Inmediatamente fue alcanzado por el grupo dirigido por la comandante auxiliar Lu, que sacó su rifle y lo apuntó contra la cabeza del hombre instruido. No era de nuestra compañía, pero recordé haberlo visto en el mercado. Había sonreído a Pequeña Hoja, pero cuando le pregunté si lo conocía, ella me había dicho que no.

Pequeña Hoja temblaba y lloraba. Gateaba adelante y atrás buscando sus ropas, intentando cubrirse las nalgas con las manos.

Bajé mi linterna.

Yan se aproximó lentamente al hombre. Le preguntó por qué había hecho aquello a Pequeña Hoja. Le temblaba la voz. Para mi sorpresa vi las lágrimas centellear en sus ojos.

El hombre se mordió el labio. No dijo nada.

Yan arrojó a tierra su cinturón y ordenó a los soldados varones que azotaran al hombre. Ella se alejó caminando pero se detuvo y dijo que le complacería mucho que los soldados pudieran hacer entender al hombre que la mujer de hoy ya no era una víctima del deseo del hombre. Se quitó la chaqueta para tapar a Pequeña Hoja. A ella le dijo con suavidad: Vámonos a casa.

El hombre instruido no parecía sentirse culpable. Cuando empezaron las patadas y los azotes, se esforzó para no gritar.

Yo regresé a los barracones con el resto de las mujeres soldados. Desde la distancia podíamos oír los gemidos contenidos del hombre y las órdenes gritadas por Lu: ¡Muerte al violador! Pequeña Hoja no podía dejar de gimotear.

Se celebró un juicio público en el gran comedor. Pequeña Hoja había sido sometida a cuatro días de «lavado mental intensivo». Sobre un estrado provisional, Pequeña Hoja declaró con voz alta y forzada que había sido violada. El papel del que leía se le escurrió de las manos dos veces. Su amante instruido fue condenado.

Nunca olvidaré la expresión del hombre cuando la sentencia de muerte fue anunciada. Como si acabara de salir de una pesadilla, de pronto pareció relajado. Cuando Pequeña Hoja entró en el comedor, su cara magullada y amoratada se iluminó.

Yo estaba sentada junto a Yan. La oí intercambiar palabras con Lu. Dijeron que el hombre estaba demasiado corrompido por los pensamientos burgueses. Yan suspiró con un aire triste. Lu dijo que lo bueno era que el Partido había conseguido detener la propagación de la corrupción. Yan se mostró de acuerdo y dijo que como mínimo habían salvado a Pequeña Hoja. Lu pronunció un breve discurso para poner fin al juicio. La carreta volcada a la cabeza de la caravana sirve como aviso a las carretas que vienen detrás, dijo a la compañía.

El grito de Pequeña Hoja permaneció en mi oído durante toda la semana. Pensé en hablar con Pequeña Hoja pero me sentí demasiado culpable como para mirarla a la cara.

Nadie habló del hombre después de su ejecución, aunque estaba en el pensamiento de todo el mundo. Pequeña Hoja dejó de lavarse. Pasaban los meses y todavía no se había lavado. Hubo quejas sobre su olor. Cuando cargué con dos contenedores de agua caliente y le pregunté si me dejaba lavarle la ropa interior, cogió un par de tijeras y la hizo jirones. Se cortó de un tajo las largas trenzas y dejó de peinarse el cabello. De sus labios goteaba mucosidad. Por la noche cantaba canciones desafinadas. Luego empeoró. No dejaba de cantar una vez llegada la medianoche. Cantaba óperas antiguas. Una detrás de otra. Jugaba con las cortinas de las mosquiteras de las habitaciones. Los mosquitos entraban dentro de las mallas. Las compañeras de cuarto se ponían furiosas. Ataban a Pequeña Hoja sobre la cama. Pero ella se reía y luego cantaba aún más fuerte. Las compañeras de cuarto le escupían a la cara y le decían que se callara. Pero continuaba hasta que amanecía. Un día, cuando nos despertamos, todos los zapatos habían desaparecido. Pequeña Hoja se los había llevado. Tiró los zapatos al pozo que había detrás del almacén de la compañía. Pequeña Hoja se estaba volviendo loca, pero nadie quería hacer frente a la evidencia. Yo no podía describir mis sentimientos. Yo la había destruido. Nosotros la asesinamos. Nosotros estábamos locos. La habíamos acorralado hasta volverla loca.

Las compañeras de cuarto informaron sobre su comportamiento. Yan se negó a creer que Pequeña Hoja estuviera demente. Nos hizo callar a todas. Nos pidió a Orquídea, a Lu y a mí que fuéramos con ella, que enviáramos a Pequeña Hoja al hospital de la granja.

Escoltamos a Pequeña Hoja en el tractor. Cuatro de nosotras la sujetábamos como si lleváramos un animal al matadero. Yan cubrió con su chaqueta a Pequeña Hoja. La protegió del fuerte viento y la tapó como si fuera un recién nacido.

Los médicos hicieron muchas pruebas a Pequeña Hoja pero no pudieron averiguar cuál era su enfermedad. Le dijeron a Yan que no se podía hacer nada más y le pidieron que se volviera a llevar a Pequeña Hoja. Yan rugió. Amenazó con acusarles de reaccionarios si no llegaban a un diagnóstico aceptable. Los médicos trataron de convencerla. Finalmente, enviaron a Pequeña Hoja a un hospital de Shanghai donde se le diagnosticó que había sufrido una crisis nerviosa.

Cuando Pequeña Hoja regresó del hospital meses después, no la reconocí. Los fármacos que le habían recetado le hicieron ganar peso. Estaba tan gorda como un oso.

Volvieron a darle una cama en nuestra habitación, donde se quedaba sentada la mayor parte del día con la mirada fija en una dirección. Sus pupilas se movían a veces hacia arriba, a veces hacia dentro de su calavera como si fuera a leer su propio cerebro. Su cabello no tenía brillo. Pensé en los atardeceres en los que se lavaba el pelo después de cenar y se lo peinaba y secaba mientras se ponía al sol. Recordé la canción que cantaba tan bien, *Mi patria*.

> Hay muchachas como flores hermosas,
> muchachos con cuerpos fuertes y mentes receptivas.
> Para construir nuestra nueva China,
> trabajamos felices y sudamos juntos...

Pasé la noche de mi decimoctavo cumpleaños bajo la mosquitera. Me había invadido una ansiedad indecible. Parecía una bochornosa tarde de verano. Un calor fastidioso. El aire tenía la densidad de la crema. Era el momento de la madurez del cuerpo. Empezaba a echarse a perder. Mi cuerpo gritaba por dentro intentando romper el cautiverio. Estaba inquieta.

Los juncos brotaban por debajo de mi cama. Me había visto obligada a cortarlos porque perforaban mi estera de bambú y la noche anterior me habían rasguñado la mejilla. Tenía que frenarlos o me harían daño. Ya me habían hecho daño anteriormente y los había escardado por las raíces. Pero los juncos eran indestructibles. Eran excesivos, la sal no les afectaba. Cuando pensaba que ya habían desaparecido, volvían. Crecían de la nada. Debía ser la sal. La sal activa los juncos, pensé. Eran como uña y carne. Eran los verdaderos granjeros del Fuego rojo.

Me bajé de la cama y me puse a gatas. Arranqué los juncos y rompí cada uno de ellos en dos. Volví bajo la malla, cerré herméticamente la cortina, maté de una palmetada tres mosquitos. Los estrujé y miré las manchas sangrientas que habían quedado en la malla. El desasosiego me sobrecogió como el crecimiento repetido de los juncos, a partir de la nada. Era mi cuerpo. Eso debía ser. Su juventud, la sal. El cuerpo y el desasosiego trabajaban como uña y carne. Estaban gritando en mi interior, partiéndome en dos.

Utilicé un pequeño espejo para examinar mi cuerpo, para inspeccionar los detalles de las partes privadas. Escuché mi cuerpo atentamente. Oí su agitación, su inquietud. El cuerpo había estado intentando atraer algo, un contacto ajeno, sosegar su ansiedad, pero en vano. Exigía escapar de su dominador, la mente. Estaba furioso. Me llevó a donde yo no quería ir: había empezado a tener pensamientos sobre hombres. Soñaba que era tocada por muchas manos. Estaba enfadada conmigo misma.

Era violento. Mi cuerpo tenía deseos. No podía hacer que colaborara conmigo. Di vueltas toda la noche, la soledad me envolvía, la ansiedad me afligía. Permanecí echada sobre la espalda, como si estuviera tendida sobre los barrotes de una celda. Me recorrí con las manos todo el cuerpo, no sabía cómo volver a recuperar la paz.

Podía sentir un monstruo creciendo en mi interior, un monstruo de deseo. Se hacía cada día más grande, empujaba hacia los lados los demás órganos. Me sentía indefensa. No podía ver la salida. La mosquitera era una tumba con un poco de aire viciado. Aunque me sentía herida, no podía gritar. Tenía que ser cauta porque nadie gritaba en la habitación. ¿No tenían nada en común conmigo las demás compañeras de cuarto? Los mosquitos me picaban. Yo los buscaba. Se posaban en las esquinas de la malla. Después de chupar sangre se ponían gordos y se quedaban como atontados. Yo apuntaba y soltaba un palmetazo. El mosquito se alejaba volando. Yo esperaba, perseguía, esperaba, volvía a apuntar y atacaba. Atrapé uno de un palmetazo. Se quedó inmóvil y aplastado en mi mano, sanguinolento y pegajoso. La sangre del mosquito. Mi sangre. Perseguía mosquitos cada noche. Los apretaba hasta matarlos. Las manchas de sangre en la malla daban fe de mi habilidad. Jugaba con mosquitos de largas patas. Admiraba la elegancia de esas criaturas. Permitía a uno que aterrizara sobre mi rodilla y lo contemplaba mientras me picaba. Lo observaba insertar su pequeña boca como una pajita en mi piel, sentía su picadura. Le dejaba chupar, chupar para su satisfacción. Luego lo apretaba con dos dedos, firmes, y miraba cómo goteaba su sangre marrón oscura.

El asesinato de mosquitos no daba descanso a mi mente. Mi mente había dejado de ser la mente que conocía. Ya no era la mente inmaculada y perfecta. Empecé a pensar en aquellas muchachas desgraciadas, las muchachas de los años de la escuela secundaria. Como jefe de clase, me mandaban sentarme junto a ellas durante semestres para ayudarlas a ir por el buen camino. Se suponía que tenía que enmendarlas e influirlas. Aunque nadie me explicó nunca cuál era su problema, yo sabía como todo el mundo que se las llamaba «La-Sai»: una palabra de argot que indicaba que las muchachas habían hecho cosas vergonzosas con hombres y habían sido condenadas por las personas virtuosas. Estas muchachas no sentían respeto por sí mismas. Las llamaban «porcelana tarada». Nadie las quería. Miraban adelante hacia un futuro que no existía. No tenían futuro. Eran basura. El hecho de sentarlas a mi lado demostraba la generosidad del Partido Comunista. El Partido no dejaba tirado a ningún pecador. El Partido los salvaba. Yo representaba al Partido.

Al estar sentada al lado de estas muchachas durante siete años, pude ver cómo la vergüenza devoraba sus corazones. Aprendí a no ponerme nunca a su nivel, a mantenerme lejos de los hombres. Admiraba a las mujeres modélicas que nuestra sociedad elogiaba. Las heroínas de las óperas revolucionarias no tenían ni maridos ni amantes. La heroína de mi vida, Yan, tampoco parecía tener nada que ver con los hombres. ¿También ella se sentía desasosegada? ¿Qué sentía por su propio cuerpo? Últimamente parecía más seria que de costumbre. Había dejado de pronunciar discursos en las reuniones. Ponía cara larga y permanecía sombría durante toda la semana. Veía cómo intentaba hablar con Pequeña Hoja. Pequeña Hoja reaccionaba de forma inexplicable. Jugueteaba distraída con juncos o con los botones del uniforme de Yan. Se reía histérica. Yan parecía atormentada por la confusión. Sacudía a Pequeña Hoja por los hombros. Le suplicaba que escuchara. Pero estaba hablando con un vegetal.

Una noche, tarde, después de que acabara de afilar mi hoz, volví a mi habitación y me senté junto a Pequeña Hoja. Mis compañeras de cuarto estaban ocupadas. Como gusanos de seda, todas ellas estaban tejiendo jerséis, bolsas y bufandas. Nadie hablaba.

Fui a sentarme bajo la mosquitera y cerré la cortina.

Me quedé mirando el techo de la mosquitera. La soledad me caló a fondo. Yo no era distinta de la vaca con la que había estado trabajando. Me dije a mí misma que debía soportar pacientemente la vida. Cada día el sol nos abrasaba, de rodillas sobre el duro suelo, mientras plantábamos semillas de algodón y cortábamos juncos. Aquello me dejaba embotada. Mi mente se había oxidado. No parecía funcionar. Era imposible pensar cuando el cuerpo sudaba con fuerza. Flotaba en medio de la blancura. El cerebro se encogía con la sal, se secaba bajo el sol.

Las semillas de algodón que plantábamos salían elevándose del suelo, como criaturas prematuras con juncos silvestres a su alrededor. Cuando brotaban por primera vez, parecían pequeños hombrecillos con gorros marrones. Eran muy hermosos a primera hora de la mañana, pero al mediodía la fuerza del sol los había devastado y muchos de ellos morían al atardecer antes de que la bruma les llevara humedad. Cuando morían o empezaban a morir, los caperuzones marrones caían sobre la tierra y los hombrecillos se doblaban tristemente. Los que sobrevivían se estiraban y se hacían más altos. Seguían luchando un día más. Al cabo de una semana estos caperuzones se desprendían y el casquete de los hombrecillos se partía por la mitad. Eran las dos primeras hojas de las plantas. En la granja del Fuego rojo nunca llegaban a ser lo que se esperaba de ellos, porque los alocados y abusones juncos absorbían toda el agua y el fertilizante. Las plantas de algodón se doblaban a un lado; vivían a la sombra de los juncos. Sus flores daban pena. Parecían viudas de rostros rosáceos. El fruto –las cápsulas de algodón que daban finalmente– eran nueces duras, delgadas, torcidas, mordisqueadas por los insectos, que se escondían en el centro de las plantas. Era algodón de la calidad más ínfima. Ni siquiera era apto para ser tasado. Si alguna vez llegaba a serlo, lo tasaban con un cuatro. Entonces recogíamos las cápsulas, las poníamos en bolsas y las enviábamos a una fábrica de elaboración de papel en vez de a una fábrica de tejidos.

Yo me sentía como si fuera una de esas nueces duras. En vez de crecer, me estaba encogiendo. Me resistía al encogimiento. Recurrí a Orquídea. Tenía sed. Orquídea estaba ansiosa por hacerse amiga mía. Me invitó a que me sentara en su cama. Charló sobre patrones para hacer punto. Habló sin parar. Dijo que era la cuarta vez que tejía el mismo jersey. Me mostró detalles de los patrones y dijo que una vez que lo tuviera acabado, lo desharía y lo volvería a tejer utilizando una vez más la misma lana. Dijo que tejer era el mayor placer de la vida. Debía tejer. No le interesaba nada más. Fijó la vista en las agujas. Sus ojos no iban más allá. Sus dedos en movimiento me recordaron a un grillo masticando hierba. Me quedé mirando la hilaza que era devorada, centímetro a centímetro. Sugerí que habláramos de alguna otra cosa, por ejemplo de ópera. Se negaba a hacerme caso. Continuaba hablando mientras sus manos seguían ocupadas en tejer el jersey. El grillo masticaba la hilaza, hora tras hora, día tras día. Empecé a hablar de ópera. Canté *Aprendamos del gran pino en lo alto de la montaña Tai*. Orquídea se adormeció. Se deslizó dentro de su mosquitera. Se puso a roncar muy fuerte. Me entraron ganas de asesinarla. Imaginar que tendría que vivir así el resto de mi vida me arrastraba a la locura.

Observé que Yan partía sola hacia los campos a última hora del atardecer llevando un cántaro. Un día que había una densa niebla decidí seguirla. Me quedé esperando en el mar de juncos. Ella llegó con un cántaro de color marrón. Buscaba algo entre las raíces de los juncos.

Estaba intentando cazar culebras acuáticas venenosas. Yan era rápida y ágil. Metía las culebras en el cántaro. La seguí, kilómetro tras kilómetro, guiada por el aura mítica que ella irradiaba. Me escondí y olí los juncos, el mar, la niebla y la noche. La seguí al día siguiente. Kilómetros entre los juncos. Mi sueño mejoró. Sentía curiosidad por las intenciones de Yan, por su motivo para arriesgar la vida cazando culebras.

Durante todo el día había jarreado sin parar. Se nos ordenó que esperáramos en la habitación hasta que el cielo se despejara. Mientras estaba sentada, rogué al dios del tiempo que la lluvia durara el máximo posible. Sólo cuando llovía se nos permitía descansar. Y cuando por fin llovía, me sentía verdaderamente aliviada. Salía corriendo del cuarto, alzaba el rostro, estiraba los brazos hacia el cielo para sentirla, para probarla y para dar las gracias por la lluvia. Dejaba que corriera sobre mi rostro, calara mi pelo, bajara por mi cuello, cintura, piernas, hasta las puntas de los pies.

Mientras permanecía sentada junto a la ventana, me perdí en mis pensamientos, mirando atentamente el sauce. La lluvia se convertía en *mao-mao-yu*, «lluvia de pelo de vaca», como la llamaban los campesinos. Me quedé mirando una ventana que había enfrente de la mía. Era la ventana de la habitación de los jefes de la compañía. La ventana de Yan. Me intrigaba. A menudo me preguntaba cómo vivía la gente detrás de esa ventana. Las conocía bien cuando llevaban uniforme pero no en sus mosquiteras. ¿Qué pasaría durante sus noches? ¿Era alguna de sus noches como las mías?

Se abrió la ventana de enfrente. Me retiré de nuevo a mi mosquitera. Me quedé observando a través de la cortina. Era la comandante. Sacó un brazo. Estaba sintiendo la lluvia. Alzó la mandíbula hacia el cielo gris. Sus ojos se cerraron. Mantuvo esa posición durante un instante. Era una postura tan íntima... Entre ella y el cielo. ¿Se sentía igual que yo, sola y deprimida? Después de que Pequeña Hoja se hubiera vuelto loca, mi veneración por Yan se había agriado. La lástima que sentía por Pequeña Hoja se transformó en rabia hacia Yan. Decidí que Yan ya no merecía mi respeto. Era la asesina, aunque yo también lo era. Pero ella lo hizo de modo intencionado, y eso era imperdonable. Yo ejecuté su orden. Pero aun así, en mi interior crecía una obstinación. Me descubrí a mí misma negándome a pensar que Yan no merecía mi respeto. Por algún extraño motivo, sentía que todavía necesitaba que Yan fuera mi heroína. Debía tener una heroína que venerar, a la que seguir, que me sirviera de espejo. Así es como me habían enseñado a vivir. Lo necesitaba del mismo modo que Orquídea necesitaba hacer punto, para sobrevivir, para tirar adelante.

Desarrollé el deseo de conquistar a Yan. Para ser más sinceros, de conquistarme a mí misma, ya que Yan simbolizaba mi fe. Quería que ella me explicara qué era lo que la había llevado a emprender una acción tan cruel contra Pequeña Hoja; quería desprenderla de su máscara de secretaria del Partido, ver qué había dentro de su cabeza. Quería que se rindiera. Estaba obsesionada.

De pronto ella se volvió en dirección hacia mí y se quedó parada. Vio que la observaba fijamente. Se llevó un dedo a la boca y silbó, Yan, la comandante, silbó para ordenar a todo el mundo que volviera al trabajo en los campos. Silbó. Apartó mis pensamientos. Cerró la ventana, sin un solo ademán de su mano, palabra, movimiento de cabeza o insinuación.

La lluvia había cesado. Espesas nubes oscuras encapotaban el cielo. Parecía como si las nubes estuvieran a punto de desplomarse sobre nuestras cabezas. Las ropas que había puesto a secar afuera antes de irme a la cama estaban húmedas y llenas de barro. Las descolgué de la cuerda y me las puse, luego me arrastré hasta el campo.

Estábamos trasplantando raíces de arroz. Trabajamos sin descanso durante tres horas. Yo trasplantaba por los límites del borde del campo y de pronto me di cuenta de que había un rastro de sangre en el agua fangosa. Seguí la sangre y encontré a Orquídea de rodillas en el agua, con los pantalones rojos de sangre. Orquídea siempre tenía problemas con el período. Le podía durar medio mes, sangraba hasta quedarse desfallecida. Me contó que no había entendido qué era el período la primera vez que lo tuvo. Se había sentido demasiado avergonzada como para pedir consejo a nadie. Se llenó los pantalones de paños sin esterilizar. La sangre quedaba bloqueada, pero ella sufrió una infección. Le pregunté por qué no le había dicho nada a su madre o a una amiga. Dijo que su madre estaba en un campo de trabajo y que su amiga sabía todavía menos que ella. Su amiga ni siquiera estaba segura de si el presidente Mao era un hombre o una mujer.

Le pregunté a Orquídea por qué no había pedido a la jefa de pelotón un día libre. Dijo que sí lo había hecho. Se lo negaron. La jefa la había enviado a Lu y Lu dijo que el trasplante tenía que estar concluido para medianoche porque si no perderíamos la cosecha. Le dije a Orquídea que Lu era una revolucionaria teórica que exigía a los demás que fueran marxistas mientras ella era una revisionista. Orquídea no estuvo de acuerdo. Dijo que Lu también era dura consigo misma, que nunca se había tomado un día libre cuando tenía el período. Orquídea dijo que Lu padecía fuertes calambres cada mes.

Orquídea vio en una ocasión a Lu llorando y retorciéndose en el retrete a causa del dolor. Yo no sabía qué decir. Le prometí a Orquídea que la ayudaría en cuanto acabara de plantar mi parte.

La lluvia empezó de nuevo y cada vez caía con más fuerza. Yo trabajaba rápido para poder ayudar a Orquídea. Mis brazos y mis dedos se movían como si no fueran míos. Cuando me incorporé un momento para estirar la espalda, reparé en Yan, que se encontraba unas parcelas más allá. Se movía como una bailarina: se pasaba los vástagos de arroz de la mano izquierda a la derecha y los insertaba en el barro con perfecta coordinación caminando hacia atrás. La ropa mojada se le pegaba al cuerpo.

Lo hice lo mejor posible para competir. Yan respondió al reto. Jugó conmigo, como un gato con un ratón. Aceleró y yo me rezagué; de pronto ralentizaba para permitir que la alcanzara, antes de volver a sacarme ventaja. Acabó con una parcela, luego pasó a la siguiente sin volver la cabeza.

El cielo se oscureció aún más. Un altavoz emitía canciones de citas de Mao. Los soldados estaban exhaustos como plantas azotadas por una tormenta. Dos enormes focos luminosos fueron transportados hasta los campos. Trajeron pan cocido al vapor. Los soldados se acercaron a rastras a los cestos de pan. Lu nos detuvo. Aulló: ¡Nada de comida hasta que el trabajo esté acabado! Nos ladraba el estómago, pero no nos atrevíamos a responder a Lu, la ayudante de la secretaria del Partido. Le teníamos miedo. Luego se oyó la voz de la comandante. Una voz de trueno: ¿Qué clase de idiota eres? ¿No te dice tu sentido común que el hombre es el motor y la comida es el combustible? Yan agitó el brazo como si quisiera acercarnos en grandes grupos hasta donde estaba el pan. Id ahora, gritó. Corrimos como cerdos al engordadero.

Orquídea estaba llorando cuando finalmente fui a ayudarla; iba muy retrasada. Masticamos el pan mientras plantábamos los vástagos. Acabamos a las diez. Orquídea me dio las gracias, llorando aliviada. Dijo que su madre habría deseado suicidarse si hubiera presenciado esto. Llena de frustración, le dije a Orquídea que se callara. Le dije que si Yan podía hacerlo, nosotras también. No éramos las únicas que teníamos que aguantar este tipo de vida. Había cientos y miles de jóvenes en la misma situación. Orquídea hizo un gesto de asentimiento. Usó la manga para enjugarse las lágrimas. Lo sentí por ella. No me gustaba su tono lastimoso. Mientras la ayudaba a salir de los campos, se convocó una reunión.

Estaban llevando uno de los focos hasta la parcela donde habíamos trabajado; millones de mosquitos pularon a su alrededor. Lu pidió atención a gritos. Quería hablar sobre la calidad del trabajo del día. Pasó el altavoz a Yan. Yan estaba cubierta de barro. Sólo sus ojos centelleaban. Ordenó que se moviera la luz para iluminar un punto en concreto, donde docenas de vástagos de arroz estaban flotando en el agua. El trabajo se había hecho deficientemente a lo largo de todo el recorrido hasta el límite del campo. Alguien ha hecho un buen trabajo aquí –dijo Yan con sarcasmo–, los vástagos estarán muertos antes de que raye el día. Quería que miráramos los vástagos muriéndose. Que observáramos atentamente. Dijo que los vástagos eran sus criaturas.

Los soldados empezaron a inspeccionar los campos con nerviosismo. Corrió la voz de que el grupo responsable de la plantación descuidada era el pelotón número cuatro: era nuestro territorio. Yo sabía que ésta era la zona en la que había trabajado mientras intentaba emular a Yan.

Lu ordenó que la persona responsable diera un paso

adelante para recibir una reprimenda pública. Orquídea notó mi miedo y me agarró la mano con fuerza. Nadie iba a marcharse de allí hasta que se admitiera la falta.

Cuando cobré valor y estaba ya a punto de dar un paso, Yan dijo de pronto que prefería dejar que el camarada responsable corrigiera su propia falta.

Los campos permanecían en silencio bajo la luz de la luna. La llovizna había cesado y el aire estaba tranquilo. Los insectos reanudaron su canto nocturno. La fragancia de las plantas flotaba a mi alrededor. La luna salió de entre las nubes. Hundí mis pies en el barro y empecé a rehacer el trabajo. Tenía los pies hinchados. Canté una canción de una cita de Mao para combatir el sueño.

> Me he decidido
> a no temer la muerte.
> Superando todas las dificultades,
> procuro la victoria.
> Me he decidido...

Cuando me desperté, el cielo estaba cubierto de nubes naranjas. El sol aún tenía que salir. Estaba echada en el barro, me dolían las articulaciones y sabía que no había acabado el trabajo. La idea de tener que reanudarlo hizo que me doliera la espalda. Las sanguijuelas se me instalaron en las piernas. No me quedaba energía suficiente para sacudírmelas de una palmada. Me chupaban la sangre hasta que se quedaban satisfechas y se desprendían. Estaba desesperada. No tenía agallas para enfrentarme a la posibilidad de que el Partido me diera la espalda. Temía caer en desgracia.

Me obligué a mí misma a sentarme. Miré alrededor y pensé que estaba soñando. Mi trabajo estaba acabado, completamente finalizado hasta el límite. Miré en dirección al sol. Había alguien. Alguien a unos diez metros, que recorría el campo a pasos regulares.

Se me saltaron las lágrimas, porque fue a Yan a quien vi. Estaba caminando bajo el sol. Ella era el sol. Mi frío corazón se calentó.

Me puse en pie y caminé hacia ella.

Ella se dio la vuelta al oír que me aproximaba.

Me hizo un gesto de reconocimiento y luego se inclinó para acabar el último trecho. Se lavó las manos en el canal de regadío. Vio las sanguijuelas en mis piernas y me dijo que me las sacudiera de un golpe. Dijo que Orquídea había ido a verla la noche anterior y se lo había contado todo. Me explicó que le complacía que me hubiera quedado toda la noche en los campos, que había hecho lo que se suponía que tenía que hacer. Se soltó las trenzas, se inclinó y se las lavó en el canal. Escurrió el agua de su cabello y agitó la cabeza. Se peinó el pelo con los dedos y lo trenzó. Dijo que cuando me encontró yo parecía una gran tortuga. Pensó que me había desmayado o algo así. Hizo una pausa y luego añadió que la había hecho sentirse culpable, porque podía haber cogido una enfermedad, una artritis, por ejemplo. Eso hubiera sido una desgracia para el Partido.

Me froté los ojos, intentando parecer despierta.

Me miró a la cara, con un esbozo de sonrisa en el rostro. Me dijo que intuía que yo tenía una voluntad fuerte. Dijo que le gustaba la gente de voluntad fuerte. Miró al sol por un instante. Dijo: Quiero que seas la jefa del pelotón número cuatro. Lo arreglaría para que me trasladara a su cuarto y pudiera discutir los problemas con los jefes de compañía. Luego se retiró caminando rápidamente hacia los barracones.

Me quedé al sol, notando, sintiendo el aletear de una esperanza.

Me instalé con Yan y otros seis jefes de pelotón. Yan y yo compartíamos una litera. Yo ocupé la de arriba. En la mosquitera de Yan, la decoración consistía en un despliegue de chapas de Mao prendidas a una tela de color rojo, aproximadamente un millar de diferentes clases, de distintas etapas históricas. Me quedé impresionada. Yan las colocaba durante el día y las quitaba por la noche. La habitación era del mismo tamaño que la anterior. Servía de dormitorio, de sala de conferencias y de comedor provisional. También era un campo de batalla. Aunque oficialmente Yan estaba al cargo y Lu era su auxiliar, ésta aspiraba a mucho más. Quería el puesto de Yan. Estaba obsesionada. Convocaba reuniones sin tener un orden del día. Había que obedecerla. Medio amodorradas, teníamos que permanecer sentadas durante todas sus reuniones. Le gustaba ver que la gente la obedecía. Sentirse poderosa era una droga para ella. Sólo en las reuniones se sentía capaz de controlar vidas ajenas como si fuesen la suya misma. Nos hacía advertencias y nos amenazaba. Disfrutaba al comprobar el temor que sentíamos. Ponía la mira en todos nuestros posibles errores. Esperaba, había estado esperando, el momento preciso para pillar una falta y lograr la sumisión. Intentaba pillar a Yan en un error. Yo veía claro que Lu habría empujado a Yan por un precipicio si hubiera tenido la ocasión.

El nombre completo de Lu era Lu de Hielo. Era hija de un mártir revolucionario. Su padre había sido asesinado por los nacionalistas en Taiwan. Lo asesinaron mientras llevaba a cabo una misión secreta. Su madre sufrió aquella pérdida hasta morir. Murió tres días después de haber dado a luz. Fue un invierno terrible. Un fuerte viento cortaba la piel como a tijeretazos. A su hijita le puso el nombre de Hielo. Hielo fue criada bajo los auspicios especiales del Partido. Creció en un orfelinato fundado por los dirigentes del Partido. Al igual que Yan, era también fundadora de la Guardia Roja. Había ido a visitar la ciudad natal de Mao en Hunan, donde probó las hojas del árbol del que Mao había comido cuando estuvo sitiado e inmovilizado por los nacionalistas unos treinta años atrás.

Lu me enseñó un cráneo que había descubierto en el patio trasero de una casa en Hunan. Dijo que era la calavera de un mártir del Ejército Rojo. Me indicó un agujero en la frente del cráneo y dijo que era el agujero de una bala. Acarició el cráneo con sus dedos, que entraron y salieron por las cavidades de los ojos y tocaron la mandíbula. La extraña expresión del rostro de Lu me dejó sin aliento. Me dijo que una anciana del pueblo enterró al mártir en secreto. Veinte años después, la calavera había aparecido encima de la tierra. La anciana la extrajo y se la dio a Lu cuando se enteró de que su padre también había sido un mártir. Lu pensaba a menudo que podía haber sido el cráneo de su propio padre.

Me quedé mirando el cráneo e intenté comprender el atractivo que ejercía sobre Lu. ¿Quizás el espíritu amenazante? ¿Quizás la frialdad que sólo la muerte puede transmitir? La mirada de Lu se ajustaba a su nombre. Era escalofriante. Su entusiasmo no transmitía calor. Hablaba despacio, pronunciando cada sílaba con claridad. Tenía un rostro largo, en forma de cacahuete. Su expresión era decidida y juiciosa. Sus rasgos se distribuían uniformemente por la cara. Ojos oblicuos, glaciales, como la pintura de una antigua beldad. Pero su belleza se veía estropeada por su eterna rectitud. Sus ojos con forma de media luna habían dejado de ser cálidos y dulces con los soldados. Nuestro respeto hacia ella era el de un ratón hacia un gato.

A Lu le gustaba la acción. No conocía la vacilación. Atacaba e invadía. Era su estilo: capturar y cortar de cuajo. Mantenerse alerta, apuntar y disparar, como acostumbraba decir. Pero eso no me impresionaba. Por el contrario, hacía que me distanciase. Tenía ideas fijas. Su mente estaba plagada de malas intenciones. Me observaba. Fríamente. Con desconfianza. Empezó a hacerlo en el preciso momento en que me instalé. Su sonrisa estaba cargada de advertencias. Me dio una copia de sus apuntes sobre Mao. Su caligrafía era extremadamente pulcra. Deseaba que mi caligrafía fuera como la suya, pero sus escritos me aburrían. Su mente era una máquina de propaganda. No tenía motor propio. Se lo dije cuando me pidió una opinión. No le dije que su mente era una máquina de propaganda, pero sugerí que pusiera aceite al motor de su mente. Dijo que le gustaba mi franqueza. Dijo que la gente le había estado mintiendo. Tenía que aguantar las mentiras de un montón de hipócritas. Odiaba a los hipócritas. Dijo que el país estaba lleno de hipócritas. El Partido estaba dirigido en muchos aspectos por hipócritas. Dijo que era su deber combatir la hipocresía. Pasaría el resto de su vida corrigiendo lo incorrecto. Me pidió que me uniera a la batalla. No entendí del todo lo que pretendía, pero no se lo dije. Le contesté: Sí, por supuesto. Los hipócritas eran malos, en cualquier caso. Me preguntó: ¿Huele a hipócrita en nuestra habitación?

Nuestras compañeras de habitación volvieron después de cenar. Cantaban y bromeaban. Hacían bromas sobre cómo castigaban a los gandules, a los que se negaban a contentarse con su vida de campesinos. Las compañeras de cuarto se callaron al oír a Lu hablando de hipócritas. Una tras otra, como peces, se movieron de aquí para allá y se fueron metiendo cada una en su malla. Se podían oír movimientos a tientas. Me recordaron a vampiros mascando cuerpos humanos en sus tumbas.

Lu continuó hablando. Era como una actuación teatral. Como hija de un mártir de la Revolución, nunca me olvido de que mis antepasados derramaron su sangre y ofrecieron sus vidas por la victoria de la Revolución, dijo Lu. Nunca dejaré de vivir de acuerdo con sus expectativas. Espero que todas vosotras, mis compañeras de armas, superviséis mi conducta. Aceptaré de buen grado cualquier crítica que queráis hacerme de ahora en adelante. El Partido es mi madre y vosotras sois toda mi familia.

Intentaba ser una heroína de ópera viviente, pero yo nunca pude verla de ese modo.

Pasé un mal rato imaginándome cómo podría dormir Lu cada noche con la cara pegada a la calavera. Empecé a tener pesadillas desde que me figuré que el cráneo estaba justo junto a mi cama, ya que mi cama y la de Lu estaban una a continuación de la otra. No me atreví a protestar. Mi instinto me decía que no lo hiciera, porque estaba segura de que Lu se tomaría mi queja como un insulto. ¿Cómo podría soportar ser citada como alguien que tenía miedo a la calavera de un mártir?

Lu observaba a todo el mundo y tomaba nota en su libreta de plástico rojo. Presentaba informes mensuales al cuartel general. He aprendido mis técnicas políticas de mi familia, decía a menudo. En una ocasión nos habló con orgullo de su familia: sus padres adoptivos eran secretarios del Partido en las fuerzas armadas; su hermana y dos hermanos adoptivos eran secretarios del Partido en universidades y fábricas. Todos sus parientes tenían el honor de ingresar en hospitales privados cuando estaban enfermos. Sus habitaciones estaban al lado de la del primer ministro.

Lu confeccionaba capirotes para los desobedientes.

Siempre escogía alguna persona a quien ponérselos en las reuniones. Se salía con la suya invariablemente. Frases de la revista *Bandera roja* y del *Diario del pueblo* brotaban de su boca como una cascada. Me hizo pensar en qué pasaría si las ovejas estuvieran viviendo con un lobo. En una ocasión me dijo que un espejo era un símbolo de la egolatría: un capricho burgués. No me atreví a contestarle. Dije: Por supuesto, y escondí mi pequeño espejo dentro de la funda de la almohada. Sabía que podía convertirme en una reaccionaria si quería. Ya había convertido en reaccionarias a unas cuantas personas. Las enviaba a realizar tareas como barrenar una montaña para hacer arrozales, o a cavar tierra para hacer un canal subterráneo. Se las arreglaba para que sus vidas se echaran a perder. Los que sobrevivían se parecían a Pequeña Hoja. Nadie se libraba de pagar el precio de oponerse a Lu. Me inspiraba mucho miedo...

Por otro lado, por extraño que pareciera, Lu se esforzaba por impresionar a los soldados lavando nuestras ropas y afilando nuestras hoces y azadas. Cada noche visitaba las habitaciones y nos arropaba con las mantas, asegurándose de que no se quedara ningún brazo o pierna fuera que pudiera coger frío. Era capaz de enviar anónimamente su paga completa a los padres enfermos de un camarada. Lo hacía con frecuencia. Recibía enormes elogios. A Lu le gustaba decir: No me importa ser el trapo para restregar el rincón más grasiento de la cocina del Partido Comunista. Se le daba bien decir cosas de ese estilo. Nosotras respondíamos que apreciábamos sus cuidados. Teníamos que hacerlo. Poníamos palabras de elogio en el informe mensual que se enviaba al Cuartel General. Eso era lo que Lu esperaba de nosotras. Los soldados se lo sabían de memoria.

Siempre que era posible ponía de manifiesto los errores de Yan. Decía que Yan era demasiado blanda a la hora de reformar cerebros, demasiado desprendida con el presupuesto de la compañía, demasiado impaciente a la hora de dirigir el seminario de estudio de Mao de la compañía.

Yan contraatacaba con furia, pero no servía para los enfrentamientos verbales. No era rival para Lu. Hablaba incoherentemente. Cuando se desesperaba, se ponía a maldecir. Palabrota tras palabrota, las decía de todo tipo: vástago de arroz echado a perder, culo de cerdo, gusano de apareamiento, etcétera. Lu disfrutaba viendo a Yan en situaciones comprometidas. Le gustaba empujarla al rincón verbal y golpearla con dureza. La atacaba sin piedad. Mostraba a la compañía que Yan era incivilizada, que sólo era capaz de maldecir y luego decía: ¿Por qué no informamos del caso a los de arriba y dejamos que ellos decidan lo que está bien y lo que está mal? Yan siempre acababa cediendo, retirándose, porque no quería estropear su reputación de secretaria de «una rama del Partido muy unida», como Lu bien sabía.

Lu estaba enterada de que yo era una entusiasta de las óperas. Solía pedirme que cantara un tema o dos durante los descansos del trabajo en los campos. Decía que así se calmaba su pasión por ellas. Yo cantaba con fuerza. Daba voces a mi pelotón para que cantaran conmigo. A Lu le gustaba. A ambas. Pero las cosas cambiaron después del incidente de Pequeña Hoja. Yo ya no podía cantar. Cuando Lu me pidió que volviera a hacerlo, fui incapaz de encontrar ánimo para ello. Lo intenté pero mi mente estaba ocupada por la voz de Pequeña Hoja cantando *Mi patria*. Mis ojos se dirigían a Pequeña Hoja, que como un espíritu silencioso entraba y salía flotando de los campos y de las habitaciones. Los soldados hacían turnos para cuidarla. Intentamos ocultar la verdad a su familia. Imitamos su caligrafía y escribimos a su abuela. Nuestro truco no duró mucho. Su abuela se dio cuenta de que la carta estaba falsificada. Escribió al comité del Partido exigiendo que se le dijera la verdad. Dijo que si no hubiera estado retenida (permanecía recluida en una casa de arresto por ser considerada una enemiga) habría venido en persona a comprobar cómo se encontraba Pequeña Hoja. A Yan le llevó un tiempo escribir una carta de respuesta. La repasé para pulir la gramática y su tono. No era una carta fácil de escribir. Yan intentaba explicar lo que había sucedido. Podía ver a Yan esforzándose mientras escribía. No quería explicarlo realmente. No podía. No podía decir que nosotros habíamos destrozado a su nieta. Yan escribió que Pequeña Hoja estaba muy enferma, que había caído en una especie de locura. Pero ahora estaba en buenas manos. Se habían ocupado de ella. La granja le había buscado otros médicos y un nuevo tratamiento. Era una carta poco convincente. No expresaba nada aparte de culpa. Pedía a la abuela que conservara su buena imagen de siempre, que comprendiera que no se trataba más que de un incidente. Cientos y miles de jóvenes eran destinados a trabajar en el campo por el Partido. «Hace falta cierto sacrificio cuando se trabaja con ahínco por la prosperidad del país», Yan acabó la carta citando a Mao.

Yan parecía exhausta. Tenía tinta azul en los dedos y en los labios. Hice una copia en limpio de la carta y luego se la devolví. Se fue hacia el Cuartel General de la granja para conseguir un sello y franquearla. Aquella noche me dijo: Cuando muera, los demonios del infierno me cortarán en tajadas. Dijo que podía verlo con toda claridad en aquel momento.

Lu me dijo que yo era un buen retoño. Lo suficientemente digno como para ser seleccionado como uno de los «pilares del estado». Su discurso de consignas me sacaba de quicio. Me disgustaba. Su charla rebosaba superficialidad. Intentaba dominarlo todo. Muchas veces demostraba su experiencia política e ideológica en las reuniones soltando largas disertaciones sobre la historia del Partido. Deseaba tanto que la admiraran... Lo hacía para recordar a Yan que carecía de las habilidades propias de un líder. Conseguía turbarla. Yo notaba la incomodidad de Yan. Se sentaba en el rincón y se frotaba las manos. Frustrada. Lo sentía por ella. Hacía que me cayera aún mejor. Me gustaba su torpeza. Adoraba su desmaña.

Ni los jefes del Cuartel General ni los soldados reaccionaban ante las cualidades de líder exhibidas por Lu. Pasaban las estaciones y Lu seguía en el mismo puesto. Aunque no le gustaba tener que enfrentarse a la frustración, era una buena luchadora. Continuó provocando peleas con Yan y señalando sus defectos delante de los mandos. Yan continuó poniéndose cada vez más furiosa. Quería comerse viva a Lu. Tardé medio mes en descifrar las palabras que Yan había murmurado cuando Lu la insultó, llamándola «madre del pedo». Cuando Lu quería prolongar una reunión para «aguzar las mentes de los soldados», Yan decía: Afilemos primero las azadas. Lu soltaba: Acabarás aplastada en un callejón sin salida si te empeñas en empujar tu carreta sin mirar en qué carril te encuentras. Yan respondió con tono seco: Pues aplastémonos. Lu dijo: Cuando te hagas la cama, quédate en ella. Yan contestó: Diantre. Debería hacer algo para afilar mi lengua.

A menudo me parecía que Lu tenía más de dos ojos cuando me miraba o cuando hablaba conmigo. En una ocasión dijo que le gustaría cultivarme para que me uniera a su grupo avanzado de estudio activista. No le di una respuesta negativa, pero mi indiferencia debió delatarme. Dijo que se sentía enormemente defraudada.

Yo le respondí que haría todo lo posible para mantenerme cerca de su grupo. Prometí tomar prestadas sus notas de estudio de Mao. Dijo que sabía cuál era el motivo de que no me uniera a ella. Dijo que era malo vivir a la sombra de alguien. Dijo que no soportaba tener una piedra en el zapato. Dijo que si uno no era sensato políticamente, no tenía futuro.

Aunque para mí era importante parecer noble ante mi tropa, opté por ignorar la advertencia de Lu. Presentía que debía permanecer al lado de Yan. Al apoyarla, me estaba atribuyendo el papel del menos malvado de los dos personajes de una mala función teatral. Yo no había elegido ser un soldado en la granja del Fuego rojo. Me sentía como un esclavo. Yan constituía mi fe para seguir adelante. Como mínimo, Yan me hacía sentir que estábamos haciendo lo imposible, al menos así nos lo parecía entonces, y eso era importante.

Para hacer que Yan se sintiera orgullosa, yo asignaba a nuestro pelotón las tareas más duras: echar estiércol, hacer los turnos de noche, cavar canales. Les dije a mis soldados que mi ambición era conseguir que el pelotón fuera conocido en la compañía para que todo el mundo tuviera alguna posibilidad de ser considerado para formar parte de la Liga de Juventudes Comunistas. Los soldados creían en mí, Orquídea incluso dejó de tejer. A final de año, mi pelotón había sido seleccionado como Pelotón de Vanguardia y recibió una mención en la reunión general de la granja. Fui aceptada en la Liga de Juventudes Comunistas.

En la ceremonia de juramento, Yan subió al escenario para felicitarme. Me estrechó las manos, apretándomelas entre sus dedos de zanahoria. Riéndose, susurró que estaba impaciente por que me uniera al Partido, que debía convertirme en miembro del Partido. Me dijo: Podría conseguir que sucediera la siguiente primavera.

Dijo que le gustaría mucho verlo. Yo estaba excitada. No podía decir ni una palabra. Volví a apretar sus manos con fuerza. Después, durante muchas noches, antes de dormirme, volvía a recordar la ceremonia en mi cabeza. Soñaba con la risa de Yan. Caí en la cuenta de cuánto me gustaba.

Una vez acabada la laboriosa temporada de verano, se concedió un poco de tiempo libre a los soldados, cada día, después de la comida. Los ratos libres me producían un vacío en el corazón. Echaba mucho de menos a Pequeña Hoja. Solía peinarle el pelo y lavarle la ropa, pero aunque su cuerpo volvió a tener el aspecto de antes –de nuevo estaba delgada como un sauce–, su mente parecía haberse ido para siempre. Por más que lo intentase, ella no me respondía. Todavía vestía la camisa con la flor de ciruelo –la misma de la noche en que la atraparon– pero tenía agujeros en las axilas y en los codos. La camisa me recordaba aquella noche –nunca la olvidaré– en que le apunté con mi arma.

No sabía cómo vivían los demás con aquella culpa, si es que existía alguna culpa. Nadie hablaba de ello. La compañía fingía que no había sucedido nunca. A Pequeña Hoja se le asignaban labores ligeras como guarda de almacén y se le daban cupones para azúcar y carne. Era extraño el modo en que Yan trataba a Pequeña Hoja. La sujetaba y la miraba fijamente a los ojos. La observaba con inquietud. Seguía intentando hablar con ella cuando hacía mucho tiempo que todo el mundo había dejado de hacerlo.

Pequeña Hoja se había vuelto peligrosa para sí misma. En una ocasión la pillé tragándose piedrecitas. Orquídea la atrapó también comiendo gusanos. Informé a Yan de los incidentes.

A partir de aquel momento, a menudo veía a Yan siguiendo a Pequeña Hoja por los campos cuando era tarde por la noche. Eran como dos botes perdidos, navegando a la deriva por el mar en medio de una densa niebla.

Yan todavía quería atrapar culebras venenosas. Y yo continuaba siguiéndola. Su sigilo y mi curiosidad se convirtieron en la melodía de la noche en la granja.

Empezó a desagradarme meterme en la mosquitera. Era demasiado tranquila. Evitaba mi cama y caminaba por un sendero estrecho a través de los juncos. A medida que la luz del día se desvanecía, caminaba por la fábrica de ladrillos. Miles de ladrillos listos para hornear estaban amontonados de cualquier manera. Algunas pilas tenían dos metros y medio, otras se sostenían como si estuvieran a punto de caer, algunas ya habían caído. Podía oír el eco de mis propios pasos. El lugar transmitía la sensación de las ruinas antiguas.

Un día se oyó otro sonido entre los ladrillos, como el ruido de un erhu, un banjo de dos cuerdas. Reconocí la melodía de una ópera prohibida –*Liang y Zhu*–; mi abuela solía canturrearla. Liang y Zhu eran dos amantes de la antigüedad que se suicidaron a causa de su amor prohibido. La música que sonaba en aquel momento describía cómo los dos amantes se transformaban en mariposas y volvían a encontrarse en primavera. Me sorprendió oír que alguien de la granja fuera capaz de tocarla con tal destreza.

Me guié por ese sonido. Se paró. Oí pasos. Una sombra se agachó repentinamente escondiéndose en la siguiente calleja. La seguí de cerca y encontré el erhu sobre un banco de ladrillo. Miré a mi alrededor. Nadie. El viento silbaba entre los ladrillos decorados. Me incliné para coger el instrumento y en ese momento unas manos me taparon los ojos desde atrás.

Intenté retirar las manos. Los dedos se resistieron. Eran unas manos poderosas. Pregunté: ¿Quién es?, y no hubo respuesta. Me estiré hacia atrás para hacerle cosquillas. La persona que tenía a la espalda soltó una risita. Un aliento cálido en mi cuello. ¿Yan? dije en voz alta.

Se plantó delante de mí sonriendo. Sostenía el erhu. ¿Tú, eras tú? ¿Tú tocabas el erhu? Me quedé mirándola. Hizo un gesto afirmativo, sin decir nada. Aunque no podía conseguir que mi mente relacionara la imagen de la comandante con la del intérprete de erhu, sentí una dicha repentina. La dicha de una necesidad anhelante satisfecha. Un sentimiento solitario compartido y convertido en inspiración. Vi en mi mente pétalos de color melocotón que descendían como la nieve y el paisaje palidecía. Valles distantes y colinas se fundían en una sola cosa. Todo estaba envuelto en pureza.

Se sentó en el banco y me indicó con un gesto que tomara asiento a su lado. Seguía sonriendo en silencio. Yo quería decirle que no sabía que tocara el erhu, decirle lo maravillosamente bien que tocaba, pero tenía miedo de hablar.

Cogió el erhu y el arco, volvió a afinar las cuerdas, inclinó su cabeza hacia el instrumento y cerró los ojos. Respiró a fondo y acarició el instrumento con el arco: empezó a tocar *El río*.

La música se transformó en un río ondulante en mi cabeza. Podía oírlo correr a través de mares y montañas, impulsado por los vientos y las nubes, brincando sobre precipicios y cascadas, rodeado de rocas y desembocando en el océano. Me vi cautivada por ella como ella estaba cautivada por la música. Percibí su verdadero ser a través del erhu. Me desperté. Ella me despertó. En aquella tierra extraña, me encontré ante un ser al que aún no conocía, un ser que me sorprendía y que tanto me agradaba conocer.

Sus dedos corrían arriba y abajo de las cuerdas, creando sonidos como la lluvia que gotea sobre las hojas del bananero. Luego se detuvieron y contuvo el aliento. Las puntas de sus dedos tocaron primero la cuerda y luego se posaron en ella. El arco empezó a moverse. Nació una ristra de notas que denotaban una amargura nunca expresada. Hacía vibrar la cuerda lentamente. Los dedos interpretaron tristes sílabas. Dio un toque al arco después de una pausa. Las notas eran violentas. Alzó la cabeza, con los ojos cerrados y firme la mandíbula. La figura que tenía ante mí se fragmentó: la secretaria de Partido, la heroína, la asesina y la hermosa intérprete de erhu...

Tocó *Caballos a la carrera*, *El hermano del Ejército Rojo regresa*, y finalmente *Liang y Zhu* otra vez.

Hablamos. Una conversación que hasta entonces nunca había mantenido. Nos contamos la historia de nuestras vidas. En nuestro afán por expresarnos nos pisábamos las frases la una a la otra.

Me contó que sus padres eran trabajadores del textil. Su madre había recibido honores como Madre Distinguida en los años cincuenta por tener nueve hijos. Yan era la octava. La familia vivía en el distrito Larga Paz de Shanghai, en una habitación con el armazón de madera, y compartían con otras veinte familias un pozo. No tenían retrete, sólo un orinal por la noche. Era responsabilidad suya llevar cada mañana el orinal hasta el depósito del alcantarillado público y limpiarlo. Le dije que nosotros vivíamos en mejores condiciones. Teníamos retrete, aunque lo compartíamos con otras dos familias, catorce personas. Dijo: Oh sí, puedo imaginarme el trasiego de la mañana. Nos reímos.

Le pregunté dónde había aprendido a tocar el erhu. Dijo que sus padres eran aficionados a la música folclórica. Formaba parte de la tradición familiar que cada miembro dominara como mínimo un instrumento. Cada uno de ellos tenía una especialidad: laúd, erhu, sheng con caramillos y trompeta. De pequeña era una niña delgada, así que eligió aprender el erhu. Se identificaba con sus líneas verticales. Sus padres ahorraron dinero y le compraron el instrumento por su décimo cumpleaños. Cada semana, la familia invitaba a comer a un intérprete de erhu retirado y le pedían que hiciera algún comentario sobre el instrumento. La familia esperaba que Yan se convirtiera algún día en una famosa intérprete de erhu.

Tenía quince años cuando se inició la Revolución Cultural en 1966. Se unió a los guardias rojos y marchó hasta Pekín para pasar revista ante el presidente Mao en la plaza Tiananmen. Como representante más joven de los guardias rojos, fue invitada a asistir a una ópera creada recientemente por madame Mao, Jiang Qing, en el Gran Palacio del Pueblo. Le gustaron los anchos cinturones de siete centímetros que llevaban los intérpretes. Canjeó su mejor colección de chapas de Mao por un cinturón. Me lo enseñó. Estaba hecho de cuero auténtico y tenía una hebilla de latón. Lo diseñó la camarada Jiang Qing, mi heroína, dijo. ¿Has leído los libros de Mao?, me preguntó. Sí, los he leído –dije–, todos ellos. Ella contestó: Eso es fantástico, es lo mismo que hice yo. Me aprendí de memoria el Pequeño Libro Rojo y me sé todas las canciones.

Le conté que yo era guardia roja desde la escuela elemental, mi experiencia era mucho menos gloriosa que la suya, aunque nadie podría embaucarme respecto a sus conocimientos de las canciones de Mao. Sonrió y me pidió que la pusiera a prueba. Le pregunté si sabría decir a qué parte correspondía lo que cantara yo...

La política y la táctica son la vida del Partido...

¡Página siete, segundo párrafo!, dijo.

Donde no llega la escoba, el polvo no desaparece solo...

¡Página diez, primer párrafo!

Llegamos del campo...

¡Página ciento cuarenta y seis, tercer párrafo!

El mundo es vuestro...

¡Página doscientos sesenta y tres, primer párrafo!

Al estudiar las obras del presidente Mao, debemos aprender a sacar provecho. Debemos aplicar sus enseñanzas a nuestros problemas para asegurar un resultado rápido...

Cantó conmigo.

Así como cuando erguimos una caña de bambú bajo el sol, vemos la sombra inmediatamente...

¿Dónde estamos?, grité.

¡Prefacio del vicepresidente Lin Biao a las citas de Mao, segunda edición!, me contestó a gritos, y nos reímos, tan felices.

Aún continuábamos hablando cuando llegamos a los barracones. Permanecimos en la oscuridad inmersas en un deleite indescriptible. Ten cuidado, dijo. Hice un gesto de asentimiento y comprendí que había querido decir que evitase atraer la atención de Lu. Tomamos caminos separados y regresamos a nuestra habitación.

No pude dormir aquella noche. La habitación y la mosquitera parecían muy distintas. Yan no me habló más, pero a mí me pareció que había vida y aire fresco en la habitación. Me parecía primavera. El crecimiento de los juncos por debajo de la cama me resultaba tolerable por primera vez. Pensé que me gustaría que hubiera césped en la habitación. ¿Le gustaría a Yan? Estaba en la litera de abajo. Era tanto lo que quería compartir con ella... Pero no me atrevía a hablarle. La cama de Lu estaba al lado de la nuestra. Éramos ocho personas durmiendo en una habitación, separadas por mosquiteras.

Lu tenía celos de nosotras, de nuestro gozo. Yo lo sentía por ella. Me hubiera gustado ser su amiga. Era una pena que sólo se sintiera cerca de su calavera. Tuve lástima por ella por vez primera. Era una sensación extraña. ¿Qué era lo que me hacía preocuparme por Lu? ¿Yan? Lu tenía dos años más que Yan. Tenía veinticinco años. Aspiraba a mucho. Aspiraba a controlar nuestras vidas. ¿Qué estaba haciendo con su juventud? Las arrugas habían invadido su rostro. Pronto tendría treinta años, cuarenta, y aún seguiría en la granja del Fuego rojo. Decía que le encantaba la granja y que nunca se marcharía. Yo me preguntaba cómo a alguien podía encantarle aquella granja. Una granja que no producía nada aparte de mala hierba y juncos. Una oscuridad completa. Un infierno. Lu no decía la verdad. No sabía cómo hacerlo. ¿Tenía sentimientos? ¿Sentimientos como los que habíamos compartido Yan y yo? Debía de tenerlos. Era joven y saludable. ¿Pero quién se atrevía a ser amable con ella? ¿Quién se preocupaba de verdad por ella aparte de halagarla por su poder? ¿Con quién compartiría sus sentimientos? ¿Se casaría? Qué idea tan graciosa, pensar en Lu casada. Los hombres de la compañía le tenían miedo. Se sometían a ella, aceptaban su dominio. Los hombres se rendían sin condiciones. Sólo su sombra ya los espantaba. La trataban como si fuera un cartel pegado en la pared. Le mostraban su admiración pero la apartaban de sus pensamientos. Veía soledad en los ojos de Lu. Ojos que contemplaban los campos en días lluviosos. Ojos de la sed.

Lu se acostaba tarde. Se sentaba en una banqueta de madera a estudiar las obras de Mao. Cada noche practicaba ese ritual. Unas diez páginas de apuntes cada noche. Era la última en irse a la cama y la primera en levantarse. Limpiaba la habitación y la sala. Me gusta servir a la gente, solía decir. Citaba las enseñanzas de Mao cuando se la elogiaba. Le gustaba decir: Sólo he hecho lo que el presidente me ha enseñado. Solía recitar: «Para nadie resulta difícil hacer una cosa de provecho. Lo difícil es hacer cosas de provecho durante toda la vida sin hacer jamás nada malo».

El comportamiento de Lu me resultaba aterrador. Su inflexibilidad ponía en evidencia su ambición obsesiva de poder. Me volví más cauta, más amable con ella. Escogía con cuidado las palabras cuando me dirigía a ella. Hablábamos tanteándonos la una a la otra. Intentaba captar mis intenciones. Sabía que ninguna de las dos podía controlar a la otra. Esto le disgustaba. Lu percibió mi intimidad con Yan de inmediato, como un perro un olor. Un día se me acercó después del trabajo y dijo: Ya sé por qué se te veía tan excitada, vaya ladronzuela. Yo le dije: No sé qué quieres decir. Sonrió e hizo un gesto afirmativo con la cabeza. Me dijo que me encargara de inspeccionar las maletas de los soldados habitación por habitación. Me acompañó. Me ordenó que registrara su contenido buscando obscenidades. Mientras regresábamos a nuestra habitación después del servicio, de pronto me dijo: ¿Recuerdas lo que dijiste anoche? Casi me tropecé con una piedra. Dio de lleno en mi conciencia culpable. Respondí: ¿Cómo quieres que sepa si dije algo? Estaba durmiendo. ¿Cómo iba a saberlo? Pues, ya sabes, yo simplemente lo oí, repuso con una sonrisa insidiosa. Simplemente lo oí, repitió. Sus palabras parecían sabandijas trepando por mi espalda.

Lu abrió la puerta para dejarme pasar, luego entró

tras de mí y la cerró. Dime, ¿qué te tiene preocupada? Me miró como si yo fuera una mosca y ella una araña, como si lucháramos en la tela tejida por ella. Yo dije: Tengo que lavarme la ropa. Hace una semana que no tengo ropa limpia para ponerme. Debo darme prisa porque tengo que dirigir una reunión del pelotón. Se me quedó mirando, mis ropas sucias, mis pies desnudos. Dijo: Pensaba que eras una persona sincera. Yo contesté: Soy una persona sincera. Añadió: Para mí no. Quiero que seas consciente de tu creciente sofisticación. Estás perdiendo la pureza. La pureza que vi cuando te recogí en Shanghai. ¿Te acuerdas de lo que te dije que me gustaba de ti? ¿Recuerdas que te pedí que mantuvieras lo bueno que hay en ti? Le contesté: He conservado la virtud y siempre la conservaré, pero ahora tengo que lavarme la ropa. Dio un paso atrás para dejarme cruzar la puerta. No finjas que no me entiendes –concluyó–. Si quieres sinceramente convertirte en miembro de nuestro Partido, no servirá de mucho que te niegues a ser honesta conmigo.

Mientras me lavaba la ropa, pensé en lo fácilmente que Lu podría destruirme presentando informes falsos y dejando caer palabras ambiguas en mi expediente, al que sólo tenían acceso los jefes del Partido. Palabras que podrían enterrarme viva. Palabras que una vez en el expediente nunca podrían cambiarse. Me seguirían incluso después de la muerte. El expediente determina quién soy yo y quién seré. Sería la única opinión de mí que el Partido consideraría real y fiable.

Como secretaria del Partido, Yan tenía poder para hacer lo mismo que Lu, para manipular a la gente. Pero a Yan no le gustaba jugar sucio. Creía en la justicia, sin importar lo injusta que su justicia fuera conmigo. Intentaba no dar lugar a rencillas personales, un principio que Mao había establecido para todos los miembros del

Partido. Intentaba no hacer lo mismo que Lu, por mucho que lo deseara. Nunca ponía añadidos a los informes que enviaba al cuartel general. Esto me conmovía cuando leía sus informes para pasarlos a limpio. Me acercaba más a ella. No veía estas cualidades en Lu. Con frecuencia Lu se ofrecía voluntaria para trabajar más horas en los campos esforzándose en todo aquello que uno pudiera imaginar, pero nunca perdonaría a alguien que la humillara discutiendo con ella en las reuniones o desobedeciendo sus órdenes. Aplastaré como se aplasta un chinche al que tenga la osadía de tomarme el pelo, nos escupía a la cara. Me encantaría dar a probar al enemigo el puño de hierro de la dictadura del proletariado.

Lu se trajo un perro con ella del Cuartel General. Su nombre era *409*. Era un pastor alemán que había recibido entrenamiento militar. De él se decía que podía hacer cualquier cosa. La misión de *409* era vigilar a un cerdo llamado *Cabeza Tramposa*. *Cabeza Tramposa*, un cerdo macho que pesaba casi doscientas libras, era el quebradero de cabeza de la compañía. Era el cerdo más tramposo de la piara. La compañía no tenía suficiente pienso fino para los animales. A los animales se les daba una mezcla de pienso fino y grano grueso. Un día, los peones de labranza descubrieron que habían desaparecido unos cuantos sacos de pienso fino; uno de los cerdos debía habérselos comido, pero no podían descubrir cuál de ellos. Dos días después otros dos sacos de pienso fino se evaporaron. Esta vez, los mozos advirtieron que los cerdos estaban comiéndose los indigestos excrementos de *Cabeza Tramposa*. Supusieron que *Cabeza Tramposa* era el ladrón. Le siguieron la pista y lo atraparon robando. Lo extraño de *Cabeza Tramposa* era que tenía la cara de un perro y actuaba como un perro. Podía salir del corral de un salto y entrar en el almacén de grano y, después, cuando ya había tenido bastante, regresaba corriendo al corral y simulaba no haber hecho nada. No comía otra cosa como última comida del día. Era más grande que los demás.

Lu adoraba a 409. Se gastaba todos sus ahorros en comprarle carne desecada. Lo adiestraba dándole recompensas. 409 no tardó en estar muy unido a ella. Solían dar un paseo junto al mar todas las noches. Lu se volvió más agradable de lo habitual. 409 se portaba mal con todo el mundo menos con Lu. Ella estaba orgullosa de la lealtad de 409. Estimulaba su maldad. A menudo le recitaba alguna cita de Mao. Le ordenaba que se sentara a sus pies mientras ella decía: ¿No es una cuestión clave que uno aprenda a ser capaz de distinguir quién es su amigo y quién no lo es? 409 solía ladrar un sí a Lu y recibía un trozo de carne como premio. Luego Lu continuaba: ¿No es una cuestión capital que uno responda como un verdadero revolucionario: quién es el amigo del pueblo y quién no? 409 ladraba de nuevo y recibía otro pedazo de carne.

Cuando 409 se levantaba sobre las patas, era tan alto como Lu. A menudo, Lu le hacía andar sobre las patas traseras mientras el perro apoyaba las patas delanteras en sus hombros. Un día que Lu había ido al Cuartel General para una reunión, 409 estuvo gimiendo todo el día. Sonaba como el llanto de una vieja. Al mediodía empezó a darse golpes contra la pared. Dos soldados varones lo encerraron en una porqueriza y se lanzó contra las barras hasta que las partió por la mitad. Sólo Lu pudo detenerlo cuando regresó. Al ver que el perro no podía estar sin ella, Lu estalló en lágrimas.

Como perro guardián, 409 era pésimo. Los soldados

decían que en una vida anterior debía de haber estado relacionado con *Cabeza Tramposa*: los dos animales se entendieron desde el momento en que se conocieron. Se quedaron mirándose mutuamente con incertidumbre, se pusieron a olerse y se aceptaron el uno al otro. ¿Era porque *Cabeza Tramposa* tenía cara de perro? Se sentaban uno junto al otro como hermanos. En lo que al robo del pienso se refería, no sólo *409* no detenía a *Cabeza Tramposa*: le ayudaba a extraer la comida de los sacos para que pudiera comer más rápido. Jugaban juntos en la pocilga. *409* siempre disfrutaba con el serrín. Cuando llegaban los peones, *409* ponía una expresión sincera como si se hubiera esforzado por guardar la comida y no lo hubiera conseguido. A Yan no le caía bien *409*. Lo llamaba traidor. Le daba patadas y le sugería a Lu que lo devolviera al Cuartel General. Lu dijo que sí de mala gana. Como si conociera los sentimientos de Lu, *409* se fue junto a ella y le pasó la lengua por toda la cara.

Lu rogó a Yan que dejara quedarse a *409*. Le enseñó su expediente. En él se decía que *409* tenía un reputado historial de guerra. Dijo: Dame dos semanas y lo adiestraré para que vigile a *Cabeza Tramposa*. Prometo que nos dará el buen resultado que prometieron. Yan dijo que el pienso fino estaba escaseando. La compañía no podía permitirse perder ni un solo saco más. Los demás cerdos morían de hambre. Lu hizo turnos de noche para observar a los animales. *409* seguía igual. Lu no podía conseguir que se comportara correctamente. Yan estaba molesta y ordenó a Lu que despachara a *409*. Ese mismo día, el día en que se suponía que *409* tenía que irse, Lu pilló a *Cabeza Tramposa* robando comida. Fue a ver a Yan y le dijo que deshacerse del perro no iba a detener a *Cabeza Tramposa*. ¿Por qué no matar a *Cabeza Tramposa* en vez de echar al perro? Lu obtuvo el permiso.

Lu había matado al cerdo para la hora de cenar. *Cabeza Tramposa* estaba en el bol de todo el mundo. *409* mordisqueó huesos de cerdo y después se fue a buscar a *Cabeza Tramposa* por todas partes. Olisqueó la porqueriza de *Cabeza Tramposa* y se quedó esperándolo en el serrín hasta que Lu lo llamó para que saliera. Lu estaba feliz, peinaba hacia atrás el pelo de *409* con los dedos. Se pasaba horas con él, metiéndole la mano entera en la boca y haciéndole ejecutar toda clase de ejercicios.

Lu se llevaba a *409* a los pueblos de la zona para que pudiera aparearse. *409* era agradable con las perras hembras pero se portaba mal con sus dueños. Corría la historia de que *409* solía copular con la perra y después, para expresar su placer, destrozaba los pantalones del dueño. Saltaba sobre los propietarios, de pie sobre sus piernas traseras, y ladraba. Los lugareños decían que despertaba a los muertos. Le pidieron a Lu que no volviera a llevar a *409* por allí. Lu se limitó a reír. No sabía hasta qué punto los lugareños hablaban en serio.

Un anochecer, todavía temprano, cuando Lu traía a *409* de vuelta de un pueblo vecino, la cara del perro empezó a ponerse verde. No dejaba de vomitar. Lu intentó que tomara agua y una papilla, pero *409* no retenía nada. Yo estaba afilando las azadas cuando Yan llegó con las noticias. Yan dijo: Lu está cantando una ópera. Fui al almacén del pienso donde normalmente dormía *409*. Antes de ver a *409*, vi a Lu sollozando. *409* estaba recostado en el regazo de Lu, muerto. Lu lloraba como una viuda de aldea. Un veterinario estaba de pie junto a ellos. Yan llegó y le pasó una toalla húmeda a Lu. Mientras Lu se enjugaba la cara, Yan le preguntó al veterinario por el envenenamiento. El veterinario dijo que había veneno en un pan cocido al vapor. Los del pueblo lo hicieron –dijo Lu–, son unos reaccionarios, añadió apretando los dientes. Tenemos que hacerles pagar por esto.

Yan no le respondió al principio. Después de la cena, cuando reparó en que Lu seguía sentada junto a *409*, Yan le dijo: Yo no lo hubiera llevado tan a menudo a aparearse.

Lu enterró a *409* junto al río. Al amanecer, cuando nuestro pelotón se fue a trabajar con la azada a los campos, Lu se encontraba ya en plena faena. Tenía los ojos hinchados. Le pregunté si había dormido bien y me dijo que había estado sentada junto a la tumba toda la noche. Durante el descanso me pidió que la acompañara a la tumba a visitar a *409*. Fui con ella. Me sentí conmovida por su tristeza. No sabía que Lu fuera capaz de ponerse triste. Se arrodilló en el barro y plantó flores silvestres sobre la tumba. Sollozaba mientras lo hacía. Yo la levanté por los brazos y ella se apoyó en mi hombro. Me dio las gracias. Deseaba poder hacer algo más por ella. Me miró y me dijo: He perdido a mi mejor amigo, mi mejor amigo, ¿qué voy a hacer? Su tono me asustó. No me atreví a pronunciar una palabra. La miré. Ella se quedó observando los campos fijamente. El viento le agitaba el pelo desde la raíz. Murmuraba para sí misma: Lo haré, lo haré. Tendrás nuevos amigos, dije yo. Ella me miró con recelo. Mira, *409* nunca me mintió, fue lo que dijo.

Lu sabía que yo no estaba diciendo realmente lo que pensaba. Sabía que yo no deseaba ser su amiga. No podía explicarle que estaba asustada de lo que ella era capaz. Tenía el talante de un asesino, y eso era lo que me mantenía apartada.

Lu y yo trabajamos hombro con hombro durante todo el día. Nos cruzamos pocas palabras. Yo pensaba en Yan, en su risa cordial. Lu era rápida en el trabajo. Su figura delgada se movía como una cabra montesa por una montaña, cada uno de sus movimientos era preciso y hábil. Como una cabra montesa, tenía delgados tobillos y delgadas muñecas. Le permitían correr más rápido y agacharse con mayor rapidez. Era una trabajadora ferviente. Pertenecía a la línea dura. Pero para mí era como la luz de un escenario: aunque brillante en la oscuridad, perdía su brillo al salir el sol. Ella se desvanecía bajo el sol y Yan era el sol.

Yan y yo no demostrábamos ninguna intimidad en público. Lavábamos silenciosamente cada una la ropa de la otra y hacíamos viajes para llenar contenedores de agua caliente la una para la otra. Nos acostumbramos a comunicarnos con la mirada. Cada dos días acudíamos por separado a encontrarnos en la fábrica de ladrillo. Yan buscaba excusas, como comprobar la calidad del trabajo del día. Yo me llevaba el libro más grueso de Mao que encontraba y mi cuaderno de notas y simulaba ir a buscar un lugar para estudiar a solas. Íbamos y veníamos de la mano a través de los juncos. Yan me enseñó a hacer silbatos con juncos. Enrollaba un trozo de junco para confeccionar una trompeta verde y me decía que soplara cuando ella lo hiciera. Hacíamos música con los juncos, música del atardecer. Jugueteábamos la una con los tonos de la otra y nos reíamos cuando sonaba como la tos de un viejo.

Incluso cuando llegó el invierno, continuamos reuniéndonos. Sentadas junto a los ladrillos, Yan practicaba el erhu; yo simplemente me recostaba y escuchaba. Empezamos a hablar de casi todo, incluido nuestro tema más prohibido: los hombres.

Yan dijo que, según su madre, que odiaba a su padre, la mayoría de los hombres eran malos. Mi madre decía que nunca habría tenido nueve hijos con mi padre si no hubiera sido para responder a la llamada del Partido: «Más población significa más poder». Los hombres encuentran placer en seducir y violar a las mujeres, concluyó.

Recordé aquella noche en que Yan se quitó el cinturón y ordenó a los soldados varones que azotaran al hombre instruido. Comprendí de dónde provenía su odio a los hombres. Yo le dije que su padre no representaba a todos los hombres. Yan insistió en que sí. Luego me habló de sus cinco hermanos, todos ellos entre los veinte y los treinta años, todos altos y fuertes. Hablaban obscenamente a medianoche mientras los once miembros de la familia dormían en la misma habitación. Su hermano mayor hablaba de embaucar a una chica del vecindario para que viniera a la habitación y seducirla en la cama mientras sus cuatro hermanos observaban a través de la rendija de la puerta. Le pregunté cómo reaccionaron sus padres ante esto. Yan dijo que se negaron a creerlo. Acusaron a Yan de mentir acerca de ellos. Los hermanos la golpearon mientras sus padres miraban creyendo que hacían lo correcto. Ésa fue la principal razón para dejar a su familia por la granja del Fuego rojo.

Yan me preguntó mi opinión acerca de los hombres. Yo dije: Si te digo la verdad, te vas a escandalizar. Dijo que estaba dispuesta a escuchar y prometió seguir siendo mi amiga sin importar lo que le contara. Sucedió durante una reunión de los guardias rojos cuando yo tenía dieciséis años. Hubo un corte de energía y estábamos esperando en la oscuridad cuando de pronto una mano me tocó la espalda. La mano, temblorosa, se movía lentamente por mi costado para tocarme el pecho. Yo estaba conmocionada pero permití que la mano permaneciera durante un minuto, luego me levanté y me cambié de asiento. Cuando volvió la luz, me di la vuelta. Vi a tres chicos sentados detrás de mí, todos de mi edad más o menos. Uno de ellos estaba nervioso y pálido. Lo conocía: era un estudiante de sobresalientes, un popular calígrafo que tenía cara de niña. Pensé que había perdido la pureza. Me sentí avergonzada de mí misma.

¿Por qué no gritaste? ¿Por qué no apartaste la mano?, me preguntó Yan. Le dije que ni yo misma lo sabía. Le dije que, de hecho, mi cuerpo se sintió bien. Se quedó asombrada. Permaneció sentada en silencio durante mucho rato. Se puso la cara entre las palmas de la mano.

Los juncos oscilaban y emitían un sonido similar al de un silbido. Shh-shh-shh, shh-shh-shh. Observé a Yan, el modo en que hacía acopio de valor. Me preguntó si sabía la diferencia entre el órgano sexual de un hombre mayor y el de un muchacho. Yo lo había visto en un libro de acupuntura. Estaba dibujado como una tetera boca abajo. Yan asintió con la cabeza y dijo que eso le bastaba. Siguió sentada un rato más. Sonrojada, me dijo que tenía que confesar algo. Esperé. Dijo: No importa. Yo le contesté: No confías en mí. No es eso, dijo. Yo le pregunté: ¿Qué es? Cobró aliento y dijo que de verdad no podía. No conseguía hacerlo. Apoyó la frente en las rodillas. Yo le dije que podía tomarse todo el tiempo que hiciera falta. Me contestó que nunca podría. Como un caracol que encoge la cabeza para meterla en la concha, Yan era incapaz de salir. Se lo rogué. Le expliqué que yo también tenía pensamientos íntimos. Ella respondió que eso era diferente. Lo suyo era una monstruosidad. Le separé las rodillas y levanté su mentón con los dedos. La miré y le dije que casi podía adivinar lo que podía ser. Contestó que no acertaría. Yo le dije: Si tengo razón, ¿me prometes contármelo todo? Ella hizo un gesto de asentimiento.

Un hombre, afirmé, mirándola directamente a los ojos. Entonces perdió la calma.

Se llamaba Leopardo Lee. Tenía veinticuatro años y

era jefe de la Compañía Treinta y Dos. Procedía del sur, de una familia de jardineros; un hombre gentil. Lo había conocido en una reunión del Cuartel General dos meses antes y desde entonces había pensado en secreto en él. Me dijo que eso era todo. Su historia estaba contada.

Le pregunté: ¿Habéis tenido conversaciones en privado? Respondió: ¿Qué quieres decir?, ¿cómo podría hacerlo? Bueno, ¿cómo sabes que le gustas?, le pregunté. Ella contestó: Bueno, simplemente intuyo que es así. Dijo que, por supuesto, no estaba segura pero, de todos modos, eso no era lo que ella quería contarme. Le pregunté: ¿Cuál es el problema? Ella respondió: Lo que pasa es que se supone que no debo tener esos pensamientos, en absoluto. Dijo que lo peor era que no podía sacárselo de la cabeza. Se sentía alterada y eso no le gustaba. Yo bromeé y le dije que aquello sonaba a corrupción de la intimidad, que debería plantear el problema en una reunión de la compañía. No está bien burlarse del sufrimiento de otra gente, me dijo. Le pregunté si era realmente dolor lo que sentía. Contestó que se suponía que era dolor y en efecto lo era. La arrastraba y la consumía. Hacía que su mente se llenara bruscamente de pensamientos sucios, pensamientos de hombres y picos de teteras.

Parecía desvalida. Le dije que yo había sentido exactamente los mismos síntomas. Me preguntó qué había hecho al respecto. Le contesté que leí un libro. Me preguntó si me había sentido mejor después de leerlo. Le respondí que sí. Me preguntó si podía saber el título del libro. Le dije: Se llama *El apretón de manos de la segunda vez.* Es un libro prohibido, lo cogí de la maleta de Pequeña Hoja. Estaba copiado a mano, trescientas páginas. Me preguntó de qué trataba el libro. Le expliqué que era una historia sobre un hombre y una mujer. Yan dijo que presentía que aquel libro había corrompido la cabeza de Pequeña Hoja. Le respondí que tenía que reconocer que sí. Me contestó que no quería que el libro la llevara por mal camino. Yo le respondí: Por supuesto, pero ¿quién sabe cuál va ser en realidad la reacción de uno? Le dije que no creía que una persona decidida como ella fuera a ser corrompida por un libro. Me contestó que eso tenía sentido. Me pidió que durante la noche se lo pusiera en una de sus botas para la lluvia. Luego le dije que yo no sería responsable de lo que pudiera pasar por su cabeza en el futuro. Dijo que ella sería responsable de sí misma.

Devoró el libro. Yan, la comandante, la secretaria del Partido, devoró el libro manuscrito en tres noches iluminándose en la mosquitera con una linterna. Cuando devolvió la copia, su aspecto era diferente. Me dijo: Quiero escribirle. Pero, luego, su cara se apenó. Dijo: No puedo. No es seguro. Fuimos a la fábrica de ladrillos. Dijo que Lu había abierto la carta enviada por el hombre instruido a Pequeña Hoja; así fue cómo supo la compañía dónde atraparlos aquella noche. Los jefes del Partido podían inspeccionar las cartas y las maletas de cualquiera en cualquier momento. No había ninguna norma contra esto.

Le dije a Yan que la había odiado por desenmascarar a Pequeña Hoja. Me contestó que tenía toda la razón al hacerlo. Bajó la cabeza. Escuchó mi acusación en silencio. Le dije: Eres una asesina. Lloré. Dijo que se odiaba a sí misma pero que cumplió con su deber. Sabía desde hacía mucho tiempo que Lu espiaba a Pequeña Hoja. Como secretaria del Partido y comandante, no tenía elección cuando se denunciaba un caso.

Yan tomó mis manos entre las suyas y las frotó. Eran

ásperas, como las de un viejo campesino. Dijo que sólo en aquel momento entendía lo imperdonable de su acto. En ese instante, se encontraba en la misma situación que Pequeña Hoja: enredada con un hombre. Dijo que era una rana que había vivido en el fondo de un pozo: su conocimiento del universo no era más grande que la abertura del pozo. Su ingenuidad e ignorancia la habían convertido en una asesina. La propaganda del Partido la había embaucado, igual que la revista *Bandera roja* y el *Diario del pueblo*. La habían preparado para ser una asesina. ¿Y a quién no? No entendía el mundo que la rodeaba, un mundo en el que los asesinos continuaban viviendo mientras los inocentes morían como la mala hierba.

Me acordé de su caza de culebras entre los juncos. Le pregunté por ello. Mientras contemplaba la puesta de sol, dijo que era por Pequeña Hoja, para hacerle recuperar el juicio algún día. Había reunido sesenta y nueve culebras en un cántaro que guardaba debajo de la cama. Tenía que llegar a cien en números redondos. Dijo que era la primera vez en su vida que ponía sus esperanzas en las supersticiones. Su abuela había recogido culebras en una ocasión para curar a su hermana inválida. Cuando reunió cien, su hermana se levantó y caminó. Había estado paralizada durante seis años.

¿Sabes que las culebras son venenosas, no?, le dije. Asintió con la cabeza. Su sonrisa era tranquila y eso me conmovió profundamente. Le pregunté si me dejaría ayudarla. Le dije que no tendría miedo a las culebras. Movió la cabeza afirmativamente y me agarró por los hombros.

Salimos a cazar culebras por separado. No pude atrapar ninguna. Aquellas criaturas me daban miedo. Su forma me horrorizaba. La grasa de sus colas me ponía paranoica. Tenía pesadillas, mi cuerpo envuelto por culebras. No le conté a Yan mis sueños. No podía creer que a ella no le dieran miedo. Cuando volvía con más culebras, me imaginaba el horror por el que había pasado. Yan volvía a ser mi heroína.

Hablamos más de hombres, en particular de Leopardo Lee. Sugerí que, si quería, yo podía ser su mensajera personal. Sacudió la cabeza y dijo que, si para Pequeña Hoja estaba mal, también debería estarlo para ella. Soy miembro del Partido. No puedo hacer algo que he prohibido a los demás. Lo decía con tristeza pero con decisión. Estaba siendo ridícula, pero aun así su dignidad me emocionó. Me sentí atraída por ella cuando la miré. Aquella noche era imposible hartarse de Yan. Era mi Venus.

Así que sólo es superficial, ¿no es cierto?, dije cuando regresábamos a los barracones. De repente dijo: Apuesto a que ahora puedes enfrentarte a Lu, has desarrollado una lengua afilada. Se rió. Me hizo un sombrero con juncos mientras discutíamos cómo debería escribirse la carta y cómo encontrar una excusa oficial para que yo se la entregara a Leopardo Lee.

Sentía alegría. La alegría de estar con Yan. La alegría de que ella dependiera de mí. Pasaron dos semanas. Yan aún no me había dado nada para entregar a Leopardo Lee. Cuando me veía, evitaba el tema. Podía darme cuenta de que también ella era feliz, aunque estaba un poco nerviosa. La veía colgar ropa interior de color rojo para que se secara. Rojo intenso. Canturreaba canciones y pasaba más tiempo mirándose delante de un espejo del tamaño de la palma de la mano que había junto a la puerta. Dejó de maldecir. Yo le tomaba el pelo. Le soltaba las palabrotas que ella solía decir y ella captaba mi intención. Se limitaba a sonreír, me llamaba mocosa. Le pregunté por la carta a Leopardo. Continuaba haciéndose la despistada. Dijo que no tenía tiempo para escribir. Le advertí que Leopardo podría olvidarse de ella. Aquella noche, cuando estaba echada en la cama, abrió mi cortina y arrojó una carta doblada.

> Camarada Leopardo Lee:
>
> ¿Cómo estás? Me preguntaba qué tal estará funcionando la iniciativa agraria en tu compañía. Aquí hacemos grandes progresos. He pensado a menudo en nuestra reunión. Fue muy significativa a la vez que políticamente fructífera.

En el margen, Yan había escrito: «¿Puedes ayudarme, por favor?». Cogí un trozo de papel y contesté que haría todo lo que el Partido me pidiese.

Al día siguiente reescribí la carta. No sabía qué aspecto tenía Leopardo Lee, así que en su lugar describí el rostro de Yan. Intenté imaginarme qué harían cuando estuvieran juntos, cómo se acariciarían; sólo de pensarlo se me aceleraron las palpitaciones del corazón. Quería describir el cuerpo de Yan pero no lo había visto nunca. Así que describí el mío, me toqué e imaginé que mi cuerpo era el suyo y mis dedos los de él.

Cuando Yan regresó, le susurré que había acabado. Estaba excitada y dijo que no podía esperar a que llegara la hora de dormir para poder leerla. Le dije que quería mirarla mientras la leía. Yan contestó que debíamos buscar una excusa para irnos juntas a la cama. Hicimos un plan y esperamos a que oscureciera.

Después de la cena, Yan y yo nos sentamos junto a la puerta. Empezó a arreglar su calzado para la lluvia mientras yo sacaba mi rifle para limpiarlo. No nos dijimos nada y simulamos que estábamos concentradas en el trabajo que teníamos entre manos. Me llevé el arma a un rincón y la limpié. Estaba distraída. Miré a hurtadillas a Yan un par de veces. Ella lijaba el zapato agrietado, le aplicaba cola y dejaba que reposara. No me miraba, pero yo sabía que ella era consciente de que la estaba observando. Se puso colorada. Sonrió tímidamente. Con suavidad dio un par de toquecitos a los zapatos. Yo adoraba su timidez porque nadie más se imaginaba que podía ser tímida. Su intimidad me pertenecía a mí.

Lu estaba leyendo las obras de Mao en voz alta. Otras compañeras de cuarto entraban y salían de la habitación, colgaban sus ropas de una cuerda y arrojaban agua sucia al exterior. Los soldados varones del edificio de enfrente daban golpes a sus tazones con los palillos de comer. Cantaban «Cuando sale el sol, Oh-Yo, Oh-Yo, Oh-Yo, Yo, Yo, Yo, Oh, Oh...». Su canción no tenía fin. Los soldados rociaban también con agua el suelo lodoso y volvían caminando a sus cuartos con los pies descalzos. Las puertas se cerraron. La canción continuó sonando.

Cuando oscureció me encontraba ya en la cama. Esperé a que todas las demás se acostaran también. Eché un vistazo a la habitación a través de la malla. Miré a Lu desde lo alto de mi litera. Su concentración me dejaba admirada. Leía cada día sin falta el Pequeño Libro Rojo. Yo estaba convencida de que habría memorizado cada punto y coma. ¿Disfrutaba de ello o simplemente lo simulaba, o ambas cosas? ¿Se sentiría alguna vez inquieta? Era joven, su cuerpo era redondeado. Había observado que le gustaba contemplarse los pies. A menudo se pasaba mucho rato lavándoselos. Tenían un oscuro color moreno y llevaba las uñas tan limpias como cacahuetes. No eran como las nuestras, teñidas de un tono anaranjado por el fungicida. Cada noche se ponía vinagre en las uñas de los pies para eliminar el fungicida mientras el resto de nosotras dormíamos. En una ocasión, el fuerte olor a vinagre me despertó a media noche y vi a través de la malla que Lu se había quedado adormecida. Sus pies descansaban sobre una banqueta, como dos grandes pasteles de arroz. Eran unos pies jóvenes, de formas elegantes. Me pregunté cuál sería el motivo de que Lu dedicara tanto tiempo a cuidárselos. Y lo comprendí. Sus pies eran su intimidad. Necesitaba esa intimidad para sobrevivir como yo necesitaba a Yan.

Comencé diciendo que no tenía mantas suficientes y que temía coger un resfriado. Yan estornudó y dijo que ella también tenía frío. Lu, como siempre, estudiaba. Molesta por el ruido que hacíamos, dijo con impaciencia: ¿Por qué no os ayudáis la una a la otra, camaradas? ¿Por qué no pensáis en algo para resolver el problema, como por ejemplo compartir las mantas? Había caído de lleno en nuestra trampa. Bajé de un salto con mis mantas y me apresuré a introducirme en la mosquitera de Yan. Cerramos la cortina herméticamente. No pude evitar soltar unas risitas. Yan me tapó la boca con las manos. Le di la carta. Echó las mantas sobre nuestras cabezas y encendió su linterna.

Se sonrojó. Leyó y releyó la carta. Susurró que era lo mejor que había leído en su vida. Dijo que no sabía que yo tuviera tanto talento. Apretó su mejilla contra la mía. Volvió a insistir en que tenía talento. Después de leerla otras dos veces, quería imaginarse cómo reaccionaría Leopardo Lee después de leer la carta.

Le dije que se enamoraría de ella. Me pidió que repitiera lo que acababa de decir y así lo hice. Murmuró: ¿Cómo puedes estar tan segura? Le contesté susurrando: Si yo fuera un hombre, eso es lo que pasaría. Me preguntó si había probado alguna vez unas frutas como pelotillas. Le pregunté qué era eso. Me respondió que se trataba de un tipo de fruta que crecía en el sur. Cuando maduraba, se abría resquebrajándose y hacía sonidos: pang-pang-pang, como petardos. Dijo que así era como latía su corazón en aquel momento. Yo le dije que estaba contenta de tener talento. Me respondió que debería estarlo porque la había dejado embelesada y se encontraba a mi merced.

Tras apagar la linterna, salimos de las mantas para respirar mejor. Le pregunté si la fruta era comestible. Contestó: Sí, es dulce, pero el fruto tiene una cáscara desagradable, como la de un puerco espín. Le dije que cuando la conocí no habría podido imaginar que tuviera un corazón tan tierno. Añadí que su ternura me hacía preguntarme si era una auténtica miembro de la línea dura del Partido o simplemente una revolucionaria teórica. Me contestó: Ahora será mejor que te muerdas la lengua.

A través de la mosquitera vi que Lu terminaba ya de limpiarse los pies con vinagre. Tapó la botella, se levantó, apagó la luz y se subió a su litera. Yan y yo permanecimos despiertas en la oscuridad, demasiado excitadas para dormir. Al cabo de un rato oímos roncar a Lu. Los pálidos rayos lilas de la luna se esparcían a través de las cortinas. Podía oír el sonido de nuestras compañeras de cuarto incluso cuando respiraban. Debajo de la cama las culebras golpeaban el cántaro.

La inquietud volvió. Me agitaba profundamente. Sentía que mi cuerpo y mi mente se separaban. Mi mente quería obligarme a dormir mientras mi cuerpo quería rebelarse. En cierto modo no quería reconocer por qué mi cuerpo quería rebelarse. Estaba extasiada por aquella sensación de peligro, aquel calor, aquella fascinación.

Yan se volvió de espaldas a mí, suspirando. Quise darle la vuelta pero de repente me sentí asustada. Me invadió una rara sensación de lo ajeno. El cuerpo se me puso rígido. Ella murmuró. Yo le susurré: ¿Has dicho algo? Oí mi propio eco en la oscuridad. Ella suspiró y dijo: Qué pena... Esperé a que acabara la frase. Se quedó en silencio como si también estuviera asustada. Yo le dije: Estoy esperando. Ella continuó: Qué pena que no seas un hombre. Volvió a emitir un suspiro profundo y de frustración. Me sentí abatida. Mi juventud se rebeló con valentía: ¿Qué harías si lo fuera? Se volvió para mirarme de frente y dijo que haría exactamente lo que había descrito en la carta. Su respiración era intensa. Sus pestañas tocaron mi mejilla. Una corriente cálida me subió a borbotones de los pies a la cabeza.

Permanecimos echadas en silencio. Enfebrecidas. Una de sus piernas estaba entre las mías. Los brazos de una en torno a la otra. Luego, casi al mismo tiempo, nos separamos. Para quitarle importancia a nuestra inquietud, dije que me gustaría recitar un párrafo del Pequeño Libro Rojo. Adelante, revolucionaria teórica, dijo. El presidente Mao nos enseña –empecé–: «Levantar una piedra para dejarla caer sobre los propios pies, éste es el resultado que obtendrán los reaccionarios de todos los países mientras intenten resistirse a la fuerza revolucionaria». Correcto –continuó ella–, sólo si seguimos las enseñanzas del presidente podremos ser invencibles. Hagamos una autocrítica, dije yo. Ella respondió: Después de ti. ¿Qué te preocupa? Confiesa. Limpia tu pecho de culpa.

¿Mi culpa o tu culpa, camarada secretaria del Partido?

Un viejo refrán dice: «Las cosas buenas vienen de dos en dos». El otoño era una estación mágica.

Cuando las remolachas de los campos estaban lo suficientemente dulces como para comerlas, teníamos que presentar informes denunciando que los campesinos locales habían estado robando nuestras remolachas. Solíamos enviarlos al cuartel general para que de esta forma no echaran la culpa a la compañía por el descenso en la producción. Yan había estado siguiendo la política de «un ojo abierto y otro cerrado», lo que significaba que no era demasiado estricta a la hora de redactar los informes. De hecho, sabía con toda certeza quiénes eran los ladrones. No eran los campesinos locales, no eran las ratas de campo. Eran los propios soldados. Incluida yo. La paga que recibíamos no era suficiente para cubrir nuestros gastos, así que a última hora del atardecer me convertía en ladrona. Excavaba en el barro para conseguir remolachas, rabanillos y boniatos.

Yan fingía no vernos. De hecho, estaba demasiado atareada con sus propios asuntos. En aquel momento se sentía motivada por su fe en los tratamientos por acupuntura. Había estado llevando a Pequeña Hoja al hospital de la granja vecina –Hospital de la Granja de la Estrella roja– para ver a un grupo de médicos del Ejército de Liberación Popular que estaban enseñando las técnicas de la acupuntura a los médicos locales. Yan llevaba allí a Pequeña Hoja dos veces al día, al amanecer y a última hora de la tarde. Se levantaba a las cuatro y media de la mañana, metía a Pequeña Hoja en el tractor y las dos se iban dando botes hasta el hospital para una sesión de agujas; luego traía de vuelta a Pequeña Hoja y la dejaba con el personal de la cafetería para que desayunase mientras ella se iba a alcanzarnos a los campos a toda prisa y sin comer nada.

Yo siempre me llevaba un pan de más. Se lo daba a Yan al llegar al campo. Le bastaban tres bocados para acabarse un pan cocido al vapor del tamaño de una mano. Un día regresó empapada, con el barro pegado por toda la ropa. Dijo que se había caído al canal con su tractor. Yan gritaba feliz. Decía que estaba demasiado excitada para hablar. Dijo: Se ha producido el milagro: Pequeña Hoja está volviendo a recuperar el juicio. Yan chillaba: Una larga, larga vida al presidente Mao. Nos pidió que lo celebráramos con ella. Lo hicimos. Cuando los soldados la rodearon para pedirle más datos, dijo que había dejado a Pequeña Hoja en el hospital para que le hicieran nuevas pruebas. Añadió que por la mañana Pequeña Hoja había cantado una frase de *Mi patria*. Yan rompió dos pértigas aquel día cargando con capazos de cincuenta kilos de estiércol hasta el campo.

Aquella noche Yan nos dirigió a todos mientras cantábamos ópera en la reunión de estudio. Su frenesí afectó al resto de la compañía. Nadie prestó atención a Lu, que estaba de pie en un rincón meneando la cabeza. Todo el mundo cantaba «nada en el mundo puede posponer el comunismo», un aria de *La leyenda de la linterna roja.* Después de aquello, Yan se brindó por primera vez a tocar el erhu para nosotros. Fue admirada y elogiada por todos.

Me recosté en mi asiento deleitándome con la felicidad de Yan. En esa felicidad creí percibir de nuevo su desconsolado sufrimiento por Pequeña Hoja. Sugerí que cantáramos *Mi patria* para agradecer la buena nueva de Pequeña Hoja. Yan tocó una nota en su erhu. Pero rompió una cuerda por la fuerza de sus dedos. Pidió disculpas al público. En vez de cambiar la cuerda del erhu, lo dejó a un lado y cantó. El sonido era el mismo: su voz era exactamente igual al erhu. No pudimos evitar reírnos. A Yan no le importó. Cantó en un tono agudo:

Éste es mi gran país.
Es el lugar donde nací y donde me criaron.
Es una tierra hermosa donde
el sol brilla en todas partes,
la primavera llega vigorosamente a todas partes.

La felicidad de Yan no duró. Ni una semana. Cuando Pequeña Hoja regresó, tenía el mismo aspecto de siempre, parecía un vegetal. La acupuntura funcionó al principio, pero los nervios acabaron volviendo a su acostumbrada indolencia. Yan se negaba a rendirse. Enviaba a Pequeña Hoja al hospital una y otra vez. Un día su tractor tuvo una avería; cargó con Pequeña Hoja a la espalda y caminó dos horas hasta el hospital. Al día siguiente, Yan no se levantó a tiempo. Estaba demasiado cansada. Me ofrecí a llevar al hospital a Pequeña Hoja en su lugar. Yan insistió en ir ella misma. Acabamos yendo las dos. Hicimos turnos cargando con Pequeña Hoja. Pequeña Hoja dormía como un cerdo muerto a nuestras espaldas. Parecía desahuciada. Yan dijo que todavía le quedaba la última esperanza, la de las culebras. No quise decirle que no creía en eso ni por asomo. Su voz dejaba entrever tanta ilusión... Estaba loca.

Pedí a un tractor que me llevara hasta la Compañía Treinta y Dos para reunirme con Leopardo Lee. Yan me envió allí como representante de nuestra compañía para «intercambiar experiencias revolucionarias» con la suya. Me sentía tan excitada por aquella misión como si fuera yo la que iba a reunirme con mi propio amante. La carta, doblada cuidadosamente, descansaba en mi bolsillo interior. Me abroché el bolsillo por si acaso se me caía con las sacudidas del tractor. De tanto en tanto me aseguraba de que seguía en su sitio. Había reescrito la carta la noche anterior. Yan se sumió en su lectura. Al amanecer ya estaba levantada. Me dijo que yo la había convertido en otra persona. Es cierto, pensé. Se había vuelto mucho más apacible. Se mostraba agradable con todo el mundo, incluida Lu. Los soldados se sentían adulados y Lu estaba perpleja.

Un día que no llovía Yan dio fiesta a la compañía. Ella se dedicó a cortar pilas de juncos durante toda la jornada. Cuando me veía, sonreía tímidamente como si yo fuera Leopardo Lee. Para mi propia sorpresa, yo cada vez pasaba más tiempo pensando en ella. No podía evitarlo. La miraba mientras comía. Lo hacía distraída, llevándose comida a la boca con la cuchara. Se quedaba mirando fijamente los campos distantes o contemplando un chinche que mascaba el corazón de una flor de algodón. Ordenó a los de la cafetería que pusieran más azúcar en los platos. Por la noche llevaba ropa interior de color rojo intenso. Sonreía ante el espejo cuando pensaba que no había nadie cerca. Me dijo que le comprara una botella de vinagre cuando fuera a la tienda. Se sentaba con Lu antes de la hora de acostarse para quitarse el tinte químico de las uñas de los pies. A veces cantaba óperas para mí y para Lu. Cantaba igual que su erhu, su voz imitaba el sonido de las cuerdas. Las compañeras de cuarto decían que no apreciaban la diferencia. Ella chillaba: ¿Qué hay de malo en eso? Las compañeras iban a esconderse a las mosquiteras tapándose las bocas con las manos y riéndose con fuerza.

Cuando vi a Leopardo Lee me quedé sorprendida de la elección de Yan. Era una versión masculina de ella: con ojos grandes y penetrantes, cejas como cuchillos y el pelo fuerte y grasiento. No era tan alto ni tan fuerte como me había imaginado. Me recordaba a un mono, con los brazos largos, de movimientos ágiles. Por la forma en que le admiraban sus soldados supe que tenía prestigio como líder. Todos le llamaban Leopardo. Él les correspondía con afecto. Bromeaba con ellos y les decía que no dañaran los retoños cuando trabajaban con la azada. Pareció molesto cuando le anuncié que pertenecía a la Compañía Séptima. Me miró por el rabillo del ojo.

Yo le dije: Tengo una carta para ti. Es de... Se sonrojó antes de que pronunciara el nombre de Yan. Sonreía forzadamente y miraba a su alrededor. Le temblaron levemente las manos cuando saqué la carta y se la tendí. Se la metió en el bolsillo, miró a su alrededor otra vez y luego me guió a través de los campos hasta su oficina. Su compañía parecía estar más consolidada que la nuestra. Tenían más barracones. Los soldados eran más viejos: los varones estaban más delgados y las mujeres más gordas. Todos llevaban sombreros de paja. Cuando llegué hacían un descanso en el trabajo. Las moscas merodeaban atraídas por el olor del estiércol. Los soldados permanecían echados junto al sendero del campo, como patatas; los sombreros les cubrían las caras. La tierra estaba tan caliente como un horno.

Mientras me servía una taza de agua, Leopardo llamó a su asistente, una mujer de baja estatura. Le dijo que me atendiese mientras él salía de la habitación. La mujer baja se presentó como Vieja Wong. Empezó a hablarme de los progresos de la Revolución Cultural en aquella compañía. Se detenía constantemente para mirarme. Quería recordarme que no estaba tomando notas. Entornó los ojos para demostrar su descontento. No le presté mucha atención. Esperaba ansiosamente a que volviera Leopardo. Me esforcé para no mirar por la ventana. Finalmente, Leopardo regresó. Sin ninguna expresión concreta en la cara, preguntó si ya habíamos acabado. Oh, sí, dije, con la esperanza de deshacernos de Vieja Wong. Pero enseguida mostró que su intención no era ésa. Me preguntó si había algo más que quisiera saber. No entendí el porqué de esa pregunta: sabía exactamente lo que quería. Me quedé allí sentada observándolo. Leopardo jugueteaba con una goma. Estaba nervioso. La goma se rompió y salió rebotada contra la cara de Vieja Wong, que gritó y se llevó las manos a las mejillas. Él dijo: Lo siento, y sacó un cigarrillo del cajón. Lo encendió y empezó a sacudirlo antes de que hubiera ceniza. Vieja Wong preguntó si debía llamar a un tractor para enviarme de vuelta. Leopardo hizo un gesto afirmativo. A mí no me entraba en la cabeza que estuviera comportándose así, pero no sabía qué hacer.

Me subí al tractor. El conductor encendió el motor. Miré a Leopardo. Me pareció que no era muy guapo. Apartó la mirada. Temía demasiado ser descubierto. Era un cobarde. Empezó a caerme mal porque Yan corría el mismo riesgo y no estaba asustada. En cambio él, como hombre, no tenía agallas.

Aquella noche, en la mosquitera, Yan me preguntó cómo había ido la visita. Yo temía herirla si le contaba la verdad. Le dije: Oh, parecía muy excitado. Yan me preguntó si iba a contestar a su carta. Asentí con la cabeza y le contesté que sí en tono seguro. Yan se sintió satisfecha. Me pidió que le escribiera otra carta por ella.

Envié cuatro cartas a Leopardo en dos meses. Él jamás escribió una respuesta. Me volví antipática con él cuando lo visitaba. Deseaba poder fustigarlo del mismo modo que se hace con una vaca para conseguir que se enamorara de Yan. Un par de veces me dio la impresión de que ella quería hablar conmigo, pero siempre se las arreglaba para apagar el interruptor antes de conectar la luz. Me quedé pensando por qué actuaba con tanta reserva. Conocía a Yan lo suficiente como para saber que no le importaba nada aparte de estar con él. Ella no era capaz de ocultar sus sentimientos. Los atraparían como a Pequeña Hoja y su amante instruido. Perderían sus puestos en el Partido. Si hacían público su amor, el Cuartel General de la granja les daría una fecha para casarse y luego les asignarían una pequeña habitación en los barracones como hogar permanente. Se acabarían los chismes y la posibilidad de volver a Shanghai se perdería para siempre. Les darían el título de campesinos locales en cuanto se instalaran. ¿Era esto lo que Leopardo quería para su vida? De pronto lo dudé.

Lo sentí por Yan. Estaba tan enferma de amor... Cada noche escuchaba sus murmullos y la consolaba inventando historias sobre los milagros del amor. Me gasté todos los cupones de azúcar con ella porque era una adicta al azúcar. Se comía las mazorcas de maíz simplemente porque eran dulces. Para seguir compartiendo la cama con ella, continué poniendo al frío como excusa. Le dije que no limpiara la mosquitera porque la suciedad la volvía menos transparente. Cuando estaba la luz encendida, podíamos distinguirlo todo en la habitación, pero nadie era capaz de vernos.

A pesar de su mal de amores, delante de la tropa Yan continuaba siendo tan dura como una roca. Hizo que la compañía disputara una competición de trabajo con nuestra vecina, la granja de la Estrella roja. Teníamos que cavar un canal. La actuación de Yan fue admirada por miles de personas. Pero por la noche era más tierna que el pan fermentado. Yo disfrutaba viendo su sonrojo cuando leía mis cartas. Le pedí que se imaginara que era mi amante e insistí en que me explicara los detalles que podría usar yo la próxima vez que escribiera. Ella hacía una mueca y decía: ¿Sabes cómo compran caquis los campesinos locales? Escogen los más blandos. Esto es lo que estás haciendo conmigo. Le dije que tenía que saber los detalles porque, si no, ¿cómo se suponía que iba a describirlos? Me dijo: ¿Dónde está tu imaginación? Le repliqué que uno no podía imaginar algo que no intuía. Me puso el índice en los labios y me pidió que me callara. Susurró que contaba con las sensaciones pero que no podía expresarlas en palabras. Estaba demasiado turbada con aquello. Me cogió la mano y la apretó contra su pecho. Me pidió que sintiera su corazón.

Deseé ser la sangre de aquel órgano. En el martilleo de sus latidos, en los jadeos de su pecho, percibí una ciudad caótica. Una fuerza mítica me arrastró hacia ella. Sentí la llamarada de un fuego que crecía en mi interior. Yan llevaba una camisa fina con un sujetador debajo. La camisa tenía el color de las raíces. El sujetador era completamente blanco. Sus bragas de color rojo intenso avivaban el fuego. Mientras estiraba perezosa su cuerpo, mi corazón desencadenó todo su furor.

Con los ojos cerrados, Yan puso mis manos en sus mejillas. Tras abrir los ojos con lentitud, se quedó mirándome fijamente. Entreabrió los labios. Yo no podía soportar el modo en que me miraba, como agua que penetra las rocas. La pasión le encendía la mirada.

Hice un esfuerzo por apartar la vista y observé el techo de la mosquitera. Oí toser a Lu. Estaba sentada un metro más allá, junto a la mesa, concentrada en Mao. Pasó una página.

Bajo las mantas, los brazos de Yan rodeaban mi cuello. Me estrechó contra ella. Sus pechos se apretaban contra mi espalda. Hizo que me girara hacia ella. Se soltó una de sus trenzas, luego guió mis manos para que le soltaran la otra. Alisé su pelo suelto con los dedos.

Oí a Lu que se cepillaba los dientes. Escupió, luego

cerró la puerta y apagó la luz. La estructura de la litera se tambaleó al trepar a su cama. Esperé a oír sus ronquidos. Yan empezó a susurrarme a la oreja, recitando alguna de las frases que yo había usado en sus cartas. Era un brote de arroz en un verano de sequía.

Continué mandando cartas a Leopardo cada dos semanas. Él decía: Gracias por las cartas, y nada más. Volvía a Yan con las manos vacías. Una noche, mientras escribía otra carta, Yan permaneció echada a mi lado, llorando. Me dijo que sabía que todo lo que le había contado sobre Leopardo era mentira. Dijo: Tus manos son demasiado pequeñas para cubrir el cielo. Me has puesto en ridículo. Lo dijo tranquilamente. Un ridículo lamentable, añadió. Rompí la carta, sintiéndome culpable. Le contesté que había hecho aquello porque no se me ocurrió qué otra cosa podía hacer. Le expliqué que sentía haberle ocultado algo. Me respondió: No tienes que disculparte. Le dije que quizás él simplemente estuviera asustado y necesitase más tiempo. Ella movió la cabeza, sonriendo con pena. Dijo que no era lo suficientemente guapa para él, que no era lo suficientemente inteligente, que no era lo suficientemente femenina. Era tonta del bote. Una estúpida y nada más. Cogió un espejo y lo volvió hacia sí. Después de estar un largo rato mirándose, dijo que veía un rostro viejo y deteriorado por la intemperie. Dijo que tenía veinticinco años y que no poseía nada aparte de inútiles cargos en el Partido. Tenía lo que se merecía porque uno recoge lo que planta. Ella merecía sólo condecoraciones.

No podía soportar su tristeza. Me perturbaba que dijera que no tenía nada aparte de cargos del Partido. Me tenía a mí. Fui hasta ella y le aparté el espejo de la cara. Me sentía incapaz de decir nada. Quería decirle: Eres muy muy hermosa. Adoro todo lo que hay en ti. Si fuera un hombre, moriría por tu amor.

Hacia las cuatro de la tarde ya pude dar permiso a mi pelotón para irse. Estábamos arreglando un puente. Mi política era que, una vez finalizada la tarea, les permitía tener el resto del día libre. Les caía bien a los soldados. En muchos casos, los que acababan el trabajo se quedaban para ayudar a los otros en respuesta a mi llamada de «llevar adelante el espíritu de colaboración comunista». A Lu no le gustaba mi política; la llamaba «una mierda de pacto capitalista». Me pidió que la cambiara y no pude más que acceder. Pero cuando no estaba inspeccionando, hacía las cosas a mi manera.

En cuanto el trabajo estuvo hecho, crucé el puente caminando. A un lado del canal había un gran lema pintado sobre un lienzo, montado sobre gruesas cañas de bambú, que decía: «No temas la muerte ni el trabajo duro». Nosotros mismos habíamos construido el canal durante mi primer invierno en la granja, casi un año antes. Me sentía orgullosa cada vez que caminaba junto a él.

Aquel día en concreto, mientras andaba junto al río, oí a un barquero local que me llamaba desde su barca. Me dijo que fuera a toda prisa: había descubierto un cuerpo ahogado. Corrí hasta la barca. Era un cuerpo de mujer. El barquero le dio la vuelta lentamente, como a un rollito relleno en una sartén. Ante mí apareció Pequeña Hoja. Me quedé sin aliento. Su rostro estaba hinchado. Toda la cabeza se había inflado como una calabaza. Había marcas de cortes en sus brazos y piernas. El barquero dijo que parecía que la hubieran atacado. ¿Ves esos cortes? Debió forcejear, pero se quedó enredada en las hierbas. Me quedé paralizada.

Alguien dio la noticia a Yan. Bajó corriendo desde el puente como un caballo enloquecido, con su cabello echado hacia atrás desde la raíz. Tenía el rostro azul y rojo como si hubiera sido golpeado. No quiso escuchar al barquero cuando le dijo que era inútil intentar un auxilio boca a boca. Lleva horas muerta, dijo el barquero. Yan seguía apretando y apretando el pecho de Pequeña Hoja. Destilaba abundante sudor, que caía en pequeños regueros. Su camisa no tardó en quedarse empapada. No paró hasta que estuvo totalmente agotada.

El Cuartel General de la granja del Fuego rojo celebró una ceremonia especial en recuerdo de Pequeña Hoja. Se la honró como Camarada Destacada y fue admitida a título póstumo en la Liga de Juventudes del Partido Comunista. La abuela de Pequeña Hoja asistió a la ceremonia. Era hermosa como su nieta. Tenía la elegancia de una cantante de ópera. Estrechó entre los brazos a Pequeña Hoja. No tenía lágrimas en los ojos; su rostro estaba más pálido que el de la muerte. Lu, que representaba al comité del Partido de la granja, le entregó un cheque por valor de quinientos yuans como muestra de condolencia. La abuela de Pequeña Hoja cogió el cheque y se lo quedó mirando.

Yan se marchó repentinamente. Dijo que no volvería para la cena. Fui a buscarla, recorrí toda la granja antes de encontrarla finalmente sentada debajo del puente. El cántaro que usaba para recoger las culebras estaba a su lado. Pocos días antes me había dicho con gran satisfacción que ya había llegado a la cifra redonda –cien culebras– y que esperaba que Pequeña Hoja volviera a sus cabales por arte de magia.

Di unos pasos para aproximarme a Yan y vi que, una a una estaba arrancando la cabeza de cada culebra. La sangre marrón oscura de las culebras se esparcía por su cara y su uniforme.

Cuando todas las culebras estuvieron partidas, cogió el cántaro y lo estrelló.

Me puse a su lado. Se agachó a mis pies y la abracé en cuanto empezó a llorar.

Después de la muerte de Pequeña Hoja, Yan ya no fue la secretaria del Partido ni la comandante que yo conocía. También me transformó a mí, como hizo consigo misma. Discutíamos sobre los motivos por los que estábamos perdiendo de vista el «brillante futuro» que el Partido había trazado. Nos preguntábamos por qué cada vez éramos más y más pobres si habíamos estado trabajando con tanta dureza en la tierra. Nuestro salario mensual de 24 yuans apenas daba para comida, queroseno y papel higiénico. Nunca había podido comprarme ropa nueva. ¿Iba a transcurrir así el resto de nuestras vidas? La ironía era cruel: la granja del Fuego rojo era un modelo de colectividad comunista, estaba marcando el futuro. Era una de las diez granjas en el mar de China Oriental. Ninguna de estas granjas –Estrella roja, Centella roja, Cuatro de mayo, Siete de mayo, Vanguardia, Mar de Oriente, Larga marcha, Viento del mar, Cosecha del mar y nuestra granja–, con un total de más de doscientos mil jóvenes urbanos enviados a trabajar y a vivir allí, producía ni siquiera comida suficiente para alimentar a su población. Las granjas habían estado recibiendo anualmente suplementos alimentarios del gobierno y éste había dejado claro a los cuarteles generales que el año próximo no recibirían más ayuda. Nos preguntábamos qué queríamos decir realmente cuando gritábamos: «Sudando intensamente, cultivando más cosechas para apoyar la revolución del mundo».

Yan perdió el interés por dirigir las reuniones políticas de estudio. Se volvió vulnerable, débil y triste. Nos peleábamos. Decía que quería abandonar su puesto, que había dejado de ser la persona adecuada para aquel trabajo. Lu encaja mejor. Le contesté que no me gustaba ver cómo se convertía en una decadente: El desánimo no nos salvará. Dijo que dejarlo era la única salida que le quedaba. Yo le pregunté: ¿Qué pasará cuando tú lo dejes y Lu tome el poder? ¿Seguiremos durmiendo juntas? Ella soltó: No sabía que te gustara mi poder más de lo que te gusto yo. Le respondí: No es el poder lo que tienes en tus manos, son nuestras vidas. No es que puedas mejorarlas pero puedes empeorarlas. Dijo que su vida era una inutilidad, que aquello era una cárcel. Le pregunté: ¿Adónde podríamos ir? ¿Cómo podríamos escapar? Había mosquiteras por arriba y culebras por abajo. Si echábamos a correr, moriríamos. Mao y el Partido habían marcado nuestro destino. Debíamos continuar así para siempre.

Yan se marchó para hacer una instrucción política intensiva de siete días en el Cuartel General de la granja. Dormí sola. Y empecé a trastornarme. Temía perderla cuando ella y Leopardo se encontraran de nuevo. Tenía una impresión extraña, una sensación de aturdimiento continuo. Soñaba con Yan por la noche. Esperaba con anhelo la puesta de sol y que el día anunciara su fin. Yan se convirtió en mi amante durante su ausencia. Con la puesta de sol nació en mí un nuevo sentimiento hacia ella. Su color borró la oscuridad de mi corazón.

Escribí a mis padres en Shanghai. Les hablé de la secretaria del Partido, la comandante Yan. Les dije que éramos muy buenas amigas. Era una jefa justa. Era como un gran árbol con ramas repletas y follaje frondoso, y yo disfrutaba del aire fresco sentada a su sombra. No podía llegar más allá con mis explicaciones. Le dije a mi madre que la granja estaba bien y yo también. Mencioné que los padres de algunas de mis compañeras de cuarto habían venido de visita, aunque la granja no merecía el viaje.

En vez de escribir una carta de respuesta, mi madre vino a visitarme. Yo estaba en plena faena, rociando los campos con productos químicos. Orquídea me dijo que había llegado mi madre. No me lo creí. Señaló a una mujer cubierta de polvo que estaba de pie en el camino. Ahora dime que mentía, dijo. Me quité el depósito de productos químicos y fui hacia ella. Mamá –dije–, ¿quién te ha dicho que vinieras? Mi madre sonrió, y dijo: Una madre siempre puede encontrar a su hija. Me arrodillé para quitarle los zapatos. Tenía los pies hinchados. Vertí un cuenco de agua sobre ellos. Me preguntó cuánto pesaba el depósito de fungicida. Treinta kilos, contesté. Mi madre me dijo: Tienes la espalda empapada. Yo contesté: Lo sé. Ella continuó: Está bien que hayas trabajado duro. Le expliqué que era jefa de pelotón.

Mi madre dijo que se sentía orgullosa. Le contesté que eso me satisfacía. Añadió que no había traído nada porque Flora acababa de terminar la escuela secundaria y había sido destinada a un internado profesional. También le habían retirado a ella el número de residente en Shanghai. No tenemos dinero para comprarle una manta nueva; sigue usando la que tú dejaste. Es bueno ser ahorrador, ¿no crees?, dijo mi madre. ¿Y cómo está Coral? –le pregunté–. ¿La destinarán a una fábrica? Mi madre asintió y dijo que había estado rezando para que esto sucediera. Aunque sea duro decirlo –mamá meneó la cabeza–, Coral tiene miedo a marcharse. La gente de la escuela dice que si demuestra alguna incapacidad física, sus oportunidades de permanecer en Shanghai serán mucho mayores. Coral no fue al médico cuando padeció una grave disentería. Intentaba estropearse el intestino para poder alegar una incapacidad. Fue estúpido, pero no fuimos capaces de impedirlo. Muchos jóvenes del vecindario hacen lo mismo; tienen miedo de que les destinen a las granjas. Coral es muy desgraciada. Dijo que ella nunca pidió haber nacido, me lo echó en cara. Mi hijita me lo echó en cara.

Aquella noche instalé a mi madre en la cama de Yan. Quería hablar con ella pero me quedé dormida en cuanto mi cabeza tocó la almohada. A la mañana siguiente, mi madre dijo que sería mejor que se marchara. Me dijo que no debería sentir lástima de mí misma: Es una muestra de debilidad. Su presencia podía aumentar mi debilidad y ésa no era su intención. Ella no debía acudir ahí para que los soldados sintieran más nostalgia. Yo no podía negar que me sentía débil, ni que mi conducta pudiera influir en los otros. Quería llorar en brazos de mi madre, pero me sentía adulta desde los cinco años. Mi madre debía verme fuerte, o no sobreviviría. Dependía de mí. Le pregunté si no quería que la llevara a dar una vuelta por la granja. Aseguró que ya había visto bastante. Ya bastaba de tanta tierra yerma y salobre. Dijo que era hora de regresar.

Mi madre no preguntó por Yan, en cuya cama había dormido la noche anterior. Me habría gustado que lo hubiera hecho. Deseaba poderle contar algo de mi vida real. Pero no preguntó. Sabía que la razón era el cargo de secretaria del Partido de Yan. Mi madre temía a los secretarios del Partido. Ya había sido víctima de muchos de ellos. Huyó antes de que le presentara a Yan. Mi madre se negó a que la acompañara a la estación de autobús de la granja. Era tozuda. Se alejó caminando ella sola entre el polvo. A pesar de la objeción de Lu a que me ausentara durante unas horas, la seguí a través del campo de algodón. No descansó durante casi cinco kilómetros. Se alejaba caminando de cuanto había visto: la tierra, las hijas de Shanghai, la prisión. Se escapaba como una niña. La observé mientras esperaba el autobús. Aparentaba más años de los que tenía: tenía cuarenta y tres años pero parecía que tuviera sesenta o más.

Cuando el autobús se la llevó, me adentré corriendo en los campos de algodón. Corrí hasta agotarme y me quedé tumbada sobre la espalda. Lloré y grité el nombre de Yan.

El día programado para su regreso anduve kilómetros para darle la bienvenida. Cuando el tractor apareció en un camino transversal, el corazón estuvo a punto de saltarme por la boca. Ella bajó de un brinco y corrió hacia mí. Su bufanda se fue volando. El tractor continuó avanzando. De pie ante mí, estaba guapísima con su uniforme.

¿Lo viste?, le pregunté, recogiendo su bufanda y devolviéndosela. ¿Leopardo?, sonrió mientras cogía la bufanda. ¿Y?, añadí yo. Me pidió que no volviera a mencionar nunca más el nombre de Leopardo en nuestras conversaciones. Todo ha terminado, no pasó nada. Le pregunté qué había sucedido. Nos sentimos tan extraños como antes. ¿Estaba allí?, insistí. Sí, estaba. ¿Hablasteis? Sí, nos saludamos. ¿Qué más? Leímos los informes de nuestras compañías, y eso es todo.

No parecía dolida. Su mal de amores había desaparecido. Dijo: Nuestro gran líder el presidente Mao nos enseña: «Un proletario primero debe liberarse a sí mismo para liberar al mundo». Me frotó la nariz. Le dije:

Hueles a jabón. Me contestó que había tomado un baño en el Cuartel General. Ése era el trato especial que daban a los secretarios del Partido. Tenía algo importante que contarme. Me dijo que pronto dejaría la compañía.

Cerré los ojos y me relajé en sus brazos. Permanecimos echadas apaciblemente durante un buen rato. Ahora soy yo la que desearía que fueras un hombre, le dije. Me contestó que eso ya lo sabía. Me abrazó más fuerte. Escuché el sonido de su corazón aporreando. Aparentábamos no estar tristes. Éramos valientes.

Yan me contó que la habían destinado a una compañía aislada, la Compañía Treinta. Necesitaban un secretario del Partido y comandante para dirigir a ochocientos jóvenes. ¿Por qué tú? ¿Por qué no Lu? Es una orden –me dijo–. No me pertenezco a mí sola. Le pregunté si la nueva compañía estaba muy lejos. Respondió que eso temía. Dijo que era horrible, lo mismo que aquí, peor seguramente porque estaba más cerca del mar. Le pregunté si quería ir allí. Contestó que no confiaba en poder conquistar esa tierra, que no entendía cómo se había vuelto tan miedosa. Dijo que no quería dejarme. Sonrió con tristeza y recitó un refrán: «Cuando el invitado se ha ido, el té no tarda en enfriarse». Yo le respondí que mi taza de té nunca se enfriaría.

Lu apagó temprano la luz. La compañía había tenido una dura jornada recogiendo arroz. En la habitación, los ronquidos subían y bajaban. Yo estaba contemplando la luz de la luna cuando sentí las manos de Yan que me tocaban con ternura la cara. Sus manos me acariciaron el cuello y los hombros. Dijo que su obligación era aguantar el dolor de dejarme. Los ojos se me llenaron de lágrimas. Pensé en Pequeña Hoja y en el hombre instruido. Su dicha y el precio que pagaron. Lloré. Yan me abrazó. Dijo que no podía contenerse. Su sed era espantosa.

Yan echó las mantas por encima de las dos. Respiramos nuestros alientos. Tomó mis manos para que tocaran sus pechos. Ella también me acariciaba, temblando. Murmuró que desearía poder expresarme la felicidad que yo le procuraba. Le pregunté que si para ella yo era Leopardo. Me envolvió con sus brazos. Dijo que nunca hubo ningún Leopardo. Fui yo quien lo creó. Le dije que era la misión que ella me había dado. Me contestó: Hiciste un gran trabajo. Le pregunté si sabía lo que estábamos haciendo. Respondió que no sabía nada aparte del Pequeño Libro Rojo. Le pregunté qué cita se aplicaba a aquella situación. Recitó: «Uno aprende a librar la batalla librando la batalla».

Le dije que no podía verla porque mis lágrimas no dejaban de brotar. Susurró: Olvídate de mi marcha por ahora. Le dije que no podía. Dijo: Quiero que me obedezcas. Siempre te ha ido bien cuando me has obedecido. Lamió mis lágrimas y dijo que era así como iba a recordarnos a las dos.

Deslicé lentamente mis manos por su camisa. Guió mis dedos para que desabrochara su sostén. Los botones estaban ajustados, eran cinco. Finalmente, el último se soltó. En el momento en que toqué sus pechos, sentí un dulce sobresalto. Mi corazón latió desordenadamente. Un caballo salvaje se libró de sus riendas. Susurró algo que no pude oír. Yan era nieve que se fundía. Yo ya no sabía qué papel estaba interpretando: su hombre imaginado o yo misma. El caballo salvaje continuó cabalgando. Me trasladé a donde salía el sol. Sus labios tenían el color de un tomate. Dentro de mí se levantó un vendaval mezclado con truenos. Estaba embelesada por el deseo. Quería ser tocada. Sus manos me rozaron los pechos. Mi mente enloqueció. Mis sentidos se reanimaron frenéticamente con un fuego violento. Le rogué que me abrazara con fuerza. Oí una suave voz que se elevaba en la parte posterior de mi cabeza pidiéndome que me detuviera. Al vacilar, ella tomó mis labios y me besó ardientemente. La suave voz desapareció. Me perdí en las caricias.

Yan no fue a la Compañía Treinta. La orden fue cancelada porque el Cuartel General fue incapaz de conectar allí la tubería de agua potable. Cuando nos enteramos de la noticia gritamos «una larga, larga vida para el presidente Mao». Lu se sintió decepcionada. Ella habría ocupado el puesto de Yan si ésta se hubiera marchado. Dijo que la lluvia tenía la culpa. Llovía demasiado y malograba su suerte.

Estábamos en mayo. Los cultivos brotaban. Durante los cinco últimos meses, el Cuartel General había ordenado que los líderes de la compañía se ocuparan de la conciencia política de sus soldados. Sólo cuando sus mentes avancen políticamente, la cantidad y calidad de los productos habrá avanzado. Ésta es la clave para nuestro éxito económico. Lu leyó las instrucciones a la compañía en voz alta. Dijo que se requería de cada uno de los soldados que dijera unas palabras en la reunión de autocrítica. Lu se enfadaba durante estas reuniones cuando, como era habitual, dos terceras partes de la gente se quedaba amodorrada. Lu decía que debía de haber un enemigo de clase escondido entre los soldados. Tenemos que tensar más la cuerda de la lucha de clases en nuestras mentes para mantenernos invencibles, añadió.

Para incitarnos a trabajar más duro, Lu pasó además

la siguiente orden: sólo se nos permitiría mear o cagar dos veces al día durante las horas de trabajo, y no podríamos permanecer en los aseos más de cinco minutos. Cualquiera que incumpliera esta regla sería criticado duramente. Sólo los burros perezosos cagan más veces –dijo Lu–. ¡Y los burros perezosos merecen que se les azote sin piedad!

Cuando Lu le pidió a Yan que diera unas charlas de movilización a las masas, Yan dio un paso adelante frente a la tropa y dijo: Por favor, repetid después de mí: El presidente Mao nos enseña: «Confía en el pueblo». Disolvió la reunión en menos de un minuto. Lu dijo: No podemos esperar que las tachuelas estén derechas si las vigas no lo están. Yan soltó: ¿Qué problema tienes? Dando golpecitos con la pluma sobre su cuaderno, Lu dijo: Camarada secretaria, creo que tienes termitas espirituales en la casa de tus pensamientos. ¿Ah sí? –Yan miró a Lu de soslayo–. ¿Sabes de dónde he sacado esas termitas? De ti. Tienes la mente atestada de termitas. No tienes vigas ni tachuelas limpias en la casa de tu mente. Fueron devoradas hace mucho tiempo. Y ahora tus termitas tienen hambre, te salen trepando por los ojos, de los agujeros de las orejas, la nariz y el culo para comerse las casas de los demás. Yan se fue andando, y dejó lívida a Lu.

Aunque mis excusas sobre el tiempo frío sonaban cada vez menos convincentes, seguía durmiendo con Yan, fingiendo que se había convertido en un hábito. Lu empezó a inquietarse. Dijo que no era saludable que dos personas se apartaran del resto. En una reunión de miembros del Partido señaló que Yan había perdido su autodisciplina y que estaba desarrollando una tendencia peligrosa hacia el revisionismo. La criticó por separarse de las masas y formar una facción política. Yan me pidió que ignorara a Lu; dijo que era un chinche político.

Una tarde me encontré con que mi cama había sido registrada. Más tarde, aquella misma noche, advertí también que los ronquidos de Lu habían cesado. Me preguntaba si había estado escuchándonos. Al día siguiente Lu se acercó y dijo que le gustaría hablar conmigo. Me preguntó qué hacía con Yan en la fábrica de ladrillos. Le dije que practicábamos el erhu. Replicó: ¿Es eso todo? Sus ojos me decían que no se lo creía ni por asomo. Ya sabes que he estado recibiendo informes de las masas sobre vosotras dos. Siempre usaba «las masas» para afirmar algo que ella quería decir. Le dije: Lo siento, no te entiendo. Me respondió: Estoy segura de que me entiendes perfectamente. Sonrió. Me he dado cuenta de que habéis estado poniéndoos la una ropa de la otra. Era verdad que Yan y yo habíamos procurado tener el mejor aspecto posible. Era cierto que llevábamos una la ropa de la otra y que yo me había puesto el cinturón de siete centímetros. Le pregunté a Lu si aquello era un problema. No me contestó. Se alejó con una sonrisa, como diciendo: ya veremos. Esa misma noche, en la pared de la cafetería apareció un nuevo lema. Decía: «Sed conscientes de las nuevas pautas de la lucha de clases». Lu pronunció una charla en la reunión de la noche para llamar la atención sobre «los corruptores ocultos en las filas proletarias». Recalcó que la compañía no debería permitir que una cagadita de ratón echara a perder todo un tarro de papilla.

Aquella misma noche, Yan me dijo que Lu estaba solicitando secretamente a los altos cargos del Partido la aprobación para una inspección a medianoche en todas las mosquiteras. Sugirió que dejáramos de dormir juntas. Debes obedecerme, dijo Yan en tono imperativo. Yo le contesté: De acuerdo, pero después de esta noche.

Yan me cogió entre sus brazos. Sentí como si sus brazos estuvieran a punto de romperme las costillas.

A la mañana siguiente, me desperté con un aliento poco familiar sobre mi rostro. Abrí bruscamente los ojos. Vi una cabeza borrosa que se balanceaba ante mí. Me quedé horrorizada: era Lu. Estaba en nuestra mosquitera observándonos.

Mi corazón soltó un grito desgarrador. Intenté mantener el control. Cerré los ojos para fingir que continuaba durmiendo. Empecé a temblar. Si Lu levantaba las mantas, Yan y yo quedaríamos expuestas desnudas. Lu podría hacer que nos arrestaran de inmediato. Sentí el aliento de Lu que se volvía más entrecortado. Bajo las mantas, mis dedos agarraban firmemente la sábana. Recé: a quién, no lo sabía. Simplemente recé. Sentí que la cabeza de Lu se acercaba cada vez más a mi cara. Su mano se estiró hasta mi cuello y tocó el extremo de la sábana.

Yan, dormida, se dio la vuelta de cara a la pared. La sombra de Lu se escabulló. Me quedé paralizada. Cuando volví a abrir los ojos, Lu se había marchado.

Lu dejó de hacerme preguntas. Por otro lado, observé que, allí adonde fuera, era perseguida por Lu o por alguna de sus personas de confianza. Me había convertido en el objetivo de Lu para atacar a Yan.

Resultaba duro no poder estar cerca de Yan. Mi vida carecía de sentido. Yan actuaba con más severidad que antes. Trabajaba duro y no demostraba ninguna emoción. Arrastró tras de sí a Lu para que fuera su compañera en el transporte de piedras. Para agotar a Lu, cogía un capazo lleno y caminaba lo más rápido posible. Aunque Lu se retorcía como una gamba cuando trabajaba con Yan, nunca se quejaba. Como si supiera que algún día iba a ganar, soportaba el dolor casi con alegría. Un par de veces la vi enjugándose las lágrimas por la noche mientras tomaba notas al estudiar.

Ya sabes, en realidad no me importa si me cuelgan el cuerpo boca abajo o me pinchan el trasero con una aguja –me dijo Lu levantando la cabeza de su libreta con una sonrisa espantosa–. Todo lo que necesito es fe.

Tres semanas más tarde, un atardecer después del trabajo, cuando no había nadie en nuestra habitación, le rogué a Yan que dejara de torturar a Lu. Le pedí que pensara en las consecuencias. Le dije: No olvides que un perro saltaría sobre un muro si se sintiera arrinconado. Yan me empujó contra la puerta y dijo: Lu quiere poder, quiere obligarme a abandonar mi puesto. No importa si soy agradable con ella o no, ha decidido ser mi enemiga. Sabe muy bien que degradándote a ti me degrada a mí. Luego Yan me contó que dos semanas antes, en el Cuartel General de la granja, cuando ella me propuso para miembro del Partido Comunista, Lu planteó una objeción. No permitirá que a un tigre le crezcan un par de alas –me dijo Yan–. ¿Entiendes? ¡Tú eres mis alas!

Le dije que, de todos modos, no me importaba en realidad unirme al Partido. Pero necesitas ser miembro del Partido –dijo Yan–, es un arma para tu futuro. Yo le pregunté: ¿Qué podrías hacer contra la objeción de Lu? «Si alguien toma la iniciativa e intenta hacerme daño, yo reaccionaré haciéndole daño.» –Yan recitó la cita de Mao y continuó–: He ido al Cuartel General esta tarde. El jefe quería hablar conmigo sobre la promoción de Lu. Hice lo mismo que ella te ha hecho a ti. Le ajusté las cuentas, utilizando sus mismas armas. Y tuve éxito. El jefe desistió de hacer la propuesta.

Le pregunté qué pensaba hacer respecto al odio que sentía Lu. Dijo que no le importaba lo más mínimo puesto que ella misma era un perro arrinconado. Caminábamos por un sendero brumoso pisando el rocío. Le dije que estaba cansada de la vida y que odiaba ser una bala colocada en la recámara de un rifle. Yan contestó que ella se sentía del mismo modo. Pero es mejor luchar que ser despedazado vivo –dijo–. Debe ser nuestro destino que hayamos nacido en este tiempo. Si no puedes volver al vientre de tu madre, es mejor que aprendas a ser un buen luchador.

Llegaron las vacaciones de la fiesta de Primavera. Para dar ejemplo a los soldados, Yan y yo nos ofrecimos como voluntarias para vigilar la propiedad de la compañía durante las vacaciones, y así poder pasar algún tiempo juntas. Tras la partida del último soldado, al amanecer, Yan y yo nos fuimos a los campos a recoger rabanillos y coliflores. Aquella noche preparamos una sopa deliciosa.

Después de cenar, ya adentrada la noche, Yan y yo fuimos a dar un largo paseo por el campo helado. Tuve la sensación de encontrarme completamente en paz, en cuerpo y alma a la vez. Miré a Yan, sus rasgos endurecidos contra el cielo negro. Era una diosa de hierro. Una vez más sentí veneración por ella e hizo que me quedara sin habla. Caminé hombro con hombro a su lado. Tenía la mirada perdida en la distancia lejana, concentrada en sus pensamientos. El aire frío era vigorizante. Respiré profundamente. Yan estaba pensando en su futuro y en el mío, de eso estaba segura. Me deprimía estar al tanto de sus pensamientos. ¿Qué control teníamos sobre nuestro futuro? Ninguno. La vida que estábamos viviendo era el futuro que se nos había asignado, igual que a nuestros padres: un trabajo para toda la vida, un tornillo que, ajustado a una máquina revolucionaria en funcionamiento, no se tiene en cuenta hasta que se rompe.

Yan cogió mi mano y la sujetó con fuerza. Nos sentamos entre los juncos oscuros, deprimidas y contentas al mismo tiempo.

Cuando volvimos a nuestra habitación, Lu apareció de forma inesperada. Dijo que quería reemplazarnos o a Yan o a mí, para que una de nosotras pudiera disfrutar de un descanso. Nos sentimos terriblemente defraudadas, pero ninguna de las dos dijo una palabra.

La batalla invisible entre Lu y nosotras era tan dura como el helado barro salado de color marrón. Lu jamás dejaba de observarnos. Se volvió una adicta a esa operación. Yan y yo nos pasábamos la vida eludiendo sus artimañas. Durante el día, repasábamos las existencias de grano que estaban almacenadas y seleccionábamos algodón.

Yan y yo permanecíamos en silencio la mayor parte del tiempo. Por la noche dormíamos en nuestras respectivas mosquiteras y pensábamos la una en la otra. Una tarde descubrí la sombra de Lu escondiéndose detrás de la puerta, escuchando nuestra conversación. Cuando indiqué a Yan dónde se escondía Lu, cogió un palo de madera. Simulando que estaba persiguiendo una rata, abrió de golpe la puerta y puso en evidencia a Lu. Ésta sonrió violenta; dijo que estaba persiguiendo mosquitos para aplastarlos de un palmetazo. Yan se enfadó muchísimo. Un día, cuando Lu estaba en los campos, cogió la calavera de Lu y la lanzó a un hoyo de estiércol. Lu se puso lívida cuando a su vuelta no pudo encontrar el cráneo. Yan no reconoció haberlo hecho. Lu no dijo nada más sobre la calavera, pero cinceló la fecha en la puerta. Cuando observé aquellos trazos torpes pero decididos, pude sentir la fuerza estranguladora de Lu. ¡Tensémosla con fuerza! ¡Sí, más fuerte! ¡Más fuerte!, oí a Lu gritar una noche mientras dormía.

Después de la fiesta de Primavera, íbamos cada día a cavar los campos de algodón con nuestras azadas. El viento del mar de la China Oriental se mezclaba con la arena y era cortante como una aguja. Penetraba la piel y nos cortaba los labios. La escarcha echaba a perder los capullos. Los soldados no podían contener su resentimiento y maldecían cuando las tuberías de agua se quedaban heladas por la mañana. Se peleaban por pequeñeces, como quién ocupaba más espacio en las cuerdas de colgar la ropa. Fue inútil que Lu apelara a una «familia unida y armoniosa». Yan estaba atareada intentando descubrir errores de Lu. Quería echarla de la compañía. Lu lo sabía e intentaba hacer lo mismo con Yan.

Yan y yo hacía tiempo que habíamos dejado de encontrarnos en la fábrica de ladrillos, ya que no sabíamos adónde iba a enviar Lu sus perros guardianes humanos. Yan tenía cara de enfado. Empezó otra vez a soltar palabrotas. Aquellos días en la granja había ejecuciones de todo tipo. El Cuartel General estaba frustrado por la falta de fe de los soldados. A menudo aparecían en las paredes carteles de personas sentenciadas a muerte. Aquello se llamaba «matar a un pollo para espantar a los monos».

Yan se me acercó un día y me dijo que Orquídea se había convertido en el perro guardián de Lu. Nos había estado siguiendo en secreto. No pude aceptarlo. Dije que Orquídea era una buena persona. Yan respondió que nadie en nuestra compañía seguía siendo una persona. Éramos perros. Nos peleábamos por la comida del otro. ¿No estábamos dispuestos a hacer cualquier cosa para conseguir un mínimo alivio? Lu había estado asignando tareas fáciles a Orquídea, y eso era sospechoso. Le dije a Yan: Ves a un enemigo debajo de cualquier árbol. Dijo que era posible que tuviera razón: La granja del Fuego rojo es una casa de locos.

Una mañana, mientras estaba cavando en el algodonal con mi pelotón, una furgoneta blanca se acercó por el camino y se paró a nuestra altura. Un grupo de personas bien vestidas con abrigos verdes del ejército salió del vehículo y caminó hacia nosotros. Cuando pasaron a nuestro lado, nos miraron de pies a cabeza con ojos críticos. Tú, un hombre me señaló de pronto con el dedo. Sí, tú. El hombre se acercó más y preguntó: ¿Cuántos años tienes? Él debía de tener unos cuarenta años. Hablaba en el dialecto oficial, como un mandarín en un anuncio radiofónico. Le dije que tenía veinte. Me preguntó si podía indicarle cómo llegar al Cuartel General. Una mujer del grupo tomaba notas de nuestra conversación. Mientras les daba instrucciones, me rodearon, observaron mi perfil, se pusieron en cuclillas, entornaron los ojos para medir mi altura y mis rasgos. El hombre me preguntó si tenía ampollas en las manos. Les enseñé las ampollas de cada una de mis manos, de mis hombros y de mis rodillas. Estudiaron las ampollas y miraron más de cerca mis uñas, que estaban completamente marrones de trabajar con fungicida. Oí que el hombre le susurraba algo a una mujer. La mujer hizo anotaciones en su cuaderno. Pocos minutos después volvieron a su furgoneta. No siguieron las indicaciones que les había dado.

Aquella noche, durante la reunión de estudio, los soldados, en vez de amodorrarse, cuchicheaban acerca de quiénes eran esas personas y por qué habían venido. Finalmente, una muchacha cuya tía estaba trabajando en la Junta Cultural del gobierno explicó la causa: la camarada Jiang Qing, madame Mao, estaba reformando la industria del cine y había enviado a un grupo de sus colaboradores para encontrar muchachos y muchachas con el aspecto adecuado para prepararlos como futuros actores de la industria cinematográfica china. Buscaban el tipo de aspecto que podría convencer a las masas de que si alguien les ponía un par de bayonetas en el cuello, no renunciarían a las creencias comunistas a cambio de la vida. A los pocos escogidos se les enseñaría a interpretar los papeles principales de las películas. Como requisito político, los candidatos tenían que ser trabajadores, campesinos o soldados destacados.

Le di las noticias a Yan y ella pensó que no se trataba más que de cháchara fantasiosa. Nuestros rostros no respondían en absoluto al ideal de belleza. Éramos patatas marrones. La posibilidad de ser escogidas era tan difícil como encontrar una aguja en un pajar.

Al día siguiente, alguien de la habitación colgó un espejo roto junto a la puerta. Todo el mundo empezó a inclinarse a un lado para echarse un vistazo antes de salir del cuarto. Al mediodía, vi a Lu haciéndose muecas cuando abrí la puerta. Después de unos breves y comprometidos instantes, Lu me dijo que retirara el espejo. Le contesté que no era mío. Dijo: Haz lo que te digo. Añadió que convocaría una reunión aquella noche para tratar de lo que hay que hacer para mantenerse apartado de las influencias burguesas. Retiré el espejo y se lo di a Lu. Lu colgó el espejo delante del tablón de anuncios de la compañía y pintó un gran lema debajo como recordatorio: «El derrumbamiento de una presa comienza con el agujero de una hormiga». Aquella noche, Lu habló durante dos horas sobre la importancia de combatir a los enemigos ideológicos invisibles.

El discurso de Lu no impidió que la gente siguiera fantaseando con lo de las estrellas de cine. Los soldados se ponían sus mejores ropas y buscaban todo tipo de excusas para ir al Cuartel General y poder pasar junto a las ventanas de aquellos inusuales invitados. A Orquídea y a mí nos mandaron a las tiendas del Cuartel General a comprar verduras en conserva. Vimos que el Cuartel General estaba lleno de gente. Todo el mundo discutía dónde podían estar los del estudio de cine y oí que alguien decía que, a su regreso, el grupo pasaría por la calzada del Corazón rojo.

Orquídea me preguntó si deberíamos ir por la calzada del Corazón rojo cuando vio que otros se movían en esa dirección. Yo dudé. Nunca se sabe, me animó Orquídea. Luego me dijo que, el día anterior, una chica había sido escogida mientras se cepillaba los dientes en la Compañía Trece. Le pidieron que se pusiera más pasta de dientes y que continuara cepillándose mientras le hacían una entrevista.

Orquídea y yo fuimos por la calzada del Corazón rojo. Esperamos, como otros muchos, fingiendo que simplemente estábamos caminando. Después de media hora vimos aparecer la furgoneta blanca. De pronto todo el mundo se animó mucho y empezó a sonreír a su paso. Yo también sonreí.

Orquídea y yo estábamos en el aseo cuando oímos que alguien recitaba un poema de Mao a viva voz mientras daba rienda suelta a su intestino en el retrete de hombres. «Los cuatro mares tempestuosos... nubes... aguas... cólera», iba recitando el hombre, luego se detuvo. Oí caer la mierda. «Los cinco continentes se agitan... huracanes... truenos enfurecidos.» De nuevo el sonido de mierda cayendo.

«Los comunistas son como las semillas.» Una muchacha estaba cantando una canción de una cita de Mao detrás de mí. «La gente es como la tierra. Debemos formar parte de la gente allí donde vamos...» Orquídea aulló: No te entusiasmes demasiado. Te caerás y formarás parte del estiércol. «Florece y echa raíces en el pueblo...», continuó la muchacha.

Una semana más tarde, Yan y Lu fueron convocadas en el Cuartel General por el Secretario Jefe del Partido de la granja para una reunión importante. Volvieron con una noticia: de toda la granja del Fuego rojo dos mujeres y un hombre habían sido seleccionados para ir al estudio cinematográfico a la primera prueba regional. Yo era una de ellas.

Me miré una y otra vez en el pequeño espejo. Me imaginé que el espejo era una gran pantalla y practiqué con el tipo de expresiones que pensaba agradarían a los millones de personas del público.

Yan me dijo que podía elegir entre bailar o recitar uno de los poemas de Mao durante la prueba. Decidí recitar el poema de Mao *Elogio al ciruelo de invierno*. Para Mao, el ciruelo de invierno era el símbolo del Partido Comunista y del Ejército Rojo. Yan me observaba mientras preparaba el recitado. Permanecía allí sentada, como una estatua de Buda. Cuando le pregunté qué tal lo hacía, dijo que veía un fénix dorado que salía remontándose de un gallinero.

Tres días después, el Cuartel General mandó a Yan que me llevara a Shanghai para el concurso. La víspera a nuestra partida, Yan no regresó hasta medianoche. Sin decir una palabra, se quitó los zapatos, se metió en la mosquitera y cerró la cortina herméticamente. Sabía lo que pasaba por su mente, pero no podía hacer nada para ayudarla.

Apaga la puñetera luz de una vez, camarada Lu, gritó Yan desde la mosquitera. Aún no he acabado mi estudio; Lu permanecía sentada en su banqueta con resolución. ¡Es hora de dormir!, gritó Yan. Lu se levantó y dijo: ¡Estoy estudiando marxismo! Yan la interrumpió: ¡No me importa si estás estudiando capitalismo! ¡Lo único que quiero es que apagues la luz! Lu se sentó, pasó las páginas y dijo: ¡Deja de actuar como Hitler! Yan saltó de la cama, apagó la luz y volvió a su mosquitera. Lu volvió a encender la luz. ¡Serás puta!, gritó Yan furiosa, abriendo la cortina de la mosquitera. Cogió el erhu de debajo de la cama y lo arrojó contra la bombilla, que se rompió junto con una de las cuerdas del erhu. Mañana informaré de todo al Cuartel General, dijo Lu en la oscuridad.

Permanecí en silencio. ¿Qué podía decir? Era la posibilidad de mi partida lo que perturbaba a Yan. A pesar de lo mucho que deseaba que me fuera de aquel lugar, el hecho de que me marchara significaría que ella no tendría a nadie más en quien confiar. Puesto que su fe en el comunismo había empezado a desmoronarse, ya no era tan fuerte emocionalmente. Yo no tenía ni idea de adónde iría yo a parar si ganaba el concurso.

A la mañana siguiente, Yan parecía serena. Vertió en mis gachas todo el azúcar que había reservado últimamente. Lu nos observó mientras Yan iba a poner en marcha el tractor y me daba prisa para que montara. Los soldados observaban en silencio. Yan me llevó al Cuartel General a que me pusieran el sello para salir de la granja. Nos cambiamos al camión que iba a Shanghai.

Nos sentamos muy juntas en el camión descubierto de la granja. Empezó a llover después de que cruzáramos los confines del campo y nos aproximáramos a la ciudad. Intenté no pensar demasiado en lo que sucedería si Yan y yo nos separáramos para siempre. Yan sacó de su bolsa un pedazo de plástico para protegerme de la lluvia. Intenté tirar del plástico para taparla a ella. No te molestes, dijo en tono impaciente. La cogí del brazo y le dije: Quizás ni siquiera pase el concurso regional. No te atrevas a restregarme la mierda por la cara, contestó.

La entrada del Estudio de Cine de Shanghai era más solemne de lo que yo había imaginado. Delante de mí había un gran macizo de flores con dos edificios de color rojizo oscuro que se alzaban imponentes a ambos lados. Yan y yo caminamos a través de los estudios donde vimos fondos oceánicos pintados y buques navales de cerámica. Nos perdimos y acabamos en un lugar donde vimos casas quemadas y un puente derrumbado. Exploramos túneles subterráneos, árboles artificiales, partes del cuerpo humano de plástico vestidas con uniformes del Ejército comunista, uniformes del Ejército japonés y una bandera japonesa quemada.

Un guardia de seguridad nos persiguió gritando. Le enseñamos nuestra carta oficial. Nos guió hasta la sala de interpretación, donde habían muchos jóvenes reunidos. Fuimos conducidas a nuestros asientos. Miré a mi alrededor. Un lema en rojo colgaba por encima del escenario: «¡Consagra toda tu energía a la empresa cultural del Partido!». Había otros dos lemas que colgaban verticalmente: «¡Sigue a la camarada Jiang Qing!» y «¡Larga vida a la victoria de la línea revolucionaria de Mao!». Enfrente del escenario había una larga y estrecha mesa cubierta con un mantel. Aproximadamente quince miembros del jurado estaban sentados detrás de ella.

A mi lado había tomado asiento una muchacha que era la chica más hermosa que había visto en mi vida. Me dijo que era de la granja de la Estrella roja, vecina a la nuestra. Tenía una boca como una cereza. Comparada con la suya, mi boca era tan grande como la de una rana. Sus caderas se curvaban desde la cintura. Las mías eran rectas como una columna. Cuando dijeron su nombre, subió al escenario con calma e hizo su interpretación sin precipitarse. Su pieza era una combinación de danza y narración. Mientras interpretaba, se reía y lloraba como si fuera de verdad. Empecé a notar que me faltaba el aliento. Los sonidos que me rodeaban eran capas de ecos. A mi lado, los rivales se convirtieron en figuras y cabezas borrosas. Yo no tenía ni idea de interpretación profesional: no podía competir con ellos. No podía dejar de pensar que ni siquiera hablaba mandarín correctamente. Cuando me llamaron por el nombre, me entró el pánico. En vez de levantarme y caminar hasta el escenario, me apoyé en la silla de delante y me cubrí la cabeza con los brazos.

Yan me sacudió por los brazos y los hombros, pero yo no conseguía ponerme en movimiento. Temblaba con fuerza. El anunciador repitió mi nombre y dijo que era la última llamada. Sentí que me iba a desmayar. Veía doble. Mis piernas habían perdido la fuerza. Yan me gritó brutalmente en la oreja: ¡Levanta el culo, cabeza de caca de chorlito! ¡Por todos nuestros antepasados, es tu única oportunidad de escapar del infierno! Gritó: Tú, cabeza de chorlito, cadáver de piojo que no quisiera tocar, me has defraudado y me has deshonrado.

Me levanté de un brinco. Me enjugué el sudor de la cara. El abrigo del ejército se me cayó de los hombros. Caminé a zancadas hasta el escenario.

Me quedé delante de los jueces. No veía ninguna expresión en sus rostros. Me miraron de arriba abajo. El calvo del centro se quitó las gafas. Abrí la boca, pero no tenía voz. Mi mente se quedó en blanco: me olvidé de los versos. Yan se levantó entre el público. Tenía la cara morada.

Las palabras se derramaron de mi boca por sí solas. Poema del presidente Mao. Casi chillaba: *¡Elogio al ciruelo de invierno!* El sonido era resonante y claro como la llamada de una corneta. Yan sonrió, su boca se estaba moviendo con la mía:

Viento y lluvia despiden la primavera,
La nieve, agitándose, la recibe.
El inaccesible peñasco está cubierto
por cien metros de hielo,
pero el ciruelo aún se engalana con sus ramas floridas.
No exhibe sus encantos
para competir con la primavera,
tan sólo está aquí para anunciar su llegada.
Cuando las flores de la montaña
brillan como el brocado
sonríe, oculto entre ellas, afablemente.

Yan me miraba con dulzura. Me cogió de las manos durante todo el recorrido de vuelta a la granja del Fuego rojo.

Mientras esperaba los resultados del concurso, los soldados de la compañía empezaron a distanciarse de mí. Podía notar su envidia y su rencor. Al cabo de dos meses, cuando ya había empezado a creer que debían de haberme eliminado, Yan trajo una notificación del Cuartel General que decía que había sido seleccionada para una segunda prueba regional.

Mis padres estaban contentos de tener la ocasión de

reunirse conmigo durante el fin de semana en Shanghai. Mi padre me aconsejó que no me creyera nada. Aparentaba más años de los que tenía. Igual que mi madre. No les quedaba coraje. Su ímpetu estaba seriamente debilitado por las experiencias vividas. Mi padre ya no era el astrónomo ambicioso que había llamado a su hijo Conquistador del Espacio. Permanecía aplastado bajo los pies del secretario del Partido de su unidad, totalmente pisoteado. Era miedoso como un ratón al que han descubierto.

Me enviaron de vuelta a la granja y volvieron a llamarme para los otros concursos regionales. Después de cada prueba me obligué a mí misma a no pensar en el asunto.

Yan se consumía a fuerza de trabajo. Algunas veces la encontré mirándome desde lejos con la más triste de las expresiones en su rostro. Apenas hablaba, y cuando lo hacía, su voz sonaba cansada. Yo no sabía qué decir. Intentaba mantenerme ocupada forjando mi nuevo futuro. No quería centrarme en mis sentimientos. No podía. No podía enfrentarme a Yan. Era demasiado duro. Intenté olvidar antes de que el tiempo nos separara.

A comienzos de la primavera de 1976, después de la última selección, me enviaron al Estudio de Cine de Shanghai a una clase especial en la que se pondría a prueba mi habilidad para el aprendizaje. Muchos de los jóvenes que había conocido y que me habían parecido excelentes, como la chica con la boca de cereza de la granja de la Estrella roja, habían quedado eliminados. Y continuaba adelante gente que demostró carecer de habilidades interpretativas. Posteriormente me dijeron que uno de los principios de Jiang Qing era que prefería tener «hierba socialista» a «brotes capitalistas».

Los jueces pensaron de mí que tenía menos talento pero que era más fidedigna políticamente.

En la clase me enseñaron a llevar una bolsa de plástico como si se tratara de una pesada piedra. Para describirme dijeron que tenía antecedentes comunes –a saber, nadie de mi familia había sido actor– pero que era rápida para responder a las instrucciones.

En otro ejercicio de interpretación me pidieron que bebiera una taza de agua. El instructor me detuvo y dijo: No, no, no. No estás bebiendo agua correctamente. Dijo que tenía dos problemas. Me explicó que una persona del proletariado nunca sujetaba una taza de un modo tan superficial, utilizando tres dedos para sostener el asa. Me indicó que aguantara la taza con la mano, porque una persona del proletariado nunca bebería agua sorbo a sorbo como una señorita burguesa con un montón de tiempo libre. Me enseñó a beber agua a toda velocidad y de un trago y a restregarme la boca con la manga.

El estudio comprobó mis antecedentes familiares y mi historial político. Luego me enviaron de vuelta a la granja. Me dijeron que había sido aceptada.

Cuando regresé y le conté a Orquídea las excitantes noticias, me espantó con un rumor: el Cuartel General estaba llevando a cabo una investigación sobre Yan y sobre mí. Lu era la jefa del equipo de investigación.

Fui a ver a Yan para confirmar el rumor. Yan parecía un criminal desesperado. Me dijo que Lu había presentado informes secretos sobre nosotras al Cuartel General. La langosta había comenzado a masticar. Su destrucción había empezado. El Cuartel General le había ordenado a Yan que «pusiera las cartas sobre la mesa» por iniciativa propia antes de que se pusiera en práctica la fuerza de las masas.

Lo negué, me susurró Yan. Lo negué todo. Conozco a la perfección los trucos del Partido. Le dije al primer secretario que tuve una relación más revolucionaria contigo que con cualquiera de mis camaradas. Le di muchos ejemplos de tus logros como destacada jefe de pelotón bajo mi dirección. Le expresé nuestra lealtad al Partido. No sentía ninguna vergüenza cuando lo hice. En una casa de locos supongo que uno puede decir cualquier cosa, ¿no?

El primer secretario abandonó el caso porque Lu no presentaba ninguna prueba concreta. La hija de puta de Lu presentó un informe al comité del Partido del estudio cinematográfico. Era grotesco ver hasta qué punto había llegado su locura. No podía evitar admirarla.

El estudio de cine envió un equipo para investigar nuestro caso. Mantuvieron charlas con Lu. No hablaron conmigo ni con Yan. El primer secretario de la granja parecía estar cambiando su idea sobre mí. Organizó un equipo de investigación de dos hombres y se encargó de mantener una charla en cadena con todo el mundo en la compañía, uno detrás de otro. Yan estaba preocupada. Dijo: Husmearán algunas telas de araña y huellas de caballo porque, por suerte o por desgracia, las masas sí que tienen los «ojos abiertos», supongo.

Le pregunté a Yan qué podíamos hacer. Se sumió en un largo silencio y luego dijo, citando un dicho: «Si las tácticas de un demonio tienen un palmo de altura, las tácticas de Mao tendrán diez veces esa altura». Le pregunté cómo debía interpretar aquel refrán. Me contestó que hiciéramos dos cosas: primero, negarlo todo si nos interrogaban; segundo, que siguiera sus órdenes. No hagas ninguna pregunta. Cuando le pregunté por qué no podía discutir su plan conmigo, contestó que eso era parte de su plan.

Lu hacía uso de todo su poder, como si Yan ya estuviera fuera de la escena. Interrumpió su rutina de estudio de las obras de Mao diciendo que había llegado a dominar la esencia de sus pensamientos. Sonreía cada vez que entraba y salía de la habitación y canturreaba canciones en el trabajo. Pedía chuletas de cerdo en el almuerzo y la cena. Estaba engordando. Una semana después de mi regreso, una mañana clara, Lu reunió a la compañía delante de los depósitos de almacenamiento para una reunión. Ordenó a todo el mundo que recitara un poema de Mao a la vez que ella y que prestara atención a su significado latente. La tropa la siguió:

> En este pequeño mundo
> unas cuantas moscas chocan contra la pared.
> El ruido que hacen
> a veces produce un escalofrío,
> a veces un sollozo.
> Una hormiga intentando mover las raíces de un árbol.
> De qué modo tan ridículo sobrevaloran su fuerza.

En las filas, todo el mundo sabía lo que Lu estaba insinuando. Lanzaban miradas de reojo a Yan. Yan permanecía en pie ante la tropa, como el monte Everest elevándose en medio de una tormenta. Me sorprendió que recitara el poema a viva voz, sin demostrar ira. Os he advertido a todos anteriormente –dijo Lu–, y os advierto otra vez –andaba a paso regular, adelante y atrás, moviendo aparatosamente los brazos–: una mosca sólo se posa sobre un huevo agrietado. Se volvió a Yan. ¿No tengo razón? Yan asintió humildemente.

Lu sonreía con arrogancia. Sacó un trozo de papel de su bolsillo y anunció la decisión del Cuartel General: hasta que el equipo de investigación llegara a una conclusión, ningún candidato de nuestra compañía sería enviado al estudio de cine.

Miré a Yan. No podía ocultar mi decepción e indignación. Yan estaba masticando una mazorca de maíz. Su rostro se transfiguró, parecía un toro bravo herido. Lu miró fijamente a Yan durante un instante y a continuación le preguntó si necesitaba alguna aspirina porque no tenía buen aspecto.

Yan se volvió lentamente hacia la tropa y preguntó: ¿Cómo debería responder un cordero cuando un lobo le pregunta si puede hacerle una visita de Año Nuevo? Los soldados no se atrevieron a contestar. Todos ellos se volvieron para quedarse mirando a Lu. Lu cerró el puño, luego ordenó a la tropa que citara un párrafo de una enseñanza de Mao. «Donde no llega la escoba, el polvo no desaparece solo. Lo mismo se aplica a la hora de suprimir a los reaccionarios.»

Yan dijo a las tropas antes de concluir: Aprended de mí, camaradas, aprended de mi estupidez. Confundí un ojo de pez con una perla. Empezó a reírse. Los soldados la observaban.

Lu sonrió insidiosamente. Cruzó los brazos delante del pecho y dijo: El ganador no será el que se ría más alto, sino el que se ría más tiempo.

La impotencia se apoderó de mí. Hacía días que Yan había dejado de hablarme. Me sentí enfermar. ¿De qué serviría negarlo todo? ¿Qué podía ser más normal en este país que el que alguien se convirtiera en reaccionario cuando el Partido decidía llamarlo reaccionario? Aunque nunca había dudado del estilo combativo de

Yan, esta vez me sentía frustrada porque no estaba haciendo mucho, aparte de su combate dialéctico con Lu. Me preguntaba a mí misma qué se podía hacer. Me encontraba en el límite de la cordura.

Trabajé junto a una trilladora todo el día. El ruido trillaba mis pensamientos. La decepción era tan grande que no podía dejar de pensar en mi desgracia. Las espigas de cereal eran poco voluminosas, más menudas que una caca de ratón, se amontonaban alrededor de mis pies, iban aumentando, enterrándome. Le lancé un alarido a Orquídea cuando vino a recoger el grano con una pala. Me respondió con otro alarido: Estamos a finales de otoño, grillo. ¿Cuántos días puedes continuar dando brincos?

Empecé a sufrir un intenso dolor de cabeza. Empeoró después de medianoche. Mientras seguía dando vueltas en la cama, de pronto oí un susurro. La voz venía de abajo. ¿Estás despierta? Era Yan. Agujereaba el colchón de paja con los dedos. Le pregunté: ¿Qué estás haciendo? Su susurro era lo suficientemente fuerte como para que lo oyera Lu. Yan dijo que quería reunirse conmigo en la fábrica de ladrillos. No respondí. Continué callada porque estaba pensando que podría haberse vuelto loca como Pequeña Hoja. Me quedé echada boca abajo. Tenía ganas de llorar. Continuó agujereando a través de la paja. Le susurré: Vuelve a dormirte, por favor, alguien nos va a oír. Respondió que no le importaba. Dijo que me quería. Dijo: Es medianoche, estaremos a salvo. Añadió: Hace demasiado tiempo.

Me di cuenta de que la cama de Lu se agitaba un poco. ¿Vas a venir?, continuaba Yan. Voy a coger el tractor y espero que estés ahí conmigo. Abrió la cortina de malla y se escabulló fuera de la habitación.

La oscuridad me golpeó el rostro al salir de la habitación. Sentí el final de mi mundo mientras seguía a Yan fuera del cuarto y subíamos al tractor. Estaba segura de que Lu lo había oído todo.

Me sujeté a la barra del tractor. Yan conducía moviéndose a través de los juncos como una culebra de agua. Se arqueaba sobre el volante como un jinete. Aunque la calzada era lo suficientemente grande para dos tractores, cuando un tractor con una carga pesada que venía en dirección contraria pasó a su lado, Yan saltó como una rata canguro.

La oscuridad de la noche era sofocante. Las luces y los ruidos del motor del tractor me horrorizaban. Yan continuó a toda velocidad. El tractor seguía adelante dando botes. Le grité a Yan. Le dije: No quiero volverme loca contigo. Grité: Vete al infierno, vete y muérete sola. No quiero que me encierren. No quiero ser Pequeña Hoja. Yan me respondió a gritos. Chilló tópicos, tópicos como «Los vencedores no se retiran, los cobardes nunca ganan». Yo grité que nunca íbamos a ganar. La granja del Fuego rojo era el sitio donde moriríamos asesinadas. Lu iba a asesinarnos. Yan dijo: A Lu le encantaría asesinarnos.

El tractor pasó como un rayo entre los juncos. Las hojas me vapuleaban la cara. Chillé. Dijo que yo era una estúpida y que soñaba demasiado. Gritó: Te estoy enseñando a ser una asesina. Sé una asesina para ganar. Estúpida, ¿me oyes?

Cerca del canal de riego viró bruscamente. Casi me caigo del tractor al río. Me rodeó por la cintura con su brazo derecho y controló el tractor con el izquierdo. Cuando acabó de dar la vuelta, redujo la velocidad. Oí que otro tractor venía por detrás. No me moví. Me dijo que saltara cuando ella me soltase la cintura. No me moví. Pensé que había entendido mal. Lo repitió. Le oí decir: Salta del tractor, regresa y ordena a tu pelotón que hagan una inspección de emergencia en la fábrica de ladrillos. Pregunté: ¿Qué quieres hacer? Aulló: ¿Ha quedado clara la orden? Antes de que pudiera contestar que sí, me empujó del tractor de un golpe.

Me caí a los juncos. Cuando me levanté, vi que otro tractor había pasado delante de mí como un tigre precipitándose a través de la maleza. Sin poder ver con claridad, sabía que Lu lo conducía.

Estaba temblando. No podía pensar. Corrí todo lo que pude de vuelta a los barracones y reuní al pelotón en tres tractores. No paraba de repetir: Fábrica de ladrillos, fábrica de ladrillos. No sabía qué más podía decir. Cogí mi rifle y lo cargué.

Al cabo de media hora, el pelotón había llegado a la fábrica de ladrillos. El jefe de mi escuadrón se acercó y me informó que habían encontrado dos tractores aparcados entre los juncos a diez metros el uno del otro.

En cuanto ordené la búsqueda, caí en la cuenta del plan de Yan. El miedo se apoderó de mí. Las sombras de los soldados se movían entre las calles de ladrillos.

Surgió un recuerdo de Yan tocando el erhu para mí. La pulsación de la música. Seguí andando y poco a poco se apoderó de mí la sensación de que estaba volviéndome loca. Grité nerviosa, dije: Alto. La palabra salió de mi boca y me cogió desprevenida. Los soldados tomaron la palabra por una orden: Se detuvieron y se pusieron de rodillas. Antes de que pudiera pensar algo, oí un ruido en la distancia. Empecé a creer que me había vuelto loca de verdad, porque pensé que estaba oyendo a Pequeña Hoja murmurando y el sonido de cuerpos arrastrándose.

El jefe de escuadrón me preguntó si debíamos seguir

adelante. Me oí decir a mí misma: ¡Carguen armas!, con la voz de Yan. Seguimos la pista del sonido. Los ruidos aumentaron. Empecé a perder la noción de la realidad. Oí el sonido de algo, como de un saco de patatas que está siendo arrastrado. Oí pasos irregulares mezclados con sonidos que parecían de animales. Mi miedo se intensificó.

Fue en el momento en que oí al jefe de mi escuadrón gritar ¡Ni un solo movimiento! cuando se me paralizó el corazón. El jefe de escuadrón me informó que había cogido a los malhechores. Las linternas y los rifles se levantaron en el aire. El lugar quedó iluminado como si la luna hubiera descendido. Adapté la vista de la oscuridad a la luz y la imagen que apareció progresivamente ante mi vista me partió el corazón en dos.

Yan y Lu estaban enlazadas, medio desnudas, como un par de grotescos gusanos de seda apareándose. Yan, cubriéndose la vista con una mano, se levantó del suelo. Hizo un movimiento apresurado, fingiendo que iba a echar a correr. Los soldados estrecharon el cerco y la obligaron a ceder.

Llegó un tractor patrulla: el primer secretario del Partido en la granja descendió. Los soldados le abrieron paso. Me quedé estupefacta. Estaba asombrada del plan de Yan. Comprendí que ella siempre sería mi guía.

Yan se puso de nuevo la camisa con lentitud. Miró a su alrededor y recogió la camisa de Lu. Fue a tapar a Lu con ella. Hizo su interpretación con gran elegancia. Lu permanecía inmóvil, espantada. Esto no tiene nada que ver con ella –dijo Yan con calma, señalando a Lu–. La seduje y asumiré el castigo por mi delito.

Lu gritó: ¡No! Gritó: No es lo que veis. ¡En absoluto! Soy víctima de Yan. Yan continuó en silencio y luego dijo: Lo siento. Continuó diciendo «lo siento» como si hubiera perdido el control de sus nervios. Lu lloraba y decía: No es eso. Es una trampa. Una trampa en la que dos reaccionarios han planeado asesinar a un revolucionario. Me señaló a mí. Dijo que yo era la cómplice.

Los soldados parecían confundidos. En la compañía, nadie con un mínimo de inteligencia hubiera creído ni por un instante que Yan tuviera una relación con Lu. Las dos eran tan incompatibles como el fuego y el agua. Pero el primer secretario no podía apreciar esa sutileza. Cayó de lleno en la trampa de Yan. Yan se adelantó. Estaba aprovechándose de la conmoción que sufría todo el mundo. Cayó de rodillas y se cubrió el rostro con las palmas como si estuviera profundamente avergonzada. Convenció a todos los presentes de que lo que habían descubierto era una verdad increíble. Una verdad que se parecía mucho a un mal espectáculo de marionetas.

Aproveché la indicación de Yan y me dejé llevar por la confusión. Señalé la nariz de Lu y dije: Lu, duplicarás tu delito si haces ataques infundados y difamatorios contra un inocente. Le dije al secretario: El verdadero reaccionario ha empezado su ataque. Hizo un gesto de asentimiento y dijo: Dejadla que actúe. Lu aulló: Secretario, estoy pidiendo justicia. Yan dijo: Secretario, no es Lu, soy yo. Lu dijo: Secretario, no puedes permitir que se salgan con la suya. No podemos ser indulgentes cuando tratamos con reaccionarios. El secretario se puso las manos en la espalda y empezó a caminar de regreso al tractor. ¡Un ladrón!, gritó, ¡detengan al ladrón!, dijo despectivamente. Lu se arrastró hasta los pies del jefe. Juro que nunca he engañado al Partido. Tienes que creerme. El jefe se subió al tractor e indicó al conductor que pusiera el motor en marcha. Vosotras dos –dijo señalando a Lu y a Yan–, los mejores oficiales de toda la granja, me habéis avergonzado. Hizo una pausa, como si seguir adelante le causara un gran dolor. Lu suplicó que se le concediera una oportunidad para explicarse. El jefe dijo: ¿Cómo quieres explicarlo si lo he visto todo con mis propios ojos? El tractor empezó a arrancar, mientras el jefe pronunciaba su última frase: Para limpiar un campo, hay que arrancar las malas hierbas de raíz.

Como camarada con un buen historial, mi caso fue desestimado. Iban a enviarme al Estudio Cinematográfico de Shanghai para que me prepararan como actriz.

El Cuartel General organizó una fiesta de despedida para mí. Todo el mundo hizo un brindis para felicitarme. El jefe me condecoró con una bandera roja con caracteres bordados en oro. Era un Soldado Laureado. Nuestra granja del Fuego rojo está orgullosa de que hayas sido elegida –dijo el jefe–. No defraudes las más vivas expectativas del pueblo.

No podía dejar de pensar en Yan ni por un instante. Estaba detenida y encerrada junto con Lu en una habitación oscura en un depósito de agua. No podía hacerme a la idea de irme de la granja sin que Yan estuviera a salvo. Pero sabía que el hecho de renunciar a mi oportunidad no ayudaría a mejorar su situación. Sólo podía revelar con más evidencia la verdad, que Yan y yo éramos las malhechoras. Me di cuenta de que por el bien de Yan tenía que marcharme. Empecé a hacer la maleta. Le había arrebatado la vida a Yan. ¿Qué quedaría para ella en la granja? Sólo podía imaginármela tumbada bajo la fría mosquitera sola por la noche sin nada en que pensar para el día de mañana.

Me levanté a primera hora del amanecer, cuando aún estaba oscuro. Bajé a la mosquitera vacía de Yan y sollocé mientras abrazaba sus cosas. Me llevé conmigo su colección de chapas de Mao cuando dejé la mosquitera para siempre.

Seguía oscuro mientras esperaba en el cruce el primer camión para Shanghai. El viento soplaba con fuerza. Los remolinos de arena y polvo me azotaban la cara como miles de pequeños látigos, me perforaban el cuello y continuaban hasta la espina dorsal. Al despedirme de los campos, todas las experiencias que había tenido con Yan se agolparon en mi interior, empezando por el primer día que llegué a la granja y la vi aparecer en el horizonte.

Llegó el camión. Me subí. En el momento en que iniciaba la marcha, sentí que el mundo que me rodeaba empezaba a girar como una rueda. Cuando el camión pasó junto al depósito de agua, a través de mi visión empañada distinguí una figura de pie, en lo alto de la torre, con una bandera roja que ondeaba detrás de ella.

TERCERA PARTE

El polvo y la humedad habían formado una pasta con mi pelo. Llevaba ya cuatro horas sentada en un camión descubierto. El aire frío entibiaba mi ardiente interior. La lluvia de pelo de vaca mezclada con la niebla que descendía sobre el camión humedecían mi bufanda. Los hilos sueltos de la bufanda me rozaban la mandíbula recordándome las trenzas húmedas de Yan. Ante mis ojos pasaban volando los verdes campos de los arrozales. Mi mente volvía a Yan una y otra vez. Yo era una concha a la que le faltaba la perla.

Tragué una bocanada de aire frío. La bufanda roja se fue volando sin que pudiera atraparla. El camión continuaba avanzando. La bufanda se llevaba mi pena. Cayó sobre un campo enfangado. No lejos de allí, una vaca había estado arando. Un anciano campesino sujetaba un látigo en alto. El látigo soltó un agudo chasquido sobre la cabeza de la vaca.

Llamé a mi madre al trabajo desde un teléfono público. Le dije que estaba en Shanghai. Mi madre se quedó sin habla. Estaba demasiado excitada. Fue a recogerme a la estación de autobuses. Vino corriendo hacia mí y casi se cae. Cuando recuperó el equilibrio me miró de arriba abajo. Cogió mis manos entre las suyas y me dijo que había crecido. Al otro lado de la ventana de la estación, la primavera estaba floreciendo. Las hojas rezumaban rocío. Madre dijo que las jóvenes hojas verdes siempre le traían esperanza. Me cogió la mano y me miró las uñas teñidas por el fungicida. Intentó restregar el color marrón, pero le dije que no se molestara. Mi madre dejó mi mano y dijo: Has engordado bastante. Le contesté que pesaba sesenta y ocho kilos. Ahora tienes la cara con forma de guisante. Mi madre se rió. Estaba tan feliz... Le pregunté: ¿Parezco una campesina de verdad? Sí que lo pareces, mucho.

Nos cambiamos a otro autobús para ir a casa. Mi madre me contó que a Flora la habían destinado a una escuela de diseño en la que le enseñaban a pintar carteles de propaganda. Coral estaba a punto de titularse en la escuela secundaria. Si nada salía mal, la asignarían como trabajadora a una fábrica, me dijo. Esperemos que sea la persona más afortunada de la familia. Pregunté por Conquistador del Espacio. Me dijo que se había convertido en un hombrecito. Era muy rápido para las matemáticas, pero eso todavía no le auguraba un buen futuro. Tenía que seguir las directrices políticas. Lo destinarían como campesino o, con mucha suerte, como trabajador en una fábrica fuera de la ciudad. Le pregunté a mi madre qué les sucedía a los jóvenes que no seguían las directrices. Me informó de que ninguna de esas personas acababa bien. En el vecindario se les humillaba. Importunaban a sus familias cada día hasta que el joven designado se trasladaba al campo. Mi madre me dijo: Tú eres una buena chica. Te marchaste como se esperaba de ti. Te has comportado como corresponde a una hermana mayor. Desde que naciste, nunca nos has dado ningún problema. No le expliqué a mi madre que hacer de hermana mayor me había agotado.

Desde el momento en que aparecí en el vecindario,

los vecinos empezaron a actuar de modo extraño. Me miraban fijamente como si nunca antes me hubieran visto. Va a ser una estrella de cine, murmuraban. El Viejo Sastre, Pequeño Ataúd, Gran Pan, Bruja Chao, las mujeres de abajo, todos ellos hacían comentarios a mi espalda. Les oía decir: La verdad, no es tan guapa, no es para tanto...

Los vecinos me visitaron, un grupo después de otro. La pregunta más frecuente que me hacían era si había recibido ya la residencia permanente en la ciudad. Mi padre tuvo que explicar que todavía no había pasado nada de eso, que simplemente me habían elegido y tenía que pasar más pruebas.

Cenamos. No había probado una cena así durante mucho tiempo. Tomamos cerdo agridulce, hortalizas y tofu. Flora pidió permiso en el internado para estar conmigo durante la cena. Yo no tenía mucho que contar, y tampoco mis hermanas ni mi hermano. Debían de estar preocupados por su futuro, especialmente Coral. Si a mí me concedían una residencia permanente en la ciudad, Coral perdería su posibilidad de convertirse en trabajadora. La enviarían a una granja porque nuestra familia tenía que tener una campesina para cumplir con las normas.

Madre hablaba del menú. Intentaba celebrar la ocasión. Nunca dejaba entrever su desesperación. Nuestro padre estaba orgulloso de que me hubieran escogido, pero no era muy optimista respecto a mi vertiginoso estrellato. Me dijo: La caída es más dura cuando uno se alza más alto. Los críos del vecindario vocearon mi nombre hacia la ventana durante la cena. Todos querían echar un vistazo a la estrella de cine. Pero yo no podía olvidar a Yan. Su rostro estuvo enfrente de mí toda la noche.

El estudio de cine era un palacio de consignas desplegadas. Estaba rodeado por arces de color rojo oscuro. Las hojas eran como manos entrelazadas. Me ocultaban la vista. Las hojas se ramificaban por dentro y fuera de las ventanas del edificio. Las paredes del estudio estaban pintadas de blanco, con consignas rojas escritas sobre ellas. *¡Larga vida a la política revolucionaria de las artes del presidente Mao! ¡Saludos a nuestra mayor abanderada, la camarada Jiang Qing!*

Presenté una carta oficial sellada al guarda de seguridad del estudio. Me dijo que esperara mientras él iba adentro. Pocos minutos después, un hombre y una mujer aparecieron en el vestíbulo. Se me abalanzaron con gran entusiasmo. El hombre se presentó como Sonido de Lluvia, jefe del departamento de interpretación del estudio; la mujer, Wong Soviética, era su ayudante. Cogieron mi equipaje y me pidieron que les siguiera al interior del estudio.

Cruzamos una serie de verjas. El sol brillaba a través de las hojas de arce. Las hojas esparcían sus rayos rosáceos sobre el pavimento sin polvo. Los trabajadores que caminaban bajo los arces estaban envueltos por una luz rojiza translúcida. Nos saludaron con adulación.

Sonido de Lluvia tenía una cabeza de calabaza con mejillas regordetas que se combaban a los lados. El rostro de Wong Soviética era el de una belleza antigua. Tenía ojos oblicuos, una larga nariz, boca con forma de cereza y una piel extremadamente fina. Debía de tener unos cuarenta años aproximadamente. Fue por la forma en que se movía que su elegancia me cautivó. Hablaba un mandarín perfecto. Su voz era sedosa. Sonido de Lluvia dijo que Wong Soviética había conseguido su título en la Escuela de Interpretación de Cine de Shanghai en los años cincuenta y era una actriz de talento excepcional. Sonido de Lluvia añadió que debería estar orgullosa de que Wong Soviética fuera uno de mis cuatro instructores. Pregunté cuál era el motivo de que tuviera más de un instructor. Sonido de Lluvia dijo que era una orden de madame Mao, la camarada Jiang Qing. Wong Soviética dijo que estaba muy contenta de que le hubieran encomendado encargarse de mi formación. Pregunté qué iba a aprender. Dijo que tendría clases intensivas de política e interpretación. Le pregunté si ella haría alguna interpretación con nosotros. Se quedó callada. Apretó los labios y bajó la cabeza. Le cayó un mechón de pelo sobre el rostro. Sus pasos se hicieron más lentos. Las necesidades de la Revolución son mis necesidades, dijo ceremoniosamente. Al decirlo, el resentimiento le salió despedido de entre los dientes. Resultaba evidente que era infeliz. Se echó hacia atrás el pelo y aceleró el paso a toda prisa para alcanzar a Sonido de Lluvia. Su graciosa espalda se inclinó ligeramente a la derecha. Simuló ser muy feliz. Su deber era ser dúctil como un bambú: capaz de inclinarse en todas las direcciones con el viento. Caminé cuidadosamente, prestando atención a mis propios pasos.

Wong Soviética caminaba medio paso por detrás de Sonido de Lluvia, sin darle alcance ni atrasarse un paso completo en ningún momento. Ambos llevaban chaquetas Mao azules con los cuellos bien abrochados. Hacían gestos con la cabeza a los trabajadores que pasaban a su lado, primero Sonido de Lluvia y luego Wong Soviética. Dedicaban sonrisas amplísimas a los trabajadores. Aquella sonrisa me puso nerviosa, aunque fuera la sonrisa más admirada del país. Era la sonrisa que Mao había estado fomentando con el lema «Uno debe tratar a sus camaradas con el calor de la primavera». Lu, en la granja del Fuego rojo, era una experta en este tipo de sonrisa.

Finalmente llegamos a un plató abandonado. Era del

tamaño de un estadio, hundido entre hierbajos que te cubrían el pie. Dimos un brusco giro a un lado y ante mí apareció una casita. Era un edificio viejo con un fregadero de cemento en el suelo. Aquí es donde vivís vosotras las chicas, dijo Wong Soviética. Esto fue un antiguo plató de cine –explicó Sonido de Lluvia–. Detrás de la casa hay más dormitorios. Se construyeron como cobertizos para los caballos en las películas. Los adaptamos como espacio habitable para los muchachos escogidos. Veinticinco de vosotros habéis sido asignados a vivir y trabajar en esta área. Estaréis vigilados. No se os permite hacer visitas a vuestras familias ni recibirlas, a excepción del segundo domingo por la mañana de cada mes. Cualquiera que se salte las reglas será eliminado. No queremos influencias del exterior. Ninguna en absoluto, se hizo eco Wong Soviética. Mis pensamientos se dirigieron a Yan.

¿Y qué sucede con las cartas?, pregunté. ¿Qué urgencia hay de escribir cartas?, Wong Soviética se volvió de repente hacia mí; la desconfianza apareció en su voz. Sus largas y delgadas cejas se torcieron formando un nudo en el medio. Reaccioné deprisa ante esta señal de peligro. Dije: Oh, nada, sólo preguntaba.

No me creyó. Pude adivinar que continuaba dándole vueltas a lo mismo. Tienes ojeras, lo que demuestra que no duermes bien. ¿Qué problema tienes? Nosotros confiamos en que tu promesa al Partido no fuera falsa. Se volvió a Sonido de Lluvia y dijo: Debemos tomar medidas preventivas contra posibles calamidades.

Me sentí ofendida, pero sabía que no debía mostrar mis sentimientos. El motor de mi cerebro se aceleró al límite. No hay nada más urgente que la tarea que se me ha asignado –dije esforzándome por parecer sincera–. La causa de las ojeras puede ser mi hábito de estudiar a Mao hasta altas horas. Me preguntó: ¿Por qué no nos dices el nombre de la persona a la que te gustaría escribir para que hagamos comprobaciones y nos aseguremos de que es bueno para ti mantener la correspondencia?

Aunque yo no alcanzaba a comprender sus intenciones, presentía que la oferta de Wong Soviética no era sincera. No tengo nadie a quien escribir, la verdad, suavicé el tono para que mis palabras no reflejaran ansiedad. Wong Soviética se me quedó mirando fijamente; forcejeamos sosteniéndonos la mirada. Sonido de Lluvia echó un vistazo a su reloj y le dijo a Wong Soviética: No deberíamos preocuparnos. Se acercó para susurrarle. Oí la frase. Un huevo inmune a virus, dijo.

Sonido de Lluvia y Wong Soviética abrieron de par en par la puerta de la casita y llamaron: Salid, chicas, venid a conocer a una nueva camarada. Cinco jóvenes salieron una detrás de la otra como copos de nieve danzando en el aire. Mis ojos parpadearon. Su belleza me dejó asombrada. Se parecían terriblemente, como hermanas. Dije hola. Sonido de Lluvia y Wong Soviética me interrumpieron y me dijeron: Habla en mandarín oficial. Nada de dialectos locales. Me presenté con un torpe mandarín. Les dije que venía de la granja del Fuego rojo.

Las jóvenes fueron diciendo sus nombres tímidamente. La primera dijo que se llamaba Leña para el Fuego. Era una trabajadora de una fábrica de acero, hija de tres generaciones de obreros. Su cabeza tenía forma de huevo. Los rasgos se prolongaban desde la nariz. Tenía una boca pequeña y delgada. Tan pequeña que parecía el ano de mi gallina *Gran Barba*. Sus grandes ojos oblicuos de doble párpado eran agradables, aunque estaban muy juntos y me recordaron a los de un zorro. Llevaba una camisa de color bermejo intenso. A su espalda se balanceaban dos largas coletas. Su entusiasmo se correspondía con su nombre.

La segunda mujer se presentó como Lanza Esperanzadora. Tenía un gran poder absorbente en la mirada. Cualquiera se sometería ante su belleza aun sin desearlo. Se quedó allí de pie, resplandeciente. Debía de tener mi edad aproximadamente. Hablaba en voz baja y sus ojos fríos transmitían el mensaje de que sabía lo que quería. Tenía seguridad en sí misma. Llevaba el pelo peinado como los cuernos de un carnero, recogido con gomas marrones. Sus pestañas eran espesas. Me habló pero no me miró. Yo me quedé observando su boca en movimiento. No entendía por qué no me miraba. Su mandarín era más que correcto. Articulaba cada sílaba asegurándose de que pronunciaba el sonido «er» en cada frase. Decía *dee-fang* (lugar) como *dee-er*. Explicó que era una periodista del *Diario de Pekín*. Dijo que venía del pueblo. Finalmente, se volvió y me miró. Me miró pero demostró que no estaba interesada. Aquellos ojos eran los de una rival. Detrás de aquel rostro simpático había antipatía. Quería destruirme, eso intuí. Solía montar a caballo –dijo–. Manejaba los caballos más tercos. Trabajé tres años en Mongolia Interior criando caballos para uso militar. Hacía acrobacias sobre el lomo del caballo. Toco el acordeón. Cogió un acordeón de su bolsa y tocó una sucesión de notas. Cantó:

> Cabalgando hacia el sol, canto y alzo el látigo en lo alto.
> Crío caballos para apoyar la Revolución en el mundo.
> Intrépida, cabalgo en mi caballo
> hacia la capital roja de Pekín,
> allí donde el sol se alza,
> allí donde vive el presidente Mao.

Hizo una pausa, levantó la cabeza y me miró. Dijo que era difícil describirse a sí misma. Dedicó una fabulosa sonrisa a Wong Soviética y le pidió que la ayudara con las palabras. Le dijo a Wong Soviética: Eres la única que me conoce bien. Wong Soviética pareció sentirse complacida. Dijo que Lanza Esperanzadora era una joven modesta de la que todo el mundo tendría que aprender. Aprende de ella su entusiasmo, aprende a pensar saludablemente, aprende de su honestidad.

Por supuesto, respondí yo. Pasé a la tercera de la hilera. Era delgada, llevaba una camisa de algodón de un color amarillento dorado. Se presentó como Pequeña Campana. Dijo que su padre era un soldado que se había quedado huérfano antes de la Liberación. Lo habían vendido a una casa de baños para trabajar como masajista de pies para los ricos, explicó. Yo crecí con su miserable recuerdo del pasado. No creo que sea hermosa –dijo–. De verdad, no lo creo. El aspecto atractivo no hace hermosa a una persona. Dirigió una tímida sonrisa a Sonido de Lluvia, que la estaba observando atentamente. Por favor, perdonadme por mi timidez, dijo. Pequeña Campana bajó la cabeza y se alisó el cabello con los dedos.

Te has expresado muy bien, Pequeña Campana, dijo Sonido de Lluvia con una voz baja y apagada que parecía salir de un cántaro. El aspecto atractivo no hace hermosa a una persona. La cuestión no reside en el aspecto, sino en cómo el aspecto puede servir a los objetivos proletarios. Esto es lo que dice nuestro supervisor de Pekín. Pregunté quién era nuestro supervisor. Sonido de Lluvia contestó que era el máximo responsable ante la camarada Jiang Qing. Un gran genio del arte, dijo.

Cuando Sonido de Lluvia mencionó la palabra «supervisor», la expresión de todo el mundo reflejó de pronto un profundo respeto. Presentí de inmediato la importancia de aquel hombre. Cuando en aquel país se llamaba a alguien por su título en vez de por su nombre era porque se le consideraba muy por encima de los demás. Por ejemplo, a Mao se le llamaba presidente, y a Chou, primer ministro. La omisión del apellido mostraba el poder de la persona.

Habló la cuarta mujer. Su nombre era Abeja OhYang. No vi ninguna amenaza en su rostro. Era el rostro de la inocencia, un rostro que carecía de conocimiento, un rostro de pureza. Dijo que deseaba ser como su nombre. Con esto quería dar a entender que una abeja tenía un aguijón afilado, lo que le faltaba a ella. Carezco de espíritu combativo. Me gustaría aprender a corregir mi espíritu. Dijo que venía de un antiguo pueblo del sur. Todos los lugareños tenían un mismo apellido, OhYang. El pueblo era pobre. No producía nada aparte de niños. Yo soy la gloria del pueblo. Pero les digo que pertenezco al Partido. En mente, corazón y alma. Mientras hablaba, los ojos se le llenaron de lágrimas. Se sintió conmovida por sus propias palabras. Abeja era una belleza de piel oscura. Tenía un aspecto escultural, boca plena, rostro con forma de semilla de melón, el cabello corto y brillante cortado a la altura del lóbulo de la oreja. Su fuerte acento del sur hacía difícil de entender su mandarín.

La habitación era soleada. Olía a madera mohosa. Había cinco camas, todas ellas con mosquiteras colgantes. Mis pensamientos se trasladaron a Yan y a nuestra mosquitera.

Es muy bonita –dije yo–. Me gustaría haber llegado antes para ayudar a limpiar. No importa –dijo Wong Soviética–, tendrás un montón de oportunidades para compensarlo. Ja, ja. Todo el mundo en la habitación se rió.

A partir de mañana –dijo Sonido de Lluvia–, tendrás que aprender todo desde el principio, incluyendo el andar, el hablar, el comer y el expresarte, porque –hizo una larga pausa–, porque sólo una de vosotras será elegida finalmente para el nuevo cine de China. Es la última prueba por la que tenéis que pasar. Tendréis un año para conseguir el mejor nivel de interpretación. Después de eso el supervisor tomará una decisión.

Nos llevaron al hospital para un examen médico. Los médicos actuaban con gran secreto. Me pusieron en una habitación y me desvestí. Tres médicas examinaron la parte inferior de mi cuerpo. Una corpulenta doctora se puso unos guantes de goma e inspeccionó con cuidado mis partes íntimas. Pocos minutos después, la corpulenta mujer se quitó el guante de goma y tomó nota de algo en su cuaderno. Las otras me soltaron y me permitieron bajar de la cama. No dijeron ni una palabra cuando salieron arrastrando los pies. Mientras me sacaban de la habitación vi a Pequeña Campana lloriqueando. Estaba a punto de acercarme a ella cuando Leña para el Fuego me indicó que me detuviera. Leña para el Fuego me dijo al oído que tenían dudas acerca de su virginidad.

Durante toda la tarde leímos las charlas de Mao sobre arte. Aunque me aburría, aparenté interés. Estábamos sentados en círculo. Leíamos y leíamos. Para la cena, yo pedí dos platos de fideos. Wong Soviética me enseñó la forma correcta de sostener los palillos. Después de la cena mantuvimos una discusión en nuestra habitación. Las chicas hablaban sobre lo importante que era la obra de Mao como guía para nuestro futuro. Pequeña Campana volvía a sentirse feliz. Después de un examen a fondo, volvieron a considerarla virgen. Sonido de Lluvia y Wong Soviética bostezaban pero no se retiraron hasta que los grillos comenzaron a cantar con fuerza en el patio. La puerta se cerró de golpe a sus espaldas. El olor a moho se hizo más intenso.

Nos lavamos junto al fregadero y vertimos el agua sobre la hierba. Un grillo me siguió cuando regresaba a la habitación. Lanza Esperanzadora apagó la luz. El grillo se puso a cantar con alboroto en nuestra habitación. Lanza Esperanzadora se levantó con una linterna para buscarlo. Oí el golpecito de su pie cinco veces. Había conseguido acallar al grillo. La habitación se quedó completamente en silencio. En medio de la oscuridad, me di cuenta de que me había metido en la guarida de un león. La oscuridad silenciaba un grito estruendoso. La frialdad de los pensamientos me heló. Podía oír el sonido de la columna vertebral de mi sueño mientras se partía. Sabía que era necesario tener éxito para ser capaz de ayudar a Yan de un modo u otro en el futuro. Con ese pensamiento me dejé llevar por el sueño.

Me despertó el ruido de alguien que ejercitaba la voz fuera de la ventana. Eran las seis de la mañana. Me levanté y salí. La hierba de cola de perro se removía bajo el sol naciente. Con una mano detrás de la oreja, Leña para el Fuego subía de tono hasta que su voz se quebraba. Nos dijimos buenos días y oí su voz que volvía a quebrarse. Leña para el Fuego me dijo que se sentía frustrada por su voz. Me preguntó si le podía mostrar cómo era mi voz. Yo le dije: ¿No irán a prepararnos para participar en las compañías de ópera, o sí? Leña para el Fuego descendió lentamente abriendo las piernas hasta formar una línea recta. Me dejó esperando una respuesta mientras su músculo facial se deformaba por el dolor. ¿Conoces a la camarada Jiang Qing?, preguntó Leña para el Fuego. La miré, miré aquella cara orgullosa. Yo sabía que la respuesta a aquella pregunta era innecesaria. Leña para el Fuego balanceó el torso a izquierda y derecha. Yo sé algo sobre ella –dijo inclinándose hacia mí–. Le gusta ver películas occidentales, especialmente películas americanas de Hollywood. ¿Qué son películas de Hollywood?, pregunté. Leña para el Fuego me dirigió una sonrisa misteriosa, luego volvió a sus ejercicios.

Eché la cabeza hacia atrás y estiré los brazos en dirección a la pared. Me sorprendió ver a tres figuras de pie a mi espalda. Las demás compañeras de cuarto –Lanza Esperanzadora, Pequeña Campana y Abeja OhYang– habían estado escuchando la conversación. Les dediqué una sonrisa amistosa. Se desplegaron por el exterior de la vivienda y empezaron a estirar sus miembros.

El guarda dejó de barrer hojas con la escoba de bambú junto a la verja y se acercó caminando a nuestra casita. Era un hombre de mediana edad con una barba oscura. Se llamaba Una Onza. Dijo: Sonido de Lluvia me ha enviado para deciros que os preparéis. Vais a ser inspeccionadas por el supervisor.

Nos arreglamos para causar una primera impresión favorable. Leña para el Fuego se puso otra camisa bermeja y pantalones de marinero azul marino. Lanza Esperanzadora desenterró una prenda estampada con dibujos a cuadros. Abeja OhYang sacó dos camisas blancas con un matiz ligeramente distinto e intentó elegir una. Yo decidí llevar mi viejo uniforme, el que me había dado Yan.

Estábamos sentadas en la habitación junto a nuestras camas, ya vestidas y esperando. La temperatura de la habitación aumentó con la salida del sol. Descubrí un bulto de materia fangosa debajo de la cama de Lanza Esperanzadora. Era el cuerpo del grillo que me había seguido dentro de la habitación la noche anterior. Estaba inmóvil en el suelo.

Lanza Esperanzadora estaba de pie junto a la puerta,

donde colgaba un pequeño espejo. Juqueteaba con las horquillas mirándose en el espejo. Intentaba rizarse su flequillo. Su rostro denotaba ambición. Cogió una bolita de algodón y se frotó un grano debajo de la nariz. Frotó adelante y atrás, moviendo sus facciones arriba y abajo.

Mientras observaba a Lanza Esperanzadora me sentí de pronto incapaz. Su hermosura me desanimaba. Intenté ignorar mi temor.

Cogí una pluma e hice algunos garabatos sobre el papel. Querida Yan, escribí, y luego lo taché. Querida Yan, escribí, y volví a tacharlo. Palabras escogidas de Mao Zedong, escribí. Críticas a los revisionistas. Yan: ¿Cómo estás? Rompí el papel. El supervisor no se presentó.

Aquella noche tuve una pesadilla. Yan se había convertido en una figura sin rostro que vagaba por los campos de la granja. Luego pasé la noche sin dormir. Al amanecer estaba lloviendo. El sonido goteante de la lluvia me devolvió a la granja del Fuego rojo, dentro de la mosquitera de Yan.

Después del almuerzo sonó un silbato y al mirar la verja vimos a Wong Soviética. Tras ella había unos veinte jóvenes. Cruzaron la verja a paso de marcha. Éstos son los muchachos elegidos. –Wong Soviética los presentó–. Trabajaréis juntos en el futuro. Los hombres tenían rostros similares: ojos de párpado doble, cejas espesas, nariz y boca parecidas a las de Buda. Eran tan parecidos como si los hubieran hecho con el mismo molde. Ninguno de ellos saludó. Nosotras nos pusimos en pie. De repente un hombre se sonrojó. Wong Soviética le preguntó el motivo de su sonrojo. El joven intentó hacer frente a la pregunta. Se rascó la parte de atrás del cuello.

Dijo que era porque no estaba acostumbrado a ver mujeres. Wong Soviética dijo: ¿Es tu madre una mujer? No te atreverás a decir que no la has visto nunca de frente. El hombre se quedó sin habla. Wong Soviética continuó: Cuando uno no tiene pensamientos culpables, no se sonroja. El hombre que se había sonrojado bajó la cabeza. El rubor descendió por su cuello. Los demás, de pie junto a él, le lanzaban miradas compasivas. Ya considerarás después mis palabras, dijo Wong Soviética.

Wong Soviética nos llevó a un viejo edificio cubierto de hiedra. Del otro lado de la enorme puerta de hierro oxidado surgió de pronto un intenso olor a moho. Me tapé la nariz con la mano. Wong Soviética mostró enseguida su irritación. No puedo creer que alguien que se acostumbró a ser una campesina tenga miedo a los malos olores. ¿Es este olor peor al de la mierda de cerdo en los arrozales? Yo bajé la mano en silencio.

Una Onza encendió una luz mortecina. Nos encontrábamos en un estudio abandonado con un escenario que parecía una caverna y unas pocas hileras de bancos. Wong Soviética hizo que nos sentáramos. Empezamos a leer una vez más las charlas de Mao sobre arte.

Me costaba concentrarme en Mao. La cabeza no dejaba de darme vueltas. Durante tres semanas habíamos tenido clases de política, mandarín, técnicas de interpretación y Wu Shu: una mezcla de boxeo y esgrima tradicionales chinos. La vida diaria se nos hacía monótona. Pero todos nosotros habíamos estado esperando secretamente, deseando ser inspeccionados por el supervisor. La espera parecía eterna. Sonido de Lluvia aparecía de vez en cuando, y siempre nos recitaba un informe sobre los nuevos logros en el campo del arte: Mao y los miembros de su politburó acababan de contemplar y elogiar la nueva ópera modelo de la camarada Jiang Qing. Luego Sonido de Lluvia dejaba caer una pila de periódicos y una copia del manuscrito de la ópera, para que los leyéramos y escribiéramos informes de estudio. Los leímos y escribimos. Discutimos sobre la idea de Mao del arte proletario.

Un día nos dijeron que ya nos habíamos convertido en material de primera. Estábamos listos para competir por el gran cometido de la camarada Jiang Qing.

Se trataba del primer papel de Azalea Roja. Azalea Roja era el ideal de la camarada Jiang Qing, su creación, su película, su sueño y su vida. Si alguno de nosotros lo alcanzaba, alcanzaba el sueño del estrellato. La historia de Azalea Roja era una historia de pasión en medio del fuego de artillería. Trataba de cómo debería vivir una mujer, de un amor proletario hasta la muerte. Para mí, no sólo trataba de la pasada guerra, de la historia, sino también de la esencia de una verdadera heroína, la esencia de Yan, la esencia de cómo debería enfocar mi vida.

Wong Soviética leyó el libreto. Las lágrimas se esparcieron sobre el guión. Al principio pensé que la historia la emocionaba, luego intuí que había algo más. Su tristeza no se debía a la historia sino a la desesperación, la desesperación de saber que a ella nunca se le permitiría representar el papel que deseaba. Tenía que enseñarnos a interpretar el papel que ella quería representar. Enseñándonos a nosotros se malgastarían su juventud y belleza. Le habían encomendado la tarea de enseñar a gente que a ella le gustaría acuchillar. Vivía atormentada y aniquilada por nuestra paulatina capacitación.

Leíamos las partes por turnos. Me di cuenta de que las otras tres, Leña para el Fuego, Pequeña Campana y

Abeja OhYang, abandonaban la carrera. No conectaban con el papel. No tomaban el pulso de Azalea Roja. Era distinto con Lanza Esperanzadora. Lanza Esperanzadora se hacía con el papel. Se acercaba cada vez más, incluso más que yo. Me puso en una situación peligrosa. Me estaba dejando sin esperanza.

Lanza Esperanzadora estaba al tanto de todo. No había un solo momento en el que no tuviera algo que decir; el resto de nosotros tenía la boca cerrada y permanecía sentado nervioso. Siempre tenía algo que decir. Cosas que eran útiles para promover su futuro. Decía que admiraba a Wong Soviética, que el simple hecho de estar cerca de ella la hacía feliz. No decía eso en presencia de Wong Soviética; lo decía en las reuniones, reuniones en las que el secretario en funciones tomaba notas, que Wong Soviética leería más tarde. Lanza Esperanzadora decía no tener ni de lejos el atractivo y el talento de Wong Soviética. Luego se contradecía y nos explicaba que se parecía a Wong Soviética una barbaridad, aunque la realidad era que en el aspecto físico eran tan diferentes como un elefante y un cerdo. Lanza Esperanzadora nunca se avergonzaba de su actitud aduladora.

Wong Soviética no le hablaba a ella más que a las demás. Pero las cosas mejoraron para Lanza Esperanzadora. La hacían subir al escenario para dirigir la lectura de las nuevas instrucciones de Mao. Lanza Esperanzadora se convirtió en el centro de atención. Los periodistas y fotógrafos de los periódicos y revistas hablaban con Lanza Esperanzadora. La entrevistaban. Le preguntaban quién era y de dónde venía. Lanza Esperanzadora nunca cambiaba las respuestas. Decía: Soy alumna de Wong Soviética. Soy lo que ella ha hecho de mí. Yo soy el suelo y ella es la vaca que tira del arado. Soy su cosecha. Lanza Esperanzadora no decía nada más; únicamente mencionaba lo que le era útil. El periódico elogiaba a Wong Soviética como ejemplo de lealtad al Partido.

La carrera por Azalea Roja se redujo finalmente a Lanza Esperanzadora y a mí. Wong Soviética dijo que deberíamos practicar duramente porque el supervisor de Pekín pronto vendría a hacer su elección en nombre de la camarada Jiang Qing. De los demás no se dijo nada. Nadie les dijo que su posibilidad era más ínfima que un hilo. Wong Soviética decidió llamar a Lanza Esperanzadora la candidata A, y a mí la candidata B. Era obvio que Wong Soviética la prefería a ella, pero tenía que dejarme competir al menos durante un tiempo, porque hubiera sido demasiado flagrante que no lo hiciera así. No podía dejarme fuera si en la clase siempre éramos Lanza Esperanzadora y yo las que dábamos las respuestas correctas a sus preguntas. Nuestras puntuaciones habían sido siempre parecidas. En la clase de mandarín éramos las dos únicas que habíamos hecho bien la tabla de pronunciación de cien sílabas. Wong Soviética tenía que demostrar que era justa, porque representaba al Partido.

Wong Soviética me dijo que reaccionaba a sus enseñanzas con demasiada rapidez. En realidad no me has estado escuchando –decía–. Te niegas a escuchar. Pero sí que escucho, contestaba yo. Nos estaba enseñando a improvisar en el papel de Azalea Roja. ¿Qué llevas puesto?, preguntaba, señalando de pronto mis pies. Un par de zapatos de paja hechos por mí, contestaba yo satisfecha de mi agudo ingenio. Ella sonreía casi disgustada. ¿Qué aspecto tienen los zapatos? Se parecen a los que el presidente Mao llevaba en una foto sacada por nuestra amiga extranjera Anna Louise en la cueva de Yanan, dije.

Wong Soviética parecía aún más amargada. Me dijo que observara a Lanza Esperanzadora mientras practicaba. Observaos la una a la otra –ordenó–. Observad atentamente. Y yo observé atentamente. Incluso cuando cerraba los ojos, podía ver a Lanza Esperanzadora representando a Azalea Roja. Lanza Esperanzadora era una intérprete ferviente, un espíritu enérgico. Se agotaba a sí misma. Se entregaba por completo. Despilfarraba sus emociones. No hacía uso de la sutileza en la actuación. Le encantaba ser melodramática. Wong Soviética me pidió que observara y yo observé. Detecté lo que no funcionaba y supe que yo no tenía que interpretar del mismo modo. Cuando Wong Soviética me preguntó qué era lo que había aprendido aquel día, le contesté con toda honestidad. Y me busqué la perdición. Cuando caí en la cuenta de que me había buscado la perdición, era demasiado tarde.

El aire en el estudio se había vuelto glacial. La frialdad me penetraba los huesos. Wong Soviética me señalaba de repente y me pedía que explicara el concepto de la dictadura del proletariado sobre el revisionismo en el arte. Con objeto de desechar el revisionismo –dije–, debemos ejercer la dictadura sobre el enemigo, en primer lugar en nuestra propia cabeza. Mi voz sonaba clara. El contenido lo había sacado de la revista *Bandera roja.* Wong Soviética comentaba: Debemos tener cuidado con los que son gigantes del lenguaje pero enanos en la práctica.

Wong Soviética la tomó conmigo. La emprendía conmigo siempre que podía, por las cosas más insignificantes. Un día extravió un objeto –una taza de té– y me señaló ante la clase como la persona que debía de haberlo perdido. Le dije que le había visto poner la taza en su cajón. Me acerqué a indicar el cajón en concreto situado entre bastidores. Ella vino detrás de mí y abrió el cajón de golpe. En su interior estaba la taza que faltaba.

Wong Soviética se puso furiosa. Recitó la enseñanza de Mao: «El que piense que es más listo que las masas es el que será abandonado por las masas». Yo estaba confundida y enfadada.

Wong Soviética nunca nos consideraba como una maestra considera a sus estudiantes, más bien nos trataba como una vieja concubina a las recién llegadas. No sabía cómo enfrentarse al peligro que nosotros representábamos. El deseo de la camarada Jiang Qing de cambiar la imagen de las películas y la predilección que sentía por los jóvenes con aspecto de miembros de la clase obrera habían acabado con el futuro de Wong Soviética como actriz. Su belleza antigua se consideraba pasada de moda. Nunca le había gustado verdaderamente Lanza Esperanzadora. De hecho, la odiaba. Pero la adulación de Lanza Esperanzadora hacía que se sintiera menos herida.

Lanza Esperanzadora tenía un aspecto más delicado que el mío. Las líneas duras de mis rasgos irritaban a Wong Soviética. Cuando veía mi piel áspera se quedaba sin habla ante los nuevos patrones de belleza de la camarada Jiang Qing. Cuando me veía por la mañana, se me quedaba mirando como si acabara de tragarse una mosca. ¿Te has lavado la cara?, me preguntaba con disgusto.

Wong Soviética meneaba la cabeza antes de que yo pronunciara mi parte. Nada de lo que yo hiciera le parecía bien. En muchas ocasiones su profundo resentimiento se convertía en un odio al que su propio impulso daba rienda suelta. Tus iris no son lo suficientemente grandes –decía echándome un vistazo–. No resultan tan brillantes como deberían ser los de una heroína en la pantalla. Uno de los requisitos de la camarada Jiang Qing para la actriz principal es que tenga unos brillantes y penetrantes ojos. Ojos que simbolicen la rectitud del proletariado. No veo que tú los tengas. Es una tremenda lástima. De verdad, quizás no deberían haberte elegido en un principio. Fue, desde luego, una decisión errada. Los descuidos echan a perder los proyectos, no cabe duda.

Wong Soviética me pidió que le dijera si yo era miope. Le contesté que no. Me llevó al centro médico del estudio e hizo que un doctor me examinara la vista. Tenía una visión perfecta. Mientras salíamos, Wong Soviética me dijo: Pero pareces miope, créeme.

Aquella noche me miré al espejo. Al cabo de media hora estudiando el tamaño de mis iris, empecé a pensar que Wong Soviética tenía razón. Cierto que no eran tan grandes como debían ser. A partir de entonces, no podría olvidar que parecía miope. Al interpretar me volví más y más consciente de mi aspecto. La seguridad en mí misma se estaba evaporando. Wong Soviética aullaba: ¡Alto!, antes incluso de que empezara a recitar mi parte. Decía: Tu postura no es la correcta. Olvidas que los pies deben formar un ángulo de cuarenta y cinco grados. Día a día, crecía mi sensación de que para interpretar a Azalea Roja yo era algo así como una lisiada. Wong Soviética me consumía los nervios. Pero me negaba a retirarme. Sabía exactamente qué quería y yo simplemente no podía entregárselo.

Wong Soviética empezó a suprimir gradualmente mis lecciones. Se las arregló para que trabajara en la cafetería ayudando a pelar guisantes. Me colocaba al final de la lista para recibir clases de interpretación. Sonido de Lluvia no daba muestras de poner ninguna pega a lo que Wong Soviética me estaba haciendo. Parecía confiar en los criterios de su ayudante. Ambos empezaron a decir que jamás consentirían en dirigir a brotes capitalistas. Yo sabía lo que estaba pasando, igual que todo el mundo en el estudio. Pero nadie decía nada. Nadie se atrevía a contradecir a Wong Soviética.

Mantuve la calma. Dejé de fingir ser quién no era, porque de todos modos no había forma de complacer a Wong Soviética. Ella había influido en Sonido de Lluvia y después en todos a mi alrededor para que no les cayera bien, y lo cierto era que todos sentían antipatía por mí. Todos querían complacer a Wong Soviética. Empezaron a comentar que Lanza Esperanzadora parecía ser la única candidata cualificada, porque actuaba con pasión. Con lo de pasión se referían a la cantidad de lágrimas que era capaz de derramar un actor. Había que reconocer su talento a la hora de recitar versos aburridos, parecidos a consignas, con tanta pasión. Lanza Esperanzadora era una gran máquina de lágrimas. Derramar lágrimas era lo único que pretendía cuando actuaba. No sólo derramaba lágrimas; vertía la cantidad precisa, en el momento adecuado, sin soltar mocos. Poner la lágrima en acción era el concepto interpretativo de Lanza Esperanzadora.

Yo tenía envidia del talento de Lanza Esperanzadora. Wong Soviética me dijo: Mira, no es cuestión de técnica interpretativa. Se trata de saber quién tiene una mejor apreciación del presidente Mao. Necesitamos una verdadera comunista para interpretar a una comunista.

Lanza Esperanzadora y Wong Soviética cada vez estaban más unidas. Se sentaban juntas para comer. Wong Soviética ayudaba a Lanza Esperanzadora a memorizar sus textos hasta avanzada la noche. Daban una buena imagen de la relación maestro-alumno. Pero para mí se trataba de la actitud de dos personas diplomáticas.

Me obligué a mí misma a tener confianza.

Nadie se rendía, ni Leña para el Fuego, ni Pequeña Campana ni Abeja OhYang. Leña para el Fuego se había dañado las cuerdas vocales a causa del exceso de ejercicios para la voz que hacía a diario. Creía que si podía abrir una hendidura en la pared, conseguiría una voz sedosa. Karl Marx se convirtió en Karl Marx porque leyó tantos libros que sus pies desgastaron el suelo de una biblioteca hasta dejar allí un par de huellas –me dijo Leña para el Fuego–. El éxito pertenece a los que tienen una voluntad fuerte. Leña para el Fuego había convertido esta historia de la revista *Bandera roja* en su inspiración. Wong Soviética estimulaba las prácticas de Leña para el Fuego y a veces se ofrecía a acompañarla al piano. Su canto era como el de un gallo bajo un cuchillo sin afilar. Wong Soviética tocaba el piano con los ojos cerrados como si los aullidos de Leña para el Fuego dieran masaje a sus nervios avinagrados.

Leña para el Fuego acabó desarrollando un callo en las cuerdas vocales. Yo me alegré en secreto de que sus posibilidades para obtener el papel se redujesen a cero. Las demás compañeras de clase debieron sentirse del mismo modo, pero todas ocultamos nuestros sentimientos. Todas llevamos bálsamo de tigre a Leña para el Fuego. Nos preocupamos muchísimo por ti, dijimos mientras sonreíamos de modo melodramático.

Aquel día, un fuerte ventarrón derribó dos arces. Me había acercado hasta los arbustos para cepillarme los dientes y encontré los árboles tumbados con las raíces al aire. Antes de acabar de cepillarme, el ventarrón empezó a soplar otra vez. Volví a toda prisa y me encontré a Una Onza sentado en el centro de la habitación. A las diez –dijo, levantando uno a uno los dedos lentamente–. Os van a llevar a ver al compañero de armas de nuestra gran abanderada, el supervisor.

Abeja OhYang se sentó en la cama y empezó a sollozar. Pequeña Campana hacía un extraño sonido con la garganta. Leña para el Fuego salió y volvió con un tazón de agua. Lanza Esperanzadora roció un poco de aceite en el agua y volvió a peinar su pelo en forma de cuerno con el agua aceitosa. Leña para el Fuego y Abeja OhYang se recomponían las trenzas. Estaban todas relucientes y como nuevas de la cabeza a los pies.

El ventarrón seguía levantando polvo y hojas del suelo y arrancando viejos carteles de Mao de la pared. Caminamos con cuidado para ir a la cafetería, asegurándonos de no pisar la cara de Mao. Una hora después, Sonido de Lluvia y Wong Soviética aparecieron con una camioneta. Las ventanas de la camioneta estaban cubiertas por cortinas negras de algodón. Wong Soviética nos llevó al interior de la camioneta. Yo tosí en el momento de entrar. El humo dentro de la furgoneta era denso. Era una camioneta de personal de alto rango del Partido. Nos sentamos en silencio, asombradas. El conductor era un joven con uniforme de soldado del Ejército de Liberación Popular. Llevaba guantes. Sonido de Lluvia hizo un ademán a Wong Soviética para que cerrara la puerta. La furgoneta arrancó con suavidad. Leña para el Fuego, Lanza Esperanzadora, Pequeña Campana, Abeja OhYang y yo nos quedamos sentadas en la oscuridad.

Todas seguíamos concentradas en nuestros propios pensamientos, pensamientos sobre cómo destruirnos unas a otras. Echaba tanto de menos a Yan... Una vez que la furgoneta llegó a su destino, esperamos durante horas en una sala de reuniones hasta que un joven, que parecía un secretario, nos comunicó el aviso. El supervisor acababa de marcharse a causa de un importante asunto en la capital. El encuentro se canceló.

Rompí las reglas. Le mentí a Wong Soviética. Pedí un permiso de tres días. Dije que mi madre estaba enferma y necesitaba que la cuidara. Wong Soviética dijo que no al principio. Volví a intentarlo. Dije que no había más guisantes que pelar aquel día. La gente de la cafetería se había marchado a una reunión política. Wong Soviética dijo que sí.

Regresé a la granja del Fuego rojo. Fui a visitar a Yan. La vi trabajando en medio del arrozal entre los otros. Los soldados me miraron de arriba abajo. Percibí envidia y distanciamiento en sus ojos. Me quedé esperando al borde del camino mientras Yan se acercaba caminando. Se lavó las manos en el canal de riego y después sumergió sus pies descalzos. Se me quedó mirando. No sonreía. Cogió mi bolsa y caminamos en dirección a los barracones.

Yan había dejado de ser comandante de la compañía. Su caso con Lu quedó sin resolución. Nadie creía en la posibilidad de que Lu fuera su amante. Posteriormente, Yan había reconocido ante el Cuartel General que había sido su forma de vengarse de Lu. Había puesto en escena una representación. El primer secretario se disgustó por su desagradable forma de vengarse, pero no quiso profundizar más en el tema. Lu insistió en proseguir con el caso, insistió en que me investigaran. Pero el secretario no iba a reconsiderar la causa. Yo ya me había marchado y era él quien me había otorgado personalmente el título de Soldado Distinguido. Denunciarme habría puesto en evidencia su equivocación. El caso se desvaneció como si nunca hubiera sucedido. Yan había renunciado y ahora era jefe de pelotón. Lu fue trasladada a otra compañía, donde la habían nombrado comandante.

Yan era la mayor del pelotón. Los nuevos soldados tenían la misma pinta que yo entonces. Cantaban *Mi patria*. Adoraban a Yan. A la hora de comer encontraba la comida puesta en la mesa. Ellos se la traían. Su bol estaba lleno. Los soldados jóvenes estaban a su servicio. Decían: Jefa, aquí tienes tu recipiente con agua caliente, acabo de llenarlo para ti. Yan vivía sola, en la misma habitación que antes. Todas las demás camas habían desaparecido. Había colocado la cama en medio de la habitación vacía. Con la blanca mosquitera rectangular, la habitación parecía una funeraria.

Me senté frente a ella junto a la puerta. La miré a la cara. Tenía la piel marrón oscura. Casi parecía una africana. Había envejecido. Las arrugas se habían hecho más profundas. En la trenza había un fino mechón de pelo canoso. Antes sus trenzas eran tupidas, pero ahora estaban delgadas como colas de ratón. Sacó un paquete de harina, vertió la harina en un puchero, añadió agua y encendió un horno de queroseno. Cocinó la harina con azúcar. Me estaba ofreciendo la mejor comida que tenía. El sabor era horroroso, pero intenté que no se me notara. Ella se dio cuenta. Me preguntó hasta qué punto era buena la comida en el estudio de cine. No contesté. No sabía cómo explicárselo. Dijo que seguro que no tenía ni comparación. Se estiró para coger mi bol, abrió la puerta de golpe y derramó la pasta de harina en el exterior. Después de cerrar la puerta dijo: Lo siento. No puedo evitarlo. Se fue a limpiar el bol en una vasija con agua. Lavó los palillos y los dejó caer dos veces. Metió el bol y los palillos en una bolsa de algodón y la colgó de una caña de bambú. Cuando hizo esto, su espalda se inclinó penosamente. Se secó la cara con una toalla llena de barro. Me invadió la tristeza. Yan se volvió y dijo: Gracias por venir. Sonrió y se me escaparon las lágrimas. Dijo: ¿Qué quieres que haga?

Volvió a sentarse. Intentó continuar la conversación. Dijo: Dime algo. Yo respondí: ¿Que diga qué? Cualquier cosa. Le pregunté: ¿Dónde está tu erhu? Me contestó que lo había regalado. Yo no podía decir nada más. Yan dio un palmetazo a un mosquito que tenía en la pierna y se restregó y resquebrajó el barro seco de los pies. Dijo que, pese a ser unos recién llegados, los soldados eran unos listillos. En el instante en que les destinaban a la granja, empezaban a apañárselas para regresar a la ciudad. Buscaban excusas para pedir permisos sin ningún pudor. Algunos de ellos se tomaban fiesta sin pedir permiso siquiera. Fingían estar enfermos todo el tiempo. Eran un montón de hipócritas. Nunca tenían el corazón en la granja, ni por un segundo. A ella le servían las comidas para adularla. Saben cómo aprovecharse de mí –dijo–. Me ponen enferma.

Yo quería decirle: Olvídate de ellos, hablemos de ti. Pero no podía. ¿Qué podía decir? Yan estaba atrapada. No tenía salida. Con veinticinco años, una jefa de pelotón no tenía futuro. Aquél era su futuro. Yo quería abrazarla y consolarla, pero me daba vergüenza hacerlo.

Dijo: Cuéntame algo del estudio de cine, háblame de la gente nueva que has conocido. Le hablé de Lanza Esperanzadora, de Leña para el Fuego, Pequeña Campana, Abeja OhYang, Sonido de Lluvia y Wong Soviética. Le expliqué lo que hacíamos. Yan escuchó, recorriendo la habitación a paso regular. Se detuvo y se quedó mirando hacia los campos. Antes de que acabara, me dijo de repente: Deberíamos olvidarnos la una de la otra. No me sorprendió. Entendí por qué lo decía.

Le contesté: Sabes que no puedo desobedecerte. Me

respondió: Pues entonces márchate ahora. Yo dije: He hecho el viaje para verte. No ha sido fácil para mí. Les he mentido. Estoy poniendo en juego mi futuro. Si se enteran me eliminarán. Se puso su calzado para la lluvia lleno de barro y dijo: ¿No es fácil? ¿Piensas que mi vida es más fácil? Le contesté: Nunca he pensado eso. Me interrumpió. Dijo que no quería ponerse a discutir en un momento en que se encontraba deprimida. Yo le dije: No he venido para esto. Yan respondió: No te he pedido que vinieras. Yo solté: Pues me voy. Ella salió al exterior.

Vacié mi bolsa y le dejé unas galletas en la mosquitera. La tenía muy limpia. Me acordé de la época en que no la limpiábamos para que nadie pudiera ver lo que hacíamos dentro. Recordé su pasión y de repente me di cuenta de que había pelo, su pelo, esparcido por toda la cama. Se le caía el pelo y yo no hacía nada al respecto. Quise correr, correr para alejarme de mi vergüenza.

El viento abrió la puerta. La toalla de Yan se cayó del toallero. La recogí y vi que tenía el rifle apoyado en la pared. De pronto eché de menos a Pequeña Hoja. La recordé cantando *Mi patria.*

El rifle de Yan estaba oxidado. Miré por la ventana. El campo no tenía vida. El sol estaba secando la tierra, que parecía un hombre calvo. Los cultivos se inclinaban con el viento salado. Fui consciente de que había dejado de pertenecer a aquel lugar.

Salí de la habitación. Unas jóvenes se pusieron a murmurar cuando me vieron. Pasaron a mi lado con sus azadas. Les pregunté por Orquídea. Una de las mujeres dijo que estaba en la fábrica de ladrillos.

Caminé a través de los juncos. Me sentí afortunada de haberme librado de una vida tan dura. Cuanto más afortunada me sentía, más crecía la culpa en mi interior. Yan se queda atrás, seguía pensando. ¿Cómo podía dejarla atrás? Había venido a comerme un pastel delante de un niño hambriento. Qué vergüenza. Le recordaba su miseria. Me sentí hipócrita. Había venido a consolarla. No me costaba nada decir algo amable.

La fábrica de ladrillos estaba igual que cuando Yan tocaba el erhu allí para mí. Caminé a través de las callejas de ladrillos y vi a Orquídea y un equipo que colocaba los ladrillos sin cocer según su forma. Le pregunté a un joven si podía ayudarle a empujar una carretilla. Dijo que aquel trabajo requería la fuerza de un hombre. Le contesté que ya lo sabía: He trabajado antes aquí. Conozco el lugar. Cogí la carretilla cargada con cien ladrillos. El hombre me observó. Empujé la carretilla a una vía de hierro y torcí por una de las callejas. El hombre me gritó: ¿De dónde eres?

Orquídea me vio. No vino a saludarme. Se quedó donde estaba, sosteniendo una pila de ladrillos, con la boca abierta. Dije: Hola, Orquídea. No me devolvió el saludo. Dijo: ¿A qué has venido aquí? Le contesté que había venido de visita. Volvió a su tarea de extender ladrillos. Estaba empapada de sudor desde los hombros a la cintura. Me puse a trabajar a su lado. Cuando acabó de extender todos los ladrillos de la carretilla, estiró la espalda, se enjugó el sudor de las mejillas y dijo: Yan no está aquí. Le respondí que ya lo sabía. Me dijo: Ya sé que no has venido a visitarme a mí. Yo contesté: Echaba de menos la granja. Me dedicó una sonrisa sarcástica y empujó la carreta vacía por los rieles. Reparé en que estaba coja. La seguí. Nos detuvimos en la zona de carga. De la cortadora salían ladrillos frescos como pasteles. Ayudé a Orquídea a cargar. Cargamos con cuidado los ladrillos. Le pregunté: ¿Qué te ha pasado en el pie? Me dijo: Me lo perforó un junco. Añadió: Tú estabas aquí, ¿no es así? Le contesté: Sí, me acuerdo de que estaba. ¿No se ha curado? Orquídea respondió: Sí, así es como se me ha curado.

Enderecé la espalda. Vi que la chimenea del horno soltaba humo blanco. La chimenea se cayó el verano pasado –dijo Orquídea–. Murieron tres personas, y dos resultaron heridas. No sé cuánto aguantará la fábrica de ladrillos. ¿Por qué has venido? Antes de que pudiera explicárselo me dijo a la cara: No me gusta verte. En serio, no. Dijo que prefería ser sincera conmigo, que nadie quería verme. Una estrella de cine. Una conocida de hacía tiempo que se había subido por una escalera hasta las nubes. Nadie quería que le recordaran lo mal que le trataba la vida.

No dije nada hasta que acabamos de vaciar la carreta. Antes de que Orquídea la empujara de nuevo de vuelta a la zona de carga, me dijo: ¿Sabes lo de Leopardo y Yan? Se han estado viendo. Hizo un gesto que quería decir «clandestinamente».

Empecé a encontrarme mejor mientras esperaba al autobús de vuelta a Shanghai. Yan se estaba viendo con Leopardo. Yo sabía que siempre había pensado en él. Me sentí un poco aliviada. Deseaba que estuviera enamorada de Leopardo, pero de inmediato me sentí detestable porque yo ya sabía que en realidad no estaba enamorada de él. Yan se sentía desdichada. Me acordé de lo alegre, abierta y clemente que podía ser. Sabía cómo se comportaba cuando estaba enamorada.

El cielo se oscureció y no venía ningún autobús. Se me empezó a encoger el estómago. No había comido nada desde la mañana. Me fui hasta el borde del camino y me senté. Oí cantar a los grillos. Pensé en cómo había mentido a Wong Soviética y esperé que nada saliera mal. Mi mentira quedaría encubierta si conseguía llegar al dormitorio del estudio al día siguiente por la mañana antes del amanecer. Conocía un camino secreto detrás de las casetas que llevaba hasta la habitación.

Me quedé sentada respirando el aire oscuro. El campo rezumaba una calma que parecía sagrada. Perdí la mirada en la noche. Oí el silbido de un motor a vapor que sonaba a lo lejos. La oscuridad olía a humedad. Luego vi un punto de luz. Al principio pensé que era una luciérnaga. Pero cada vez se acercaba más y entonces descubrí que la luz no se desvanecía como pasaba con las luciérnagas. Era una linterna. Alguien caminaba en la oscuridad. Me quedé observando el punto de luz. Avanzaba en dirección a la estación del autobús. Presentí algo. Me quedé observando durante unos minutos. Vi la figura de la persona que sostenía la linterna. Una figura familiar. Sonó una bocina: llegaba el autobús. El punto de luz empezó a saltar arriba y abajo. Oí su respiración, era Yan.

El autobús entró en la estación. Ella estaba todavía a bastantes pasos de distancia. Esperé hasta que nuestras manos se tocaron. Había andado kilómetros. Sacó una bolsa enrollada del bolsillo interior y me la pasó. La bolsa olía a galletas. Yan jadeaba fuertemente. El autobús partió.

Mis padres me dijeron que Wong Soviética y Sonido de Lluvia se acababan de marchar de nuestra casa. Habían venido a controlarme. Vinieron a buscarme. ¿Les dijiste adónde fui?, pregunté a mi madre. No sabía dónde estabas y así se lo dije, me respondió. Dijeron que tu madre mentía –dijo mi padre–, dijeron que encubrir a un malhechor era un delito –mi padre se volvió a mi madre–. Mujer testaruda, ¡no deberías haber discutido con ellos! Tenía que discutir porque no estaban siendo razonables, soltó mi madre. ¿Qué dijeron?, le pregunté. Ella me miró y contestó enfadada: Dijeron que te has comportado como una individualista burguesa, que siempre has actuado por tu cuenta, que no tienes sentido del grupo, que eres egoísta y que por lo tanto tendrían que eliminarte. Sí, eso era lo que intentaban decir. Dijeron que habían venido para saber mi opinión, la opinión que tienen los padres de su hija. Vinieron para atraparte. Vinieron para acusarte, para ponerte el capirote en la cabeza.

Mi padre hacía gestos a mi madre con los brazos. Suspiraba y volvía a suspirar. ¿Dónde has estado? En la granja, dije. ¿Qué es lo que pasa contigo? ¿No te dabas cuenta de que iban tras de ti? ¿Por qué no sabes cuál es tu sitio y te comportas como se espera de ti? ¿No ves que ya hemos tenido suficientes problemas en la familia?, señaló el porche y levantó tres dedos, refiriéndose a Coral, su tercera hija. Estaba en el porche, furiosa conmigo. Pregunté qué había pasado. Antes de que mi madre dijera nada, mi padre me arrastró hasta la cocina y cerró la puerta. Me contó que a Coral la habían destinado a la granja del Fuego rojo porque yo me había marchado. La voz de mi padre sonaba ronca. Es muy injusto para Coral, dijo. Pero la habían destinado y tenía que marcharse. Mi padre dijo que a mi madre y a él les gustaría poder ir en lugar de Coral, para salvar a su hija.

Me sentí muy frustrada. Le dije a mi padre: ¿Y qué quieres que haga? ¿Que me cambie por ella? Sería una mentira si te dijera que lo haría. Yo ya estuve en la granja del Fuego rojo. Cumplí mi plazo. Lo tuve que hacer yo solita. Si tuviera agallas, debería... Me detuve, dándome cuenta de que hablaba egoístamente. El momento y la política decidieron mi destino. No tenía mucho que ver con un esfuerzo personal. No sabía nada de actuar pero me había convertido en actriz.

No quiero saber tus motivos –dijo mi padre–. No ayuda nada a Coral que discutamos. Sólo quiero que seas consciente de lo que pasa, y lo que pasa es que has dejado de ser una campesina y la familia necesitaba tener una campesina para cubrir la cuota del gobierno, y Coral, tu hermana pequeña, ha sido llamada para cubrir ese hueco.

Contesté: ¿Qué puedo hacer? ¿Cómo puedo ayudar? Acepta tu sino y permanece en tu puesto, dijo mi padre. Tu madre y yo no podemos permitirnos más pérdidas. Si te expulsan del estudio, tendremos dos campesinas en la granja del Fuego rojo.

Me hubiera gustado decirlo en voz alta, que no me iba bien en el estudio de cine, pero no podía defraudarles de esa manera. Les dije: Ya habéis visto lo mal que les caigo a mis profesores. ¿Cómo podría frenarlos? Mis padres se quedaron en silencio. Se sentían heridos.

Debería haber bajado a despedirles personalmente –murmuró mi padre–; Wong Soviética y Sonido de Lluvia estarán molestos por mi mala educación. Eres idiota si crees que eso habría cambiado algo –dijo mi madre–. No se merecían ser tratados como invitados. En mi casa no. Como mínimo, uno ha de fijarse en el amo cuando golpea al perro. Nunca sonreiré a alguien que viene a escupir a la cara de mi hija. ¡Cuidado con ese mal genio! –gritó mi padre–. ¿Acaso no aguantas suficientes malos tratos al comportarte así en el trabajo? No me arrepiento en absoluto –mi madre devolvió el grito–. Vive con honor o muere; ése es mi principio y quiero que mis hijos se comporten de acuerdo con él.

¡Pero mira lo que les has hecho! ¡Cuando actúan de acuerdo con tu principio, esa estupidez idealista, mira lo que les pasa! ¡La sociedad les pisotea! Mi madre dijo: No puedo creerlo, tú, el hombre con el que me casé, el padre de mis cuatro hijos, difamas mis principios.

Mi padre se golpeó el pecho, pateó con los pies, juró y rejuró que no era eso lo que quería decir.

Coral no me habló. Estaba haciendo la maleta para irse a la granja del Fuego rojo. Me dolía verla marchar hacia las penalidades por las que yo había pasado. No sabía cómo conseguiría salir adelante. Tampoco qué decirle. Me invadía el sentimiento de culpa. Le entregué a mi madre mi paga y le pedí que le comprara a Coral artículos de primera necesidad. Mi madre dijo que Coral había afirmado que no quería nada de mí. Supe que jamás conseguiría pagar el precio de sus sufrimientos.

No fui a casa el día en que se suponía que Coral tenía que marcharse a la granja.

Yo esperaba el interrogatorio de Wong Soviética, pero no me hizo ninguna pregunta. Mantuvo conversaciones con todas las demás de la habitación menos conmigo. Pensé que me criticaría abiertamente, pero no fue así. Les habló a mis compañeras de *Azalea Roja,* de la energía excitante que estaba a punto de generar la película. Repartió partes del guión, pero a mí no me dijo cuándo ni qué interpretaría. Me sentí excluida. Nadie se encargaba de mí. No me decían qué problema había conmigo. De pronto, no tenía nada que hacer. Me habían asignado la tarea de observar los ensayos de los demás. Oía voces recitando a gran volumen. Oía a Lanza Esperanzadora recitando versos en sueños. Mi dolor parecía agua que penetraba la arena, sin sonido, hasta el centro de mi ser. Parecía que había dejado de existir.

Abeja OhYang había sido amonestada por jugar demasiado al tenis de mesa con un estudiante varón. Alguien dio parte de que tonteaban el uno con el otro mientras le daban a la pelota. Abeja OhYang lloró y negó que entre ella y el hombre estuviera pasando algo. Wong Soviética había hablado con ellos por separado. Nos convocó a todos a una reunión. Afirmó que había comprobado que la pareja no hubiera ido demasiado lejos. Nos dio uno de sus consejos: Una mente sana es lo más importante en la vida. Mientras la escuchaba, observé su cara. Cada uno de sus nervios expresaba rectitud. Tenía la piel muy blanca. Su pañuelo olía a bálsamo de tigre.

Nos contó una historia, una historia de la que ella había sido testigo. Era sobre una joven actriz de tiempo atrás que se corrompió y destruyó su futuro al tener un lío con un hombre mayor que ella. Wong Soviética señaló que la actriz había leído demasiado *Jane Eyre. Jane Eyre* la había destruido.

Quise leer de inmediato *Jane Eyre,* aunque era la primera vez que oía hablar del libro. Según Wong Soviética, habían atrapado a la pareja en la carretera del estanque de la familia Chow. Un anochecer, mientras se escondían entre la maleza, la mujer fue reconocida por un camarada que pasaba por allí. Como dice el refrán: No existe ningún muro a prueba del viento. Su acto quedó al descubierto en medio de la noche. Fue inútil que la mujer confesara que lamentaba lo hecho. Wong Soviética había oído cómo lo decía en una reunión política popular. Pero era demasiado tarde. Fue considerada una delincuente para el resto de su vida. Ahora trabajaba como mujer de limpieza en los lavabos del estudio.

Wong Soviética dijo: Espero sinceramente que no sigáis el mismo camino catastrófico que ella. Clavó la vista en mí y movió levemente la cabeza. Aunque prefería evitar sus ojos escrutadores, me obligué a mí misma a mirarla de frente. Mi imaginación estaba representando a la joven actriz mientras era tocada por el hombre mayor entre los arbustos. Ahora sabía de quién hablaba Wong Soviética. Conocía a la joven actriz. Era de una belleza excepcional con unos ojos florecientes. Todos en el estudio la llamaban prostituta. Todo el mundo hacía bromas a costa de ella. Los trabajadores varones inventaban chistes verdes sobre cómo la habían poseído. Se había convertido en una broma. Pero, por extraño que parezca, yo no detectaba una expresión triste en su rostro. Tenía cara de pícara. Había dejado de importarle. Les devolvía el chiste a los trabajadores. Les decía a las esposas que se habían mofado de ella que había dormido con sus hombres. Les decía a los trabajadores que había dormido con sus jefes. Se convirtió en una puta de verdad.

El domingo por la mañana volví a casa a pasar el día con mis padres. Nuestro patio era un verdadero desastre. Habían asignado al Taller de Ferretería Wu Lee un nuevo jefe, ambicioso, que en su primer día de trabajo declaró que iba a ampliar el taller por nuestro patio para construir un cobertizo para bicicletas. Hizo que sus trabajadores cortaran el césped y levantaran la estructura de un cobertizo. Protestamos, luchamos por nuestro patio, gritamos todo el día. Pero él tenía más hombres que nosotros. Los nuevos empleados eran hombres desesperados. Perdimos. Echaron cemento sobre la hierba. Mis padres le dijeron al jefe: No puedes hacernos esto. Hemos estado aguantando el ruido de tu máquina y el olor de los productos químicos durante años; no puedes ocupar unos centímetros y luego cogerte un metro. No te puedes quedar con nuestro único patio, con nuestro césped. Mis padres casi suplicaban. El jefe ni se inmutó. Dijo: Lo hago para dar nuevos puestos de trabajo a los desempleados, gente que necesita desesperadamente arroz en sus platos. ¿Creéis que a mí me gustan los desesperados, los descarriados? ¿Dónde está vuestra conciencia? ¿No tenéis ninguna conmiseración por el proletariado?

Aquel día en casa fue verdaderamente deprimente. Flora estaba en el internado, Coral en la granja del Fuego rojo. A Conquistador del Espacio lo habían enviado desde la escuela secundaria a una fábrica de tractores para aprender a ser un obrero. Mi padre estuvo todo el día apoyado en la mesa trabajando en su proyecto, un libro desplegable, *Viaje a la luna.* Hacía mapas de Marte y de la Luna. Mi madre dijo que debería ser miembro del sistema solar en vez de pertenecer a esta familia. Miré a mi padre mientras pintaba el agujero negro. Tenía paciencia, las gafas le colgaban de la punta de la nariz. Dijo: Permíteme contarte qué es lo que hace brillar a la Luna, ¿quieres que te lo explique? Yo solté: ¿Qué importa si la luna brilla o no?

Después del almuerzo, mi madre se sentó con el libro *Sueño de la mansión roja.* Me llamó para recomendármelo. Creía que yo ya era lo bastante madura para leerlo. Dijo que ahora se podía leer, ya que Mao había dicho que no había por qué leer el libro como una antigua historia de amor en las oscuridades de un jardín; se podía estudiar como material educativo. El libro hacía un fiel retrato de la sociedad feudal de China, de la desagradable naturaleza de la clase opresora. Ésta era la instrucción más reciente de Mao. Mao recomendaba que todo el mundo lo leyera desde esa perspectiva. Le dije a mi madre que quizás en otro momento.

No le conté que hacía mucho tiempo que había robado el libro y lo había leído a escondidas, cuando ella lo ocultaba en un armario. Era el libro que había usado para la carta de amor de Yan a Leopardo. Copié los poemas y las frases de allí. También le conté la historia a Yan. Yan nunca llegó a leer el libro, pero conocía todos los detalles de la historia.

Le pedí a mi madre que me explicara el amor. Me contestó que la ponía en un apuro. Dijo que no había ninguna lección que aprender en lo referente a ese tema, porque todo lo que había que hacer era seguir los designios de la naturaleza.

Los designios de la naturaleza. ¿Acaso había dejado de seguirlos alguna vez? Yan y yo aprendimos de la naturaleza y lo hicimos lo mejor que pudimos en lo que a nuestras necesidades se refería. El río de su juventud desbordó la orilla cuando no le permitieron tener un hombre al que amar. Yo tenía que simular que era un hombre para ella. Pero le di todo mi amor.

En el estudio se celebró una gran asamblea. Después, a cada unidad le dieron a leer un documento en el que se criticaba a Chou, *Confucio*. El gobierno quería que los obreros leyeran entre líneas y empezaran a chismorrear sobre Chou, el primer ministro, su maldad, su conflicto con la camarada Jiang Qing. Nos incitaban a cuestionar su lealtad a Mao. Cuando me llegó el turno de leer aquellas líneas, leí sin interés. No me preocupaban los Chou. Me aburrían. Nos pidieron que comentáramos el texto. La gente hizo sus comentarios. Comentarios de lo absurdo. Debemos mantener China por siempre roja, fue la frase inicial de todos los oradores.

En el patio me encontré con una red llena de tortugas muertas y pescados de color verde pardusco parecidos a culebras. Era lunes por la mañana y me habían mandado a recoger cierto material de estudio de una librería que estaba cerca de la casa de mis padres. Decidí hacer una parada en casa. Como ya no contaba con el favor de la gente en el estudio, pensé que no se darían cuenta de mi ausencia. Mientras bajaba de la bicicleta, me pregunté quién habría traído las tortugas y el pescado. La mujer que era nuestra vecina me dijo: Tu amiga ha estado esperándote en la escalera durante horas.

Intenté adivinar quién podría ser. Cuando mis suposiciones se concretaron me di cuenta que no era capaz de aparcar la bicicleta. La tortuga y el pescado me recordaron el olor de la granja del Fuego rojo. Apoyé mi bicicleta en la pared y entré a toda prisa. La vi levantándose de la escalera. Yan, mi comandante, parecía una novia. Nuevo corte de pelo, por las orejas. Llevaba una chaqueta color añil completamente nueva, camisa roja con el cuello por fuera, pantalones azul oscuro y un par de zapatos negros de puntera cuadrada. Se la veía decidida y serena. Aunque seguía pálida, había dejado de estar triste. Me miró e intentó dominarse. Luego me dijo hola. Por el temblor de su voz supe que me quería sin remedio. Subí y estreché sus manos entre las mías. Entonces ella supo que yo la quería igualmente sin remedio.

No te esperaba, le dije. Me contestó: Acabamos de terminar la cosecha. Limpié las tortugas y el pescado para ti esta mañana. Los cogí ayer.

Me quedé observándola fijamente. Intenté descubrir cuánto había cambiado desde la última vez que la vi. Intenté enterarme de si las cosas le iban bien. Se apartó de mí y dijo: Oye, sólo los peces y las tortugas muertas se quedan mirando así.

Guié a Yan hasta el piso de mi familia. Abrí la puerta y la llevé a sentarse en el porche. Le serví una taza de té. La miré. No sabía cómo empezar la conversación. Le dije: Tienes buen aspecto. Yan respondió: No sé. Supongo que nací vulgar. Me siento como un cerdo; no me importa nada. Dejó de hablar y se hizo un silencio.

Luego miró a su alrededor e indicó un cuadro de Mao que estaba en la pared. Dijo: Es bueno, ¿quién lo ha hecho? Flora –contesté yo–. Lo hizo como tarea de la escuela. Yan suspiró y dijo que siempre había deseado saber pintar, pero lo dejó porque la nariz de Mao no le quedaba recta.

Señaló la gran cama de madera y dijo: Es grande. Respondí: Sí, Flora y yo dormíamos aquí, pero ahora sólo viene a casa los domingos. Yan preguntó por la salud de mi madre y yo le dije que seguía igual. No le dan ningún día libre. Tiene que ir a trabajar a diario. Va, se pone enferma y cuando el corazón se le acelera a más de ciento diez pulsaciones el médico le firma una carta y le conceden un día de descanso. Viene a casa, descansa y tiene que volver al trabajo al día siguiente. Y el ciclo comienza de nuevo. Le pregunté si había visto a mi hermana Coral en la granja. Una vez –contestó Yan–. Estaba cargando ladrillos con su equipo. Era lenta, la última, arrastrándose detrás de la tropa. No es tan fuerte como tú. Le contesté: Lo sé. Recuerdo que mi madre me contó una vez que Coral no pudo aguantarse de pie hasta que cumplió dos años. La niñera que mi madre contrataba en secreto se quedaba todos los cupones para comida de Coral y los enviaba a su pueblo para alimentar a sus propios hijos. Le pregunté a Yan cómo podía ayudar a mi hermana. Yan contestó: Oh, venga, Coral no es la única que está en la cárcel.

Yan dijo: Mírame, estoy vieja. Se estaba mirando en el espejo. Yo la miré también por un momento en el espejo. Mientras volvía a abotonarse el cuello añadió: La vida sigue, en serio que sigue.

Le pregunté: ¿Cómo está Leopardo? Yan me echó una ojeada y luego contestó: Su padre acaba de morir. Ha vuelto a Shanghai para asistir al funeral. ¿Has venido con él?, le pregunté. ¿Quién te crees que soy, su nuera? De cualquier modo, Leopardo salió de la granja primero y yo acabo de llegar hoy. ¿Estás saliendo con él?, yo la miraba. Se quedó callada. Dio un trago al té y se inclinó para mirar los dibujos de la madera de la mesa, luego miró el periódico. Al cabo de un rato dijo: Ya sabes que yo no empecé este asunto con él. Ahora ya es una historia añeja, quiero decir, nuestra relación. Mis mejores años no los pasé con él. Se los ha perdido. ¿No parezco una verdadera puerca? Bueno, por supuesto que le escribí cartas. ¿Cómo puedo decir que no fui yo la que empezó? Tú le entregabas mis cartas, ¿no...? Luego te marchaste para siempre. Él se acercó después a mí. Quiero decir, me mandó una carta. Me pidió que me reuniera con él en la fábrica de ladrillos. Me dijo que siempre me había querido. Simplemente tenía miedo de la presión política. Su secretaria andaba detrás de él. ¿Te acuerdas de la mujer baja y rechoncha que me describías? ¿La que aparecía cada vez que le pasabas cartas a Leopardo? Sí, me acuerdo –dije–. Me acuerdo de Vieja Wong. De cualquier forma, a su compañía ahora le van mal las cosas –continuó Yan–. Sus campos están más próximos al mar. Son más salados que los nuestros. Su compañía ha perdido incluso las semillas. Dejó que sus soldados se las comieran. No tienen nada que plantar. Está más desesperado que yo. Así que, ya sabes, nos vimos y hablamos de todo esto. Dijo que siempre le encantaron mis cartas. ¡Mis cartas! Por el amor de Buda, mis cartas. Luego, por supuesto, confesé que nunca escribí esas cartas. Ya sabes, me vi obligada a abandonar la farsa. Le hablé de ti. Oh, bueno, nada comprometedor, ya sabes, sólo una referencia a que tú escribías mejor que yo. Eso es todo. ¿Te he puesto en un apuro?

¿Te quiere?, le pregunté. Dice que sí. Pero no sé si debo fiarme de eso, dijo Yan. ¿Y tú?, pregunté. Ella me dijo: Bueno, ya sabes, todo esto no se me da muy bien.

Sorbió el té y empezó a masticar las hojas. Espero que te parezca lo suficientemente bien, dijo tragándose las hojas despacio.

¿Habéis tenido...? Antes de acabar la frase, Yan bajó tímidamente la cabeza como si supiera lo que iba a preguntar. Bueno... –dijo–, la granja era demasiado peligrosa para...Ya sabes, te pillan a la mínima. Me miró y sus mejillas se enrojecieron. Le pregunté: ¿Cómo te puedo ayudar? Contestó: Va a venir.

Me levanté de un salto y miré por la ventana: ¿Qué? ¿Quién? ¿Cuándo? Ella soltó: Lo he invitado a que se reúna aquí conmigo por la tarde.

¡Qué atrevida!, le dije. Ella respondió: Supongo que sí. Pero ya sabes, sólo vamos a vernos y tomar una taza de té juntos, ¿qué tiene eso de escandaloso? Se trata únicamente de sentarnos y tomar té sin más. Me reí ante su burda mentira. Sería como rascarse el pie desde fuera de la bota –le dije–. Estarías bastante ansiosa después. Ella respondió: Bueno, ya me conoces, a menos que... Yo dije: Sí, quizás pueda hacer algo. Se sonrojó. Hazlo, por favor, dijo. Yo hice un gesto de asentimiento: Sé que le quieres. Ella contestó: Bueno... Yo pregunté: ¿Le quieres? ¿Te gustaría disponer de un poco de espacio a solas con él durante un rato? Se volvió a la ventana y asintió levemente. ¿Podrías ser mi vigilante?, me preguntó lentamente, sin mirarme. Sí, lo seré –le contesté–. Seré tu vigilante. Quiero serlo. Me dijo: ¿Lo harás? Se volvió para mirarme. Me miró a los ojos y luego repitió: ¿Lo harás? Me levanté y fui a la cocina. No podía soportar sus ardientes ojos.

Mientras preparaba té de jazmín para las dos, la sensación de su tacto me invadió. Sentí el calor de su cuerpo. Sentía que ese cuerpo me absorbía. Me temblaron las manos. El agua caliente de las tazas se derramó al suelo y me mojó los pies. Cogí un trapo y empecé a secarlo. Mi mente empezó a imaginar cosas. Veía la dicha en su cara, la dicha de ser tomada, de ser penetrada profundamente. Podía sentir su humedad. Podía oír sus gemidos de animal. Yo sabía cómo se movía cuando se excitaba, cuando no podía evitar abrazarme con fuerza, acercándome más y más, apretándome, pegándome a su piel, dejando marcas de mis dientes en sus hombros. Yo quería actuar como una observadora, observar a Leopardo haciendo lo que yo había hecho y había dejado de hacer.

Yan permaneció de pie junto a la entrada de la cocina, mirándome.

Eran las diez de la mañana. Contábamos con unas cuantas horas antes de que llegara Leopardo. Yan me preguntó si iba a tener algún problema con mi unidad de trabajo. Le dije que volvería a mentir. Yan me preguntó qué diría. Lo pensé durante un rato y le dije que rompería la bicicleta y luego le diría a Wong Soviética que había tenido un accidente de tráfico. Yan preguntó: ¿Eso servirá? Yo le contesté: Mienta o no mienta... el resultado será el mismo porque no me creerán de ningún modo.

Yan sugirió que fuéramos a darnos una ducha en los baños públicos de la calle Salada. Me pareció una buena idea.

Íbamos de la mano como dos colegialas. Sus trenzas estaban castigadas por el sol, tenían un color amarillento. Un vecino nos vio al pasar; me hizo un gesto con la cabeza y, mirando a Yan, dijo: ¿Un familiar del campo? Luego le preguntó a Yan: ¿Qué te parece Shanghai? *Ma-ma-hu-hu*, contestó Yan en el dialecto so-so de Shanghai. El vecino se quedó sorprendido. Dijo: Su dialecto es bastante bueno. Soy de Shanghai, ¿es que no te das cuenta?, le soltó Yan. El hombre meneó la cabeza: Pareces tibetana.

Yan dijo: Vayamos a los grandes almacenes. Quiero comprar algo que he deseado mucho tiempo. Nos movimos a través del gentío y entramos en el Segundo Gran Almacén de Shanghai. Nos dirigimos al mostrador de tejidos. Yan dijo que era demasiado mayor para los colores que le gustaban. Dijo: Quizás, podría usarlos para hacer ropa interior, ¿tú qué crees? Le dije que costaban demasiado para llevarlos como ropa interior. Nos fuimos hasta el mostrador de ropa. Yan vio ropa interior de color rojo intenso. Le pidió inmediatamente al dependiente que se la enseñara. Sin ni siquiera consultarme, compró un conjunto de ropa interior rojo intenso. Basta ya, dijo cuando me vio sonreír. Yo le contesté: ¿Nunca te olvidarás del color rojo?, y empecé a reírme. Me preguntó: ¿Qué es lo que tiene tanta gracia? Le respondí que acababa de venirme a la cabeza que usábamos el color rojo para hacerle bolsas al Pequeño Libro Rojo. Yan contestó: Pues bueno, para mí el rojo es un color apasionado, y uno es como lo que lleva puesto, ¿era esto lo que esperabas? Como siempre, me conoces mejor que las lombrices de mi intestino.

Le dije que tenía miedo de que me viera algún compañero de unidad. Ella preguntó: ¿De qué va toda esta mierda? Yo le contesté que ella no conocía a la gente del estudio. Son lobos hambrientos. No les gusto. Yan me dijo: Pero has conseguido superar las pruebas de selección, ¿no deberían respetarte? Yo le contesté: Lu está en todas partes. Vale, vale –dijo–, ahora te entiendo.

A la salida se apiñaba un tropel de gente que hablaba dialectos del norte y del sur. Aunque no había mucho para elegir en el almacén, Shanghai siempre había sido el centro de la moda de la nación. La gente de fuera de la provincia venía cada varios años a comprar ropas que durarían generaciones. Se sentaban en la acera y fumaban tabaco, enseñando sus dientes podridos.

Pasamos por una calle en la que había un escaparate con fotos de representaciones de óperas. Yan se quedó mirando lentamente cada fotografía y de pronto dijo: Soñaba con encontrarte en estas fotos. Se volvió a mí y añadió: En mis sueños ya no tenías el aspecto de siempre. Eras otra persona, alguien como Lu. Supongo que ése era mi temor. Pero, ya ves, no has cambiado demasiado. Yo le respondí: Habría tenido mejores posibilidades si hubiera cambiado.

Dejamos de hablar pero seguimos caminando. Me di cuenta de que no me hacía a la idea de que Yan tuviera que marcharse. No podía pensar en su vida de vuelta en la granja del Fuego rojo.

Una joven caminaba en nuestra dirección. Estaba llena de frescura, como un melocotón cogido de un árbol. Llevaba una falda a rayas en diagonal de color azul marino y unas sandalias de plástico verde. Yan se la quedó mirando, a ella y a sus pies. Le dije: No tienes por qué envidiar sus bonitas uñas. Yan soltó: Mis uñas se han echado a perder, me encantaría llevar sandalias, pero no puedo.

No se sentía segura andando entre las muchachas de la ciudad. Le molestaba la gente que se quedaba mirando su rostro curtido por la intemperie. Entramos en un local en el que servían sopa y en el que hacía un calor bochornoso. Yan fue a sentarse a una mesa de cara a la pared. Me fui con ella. Nos quedamos sentadas frente a la pared. Una camarera con la cara larga vino a pasar el trapo por la mesa sucia. Pedimos dos potajes de alubias rojas. Los bordes de los tazones parecían dentaduras de perro. Comimos cuidadosamente con las cucharas. Yan pidió pan cocido al vapor. Se comió cuatro piezas y yo dos. Las paredes del local estaban empapeladas con retratos y citas de Mao. Los retratos de Mao habían adquirido un color marrón amarillento. El olor a tabaco era fuerte. Yan y yo permanecimos sentadas sin decirnos nada.

La camarera volvió a venir. Tenía la cara todavía más larga. Nos soltó: O cagáis o dejáis el orinal. Yan le lanzó una mirada de soslayo. La camarera le dijo: ¿Qué problema tienes, aldeana? Yan se quedó callada. Yo le pregunté a la camarera: ¿Qué te cuesta ser un poquito más simpática? Soltó bruscamente: ¿Por qué tengo que ser simpática contigo? ¿Quiénes sois vosotras, aldeanas? Yan la miró de arriba abajo. Yo sabía que estaba pensando un modo de contraatacar. La camarera estaba empapada en sudor. Pasó el trapo por la mesa y siguió maldiciendo. Vámonos de aquí, dijo Yan. Mientras salíamos a la calle, Yan dijo que podía haber puesto en ridículo a la camarera pero pensó que aquella mujer daba lástima. La gente infeliz es peligrosa, dijo.

Compramos billetes para la ducha: cincuenta céntimos por persona. Nuestros números eran el 220 y el 221. Los baños estaban situados detrás de una tienda donde servían arroz. Había cientos de bicicletas aparcadas en hileras sobre la acera. Hombres y mujeres entraban y salían de los baños haciendo sonidos ding-ding-ding sobre el cemento con sus sandalias de madera.

Nos pusimos en la fila de mujeres que esperaban para entrar. Un hombre con la cara deformada vigilaba la entrada. Tenía la voz chillona. Número 185, bañera, gritaba y dejaba pasar a una persona. Pasaron diez minutos y no salía nadie. La mujer que estaba delante de nosotras empezó a charlar con el vigilante. Se quejaba de la lentitud de los bañistas. El hombre decía: Todo el mundo hace lo mismo. Vienen a bañarse tres veces al año.

Después de pagar y tener que esperar tanto, quieren, por supuesto, que el dinero les cunda: pasan todo el tiempo posible en el baño. No es nada raro que a alguien le dé un desmayo en la bañera. El hombre se rió mientras sacudía la cabeza. Pues yo no me desmayaré –dijo la mujer–. Vaya estupidez. No puedo ni imaginarme que me tengan que sacar desnuda. El vigilante dijo: ¿Quién sabe? Si algo puedo garantizar a todo el que viene aquí es que saldrá con algún kilo de menos. El gentío se rió con el vigilante. Salió una mujer. Número 186, bañera. El vigilante dejó entrar a otra persona. ¿Y qué pasa con las duchas?, le pregunté. Aún no hay ningún lugar disponible para las duchas. Como he dicho antes, la gente se lo toma con calma.

Yan dijo: Deberíamos haber pagado un poco más y coger una bañera para dos. Le dije que dudaba de la limpieza de las bañeras. Le hice una indicación para que echara un vistazo a una mujer que estaba unos cuantos metros detrás de nosotras y que obviamente tenía algún tipo de problema en la piel. Yan se rascó la cabeza y dijo: Oh, no. La mujer de delante de nosotras le preguntó al guarda qué sabía del incidente que había tenido lugar hacía unos meses. El vigilante le contestó: ¿Cómo no voy a saberlo? La mujer le preguntó: ¿Qué pasó con aquel hombre detestable? El guarda explicó: Lo arrestaron, por supuesto, y lo mandaron a la cárcel. No era la primera vez que hacía este tipo de cosas. Se le daba bien. Tenía un rostro delicado y no le preocupaba vestirse de mujer. Pero ¿cómo es que le dejaste entrar?, preguntó la mujer. El vigilante se sintió un poco turbado. Dijo: ¿Y cómo quieres que lo supiera? Cada día pasan cientos de mujeres. ¿Cómo podía adivinar que era un hombre? Si fuera normal, no se habría puesto en la fila de mujeres. Y, al final, ¿cómo lo atrapaste?, preguntó la mujer. El guarda contestó: Bien, había una mujer mayor. Era muy vieja, unos setenta años, y muy exigente. Nunca le importaba que le vieran el cuerpo. Recorría toda la casa de baños completamente desnuda, quejándose de que la temperatura del agua estaba demasiado caliente. Y, ya sabes, cuando no hay demasiado vapor en el ambiente, todo se ve más claro. Dio la casualidad de que la vieja reparó en su ya-sabes-qué. Y entonces se desmayó. La sacamos y la refrescamos. Cuando se despertó, nos contó lo que había visto. El hombre se estaba vistiendo en aquel momento. Intentó escaparse, pero yo soy vegetariano. Nunca me fallan las fuerzas. La mujer se volvió a nosotras y suspiró: ¿No es grotesco? El guarda dijo: ¿Y qué tiene de grotesco? Cada año arrestan a unos cuantos cientos de hombres por espiar en las ventanas de las duchas de las mujeres.

El vigilante explicó que el año anterior pilló a una mujer en la bañera grande de los hombres. Tenía aspecto de muchacho, era alta y delgada. Con el pecho plano y un vello muy, muy espeso sobre su cosa. De hecho, venía a bañarse continuamente. Dijo que trabajaba como portero. Por su voz no pude adivinarlo. Es natural que un muchacho tenga voz afeminada, ¿no? Siempre la dejaba pasar. Nunca puse en duda que fuera un hombre. Era simpática conmigo y me traía cigarrillos. Era muy agradable.

Pero ¿cómo la descubrieron?, estábamos impacientes por oír la historia. El guarda encendió un cigarrillo, aspiró y empezó lentamente. Uno no puede zamparse de golpe la papilla caliente cuando tiene prisa, ¿o sí? –siguió adelante–. Sucedió algo extraño. Los billetes para la bañera de hombres se agotaban y siempre quedaba gente esperando. Me quedé intrigado. ¿Por qué nuestros clientes se habían vuelto tan entusiastas de repente? Bueno, pues había corrido la voz. Los hombres decían que se habían enviciado con los baños. Con todo el vapor que había en el aire, era como meterse en una densa niebla. Manos extrañas les masajeaban su instrumento solar. Les volvía locos. Y empezaron a ir en su busca. El sonido de los baños tapaba los gemidos. La mujer era en realidad...bueno, ¿tengo que decirlo? ¡Era una bestia!

¡Cuéntame cómo la atrapaste! –le dijo la mujer al guarda–. ¡Cuéntame cómo la atrapaste! Bien –dijo el vigilante–, para atrapar al tigre visité su cueva, mira por donde. A la mujer se le agrandaron los ojos. ¿Quieres decir que... hiciste... eso? El guarda asintió con la cabeza. ¡Pero fue para librarme de ella! La mujer se le quedó mirando. ¿Pero no puedes negar que te lo pasaste bien con ella, eh? Él se llevó la mano a la boca y le susurró: Era una perra caliente. Era difícil dejarla marchar. Cuando la envié al Departamento de Seguridad del Estado, para ser sincero, la verdad es que me dio cierta tristeza. Su cuerpo era... se sentaba encima de mí. Vaya bestia. Demonios, supongo que nunca la olvidaré.

Por fin, el guarda gritó nuestros números. Le dimos los billetes y entramos en los baños. El vestíbulo era estrecho y tenía un alto techo. Las duchas de los hombres estaban a la izquierda y las de las mujeres a la derecha. Una cortina de algodón azul colgaba junto a la entrada. Al descorrer la cortina salía el aire vaporoso. Entramos. El lugar estaba abarrotado. El aire era humeante. Había una mujer de cara ruda sentada a la entrada con un brazalete rojo en el brazo, una cuerda con llaves de las taquillas en una mano y una campana en la otra. Hizo sonar la campana y aulló: Tened cuidado con los monederos y los bolsos. Se castigará a los ladrones. No olvidéis devolver la llave de vuestra taquilla. No se permite lavar ropa dentro de las duchas.

No pudimos encontrar una taquilla libre. La gente estaba atareada cambiándose. Vimos que una mujer mayor dejaba su taquilla y la cogimos. Le dije a Yan que seguía pensando en las historias del vigilante. No podía creer que pasaran esas cosas allí mismo. Yan dijo: Supongo que podrían suceder. Fíjate, la verdad es que no se puede ver demasiado entre el aire humeante. Miré a mi alrededor. En efecto, no se veía muy allá.

Yan me miró mientras se quitaba la ropa. Al parecer, me estaba mostrando que su cuerpo era lo único que seguía igual mientras el tiempo había ajado su rostro y su mente.

El trabajo de la granja mantenía fuertes sus músculos, conservaba su cuerpo a punto y sus pechos firmes. Aun cuando yo ya no estaba familiarizada con lo que ella pensaba, el ver su cuerpo ante mí me devolvió a la época en la que cantábamos juntas *Mi patria* con Pequeña Hoja. Frente a la desnudez de Yan, mi deseo se reavivó.

La mujer ceñuda con la campana estaba observando a Yan. No dejaba de gritar y darle a la campana, pero sus ojos seguían sobre el cuerpo de Yan. Entre los menudos cuerpos reblandecidos de la estancia, el de Yan era como un pino que se eleva entre los arbustos. Sus pechos en forma de capullo de loto sobresalían orgullosos. Le costaba meter nuestra ropa en la taquilla. Le eché una toalla sobre los hombros. La mujer ceñuda apartó la mirada. Pensé en cómo observaría el guarda a Yan si estuviera por allí. Le expliqué a Yan mis pensamientos. Yan bromeó: No has cambiado. Finalmente consiguió guardar la ropa bajo llave. Fuimos en dirección a las duchas. Yan me dijo: Disfruto mientras me miras. Le contesté: Quizás deberíamos haber cogido una bañera para dos y olvidarnos de las enfermedades de la piel. Dijo: La ducha también servirá. Entremos. El aire parece denso.

La sala de duchas tenía muchos grifos. Todos estaban ocupados y todo el mundo estaba enfrascado en la limpieza. El agua caliente corría constantemente. Sólo pudimos encontrar una ducha libre, así que le dije a Yan que la cogiera mientras yo salía a decirle a la señora de la cara ceñuda que no podía encontrar una ducha. La señora me contestó: Bueno, pues tendrás que esperar hasta que quede la siguiente ducha libre, o la puedes compartir con tu amiga. Le pregunté cuánto tendría que esperar: Quizás cinco minutos, quizás cincuenta.

Entré y le expliqué a Yan lo que me había dicho la mujer. Yan dijo: Me siento como si volviéramos a estar en nuestra mosquitera. ¿Puedes frotarme la espalda? Cogí un trozo de jabón, lo restregué contra una toalla y empecé a lavarle la espalda. Apliqué jabón una vez más y volví a frotar. Hacía tanto tiempo que no tocaba aquel cuerpo..., hasta entonces no me di cuenta de lo mucho que lo echaba de menos. Permaneció bajo el agua corriente y me dijo: Frótame más fuerte. Mientras continuaba frotando, sus pechos se irguieron. Mis manos se calentaron. Tuve que detenerme. Yan empezó a frotarme a mí. Miré alrededor. A mi derecha, una bañista se estaba enjugando. Echó un vistazo a Yan y admiró su robustez. Le hice un gesto a Yan. Reparó en la bañista y le devolvió la mirada. La bañista bajó apurada la cabeza. El cuerpo de esa mujer me recuerda a un mueble: una espalda como una puerta, pechos planos, pezones como el tirador de un cajón, piernas como las patas de una mesa y cara de berenjena cocinada. La mujer recogió su jabonera y sus ropas, se envolvió con una toalla y salió. Cogí su ducha. Nos lavamos hasta que estuvimos cansadas.

Nos encontrábamos en el humeante vestuario. Yo me vestí más deprisa que Yan. La observé mientras se vestía. Lo advirtió y sonrió. Yan sabía que me gustaba mirarla. Lo hizo más lentamente, se frotó los hombros con la toalla. Adoraba su cuello largo y sus amplias espaldas. Su elegancia. Era el cuerpo que yo solía devorar cada noche. Sus pechos, su redondez. Me gustaría poder acariciarlos otra vez. El corazón me dio un brinco cuando mis ojos se fijaron en ellos. Yan se inclinó para recoger su sujetador detrás de mí. Sus pechos me rozaron ligeramente la cara. Te quiero, le susurré. Me sonrió y dijo: Lo sé. Se puso el sujetador y se lo abrochó. Yo metí la toalla dentro de la bolsa. Ella se ató los zapatos. Al salir de la casa de baños me dijo que se había vuelto más corrupta de lo que yo podía imaginarme.

Era mediodía. Nos tomamos cada una un bol de fideos en el camino de vuelta. En la esquina había una anciana. Llevaba una cesta tapada con una toalla húmeda. Estaba vendiendo jazmín clandestinamente. Le pagué cincuenta céntimos y compré una ristra. Nos llevamos el jazmín a la nariz y lo olimos durante todo el camino de regreso a casa. Yan tenía un pétalo en la boca. Se lo comió cuando llegamos a nuestra calle.

Yan se quedó echada perezosamente en mi cama jugueteando con el jazmín. Se lo cogí y esparcí los pétalos sobre su pelo. La olí. Olí su tristeza oculta. Se soltó el cinturón y se quitó la chaqueta. Dijo que quería morirse en esta cama. Empecé a besarla y le saltaron las lágrimas. Se apartó de mí. La asaltó la tristeza. Quise protegerla. Mis besos le dijeron lo mucho que la había echado de menos. Pero lo único de lo que no podíamos hablar era de Leopardo. No importaba lo mucho que nos quisiéramos, nuestra situación nos separaba. Nos separaba sin ninguna esperanza. Sin avisar, sin apremio. De repente ya no nos teníamos confianza. Yan estaba desesperada. Yo estaba desesperada. No queríamos darnos cuenta de que nos habíamos aferrado a algo, a un pasado muerto que no podía prosperar. Éramos brotes de arroz arrancados del barro. Estábamos tendidas, con las raíces al descubierto. Pero no queríamos someternos. Nunca nos conformaríamos. Éramos heroínas. Simplemente intentábamos llenar el vacío. Intentábamos hacerlo lo mejor posible. Los brotes de arroz intentaban crecer sin barro. Intentaban sobrevivir a lo imposible. Habíamos resistido la brutalidad del clima que nos azotaba. La desesperanza había penetrado hasta lo más profundo de nuestra piel. No iba a permitir que me viera llorar. Pero vio lágrimas en mis besos. Ella dijo: Acéptalo como un sueño. Yo dije: Leopardo está de camino, ¿no deberíamos prepararnos?

Sonido de pasos en la escalera. Es mi padre –dije–. Yan volvió a ponerse la chaqueta rápidamente y se abrochó el cinturón. Saqué un yuan y le dije: Vete a comprar dos entradas para el Teatro del Viento del Este. ¿Por qué? Para librarnos de mi padre. ¿Para qué sesión?, preguntó. *Lenin en 1918* y *Lenin en octubre* –le contesté–. Y no olvides que sean dos pases seguidos. Yo quería que mi padre estuviera fuera por lo menos cuatro horas. Yan dijo: No, no podemos hacerle eso. Le contesté: Deja esto en mis manos. Llevé a Yan hasta la ventana trasera y le dije que se deslizara por el tejado. Cuando vi que lo había conseguido y cruzaba la verja, cerré la ventana.

Le pregunté a mi padre por qué venía a casa tan temprano. Me dijo que traía buenas noticias. El Museo de Historia Natural de Shanghai estaba a punto de volver a abrirse. Los del museo fueron al taller de imprenta y hablaron con el jefe porque querían «tomar prestado» a mi padre para dirigir el espectáculo del planetario. Éstas son las noticias que he esperado tanto tiempo –dijo mi padre excitado–. Mi sueño es trabajar con los astros. Estoy cansado de traducir manuscritos técnicos para Albania. Mi pésimo ruso nunca va a mejorar. Prepárame un poco de arroz frito, hija.

Mientras mi padre revolvía en un cajón, empecé a prepararle algo para comer. Esperaba que Yan consiguiera las entradas sin problemas. Normalmente, estas películas no tenían público porque eran las dos únicas extranjeras y las habían estado poniendo durante años. La mayoría de la gente conocía la historia y los adolescentes recitaban las frases por el vecindario: «Tendremos pan; tendremos leche; la revolución triunfará. ¡Larga vida a la Unión Soviética!».

Yan regresó mientras mi padre aún comía. Los presenté. Yan se mostró tímida. No levantaba la cabeza. Mi padre dijo: ¿Ves ese satélite de la tierra hecho a mano que cuelga del techo? Yan levantó la cabeza y miró el techo. Mi padre se rió, luego dijo: Perdonadme, chicas, sólo quería ver la cara de la mejor amiga de mi hija. Espero que no os moleste mi broma. Yan intentó parecer serena. Mi padre dijo: Todas las amigas de mi hija son tímidas. Mi hija es un mono travieso, ¿a que sí? Yan bajó la cabeza, ruborizada. ¿No estás de acuerdo? –preguntó mi padre–. Pues entonces es que no la conoces. Parecía feliz. Era raro verlo de un humor así. Me arriesgué. Le dije: Papá, te he comprado dos entradas para el cine. Qué amable –dijo mi padre–. ¿Para qué película? *Lenin en octubre* y *Lenin en 1918.* No –dijo–. He visto esas películas cientos de veces. La verdad, tengo cosas mejores que hacer. ¿Tienes que defraudarme de esta forma? –le dije dejando las entradas sobre la mesa–. Siempre había pensado que te gustaba lo ruso. Me senté en la mesa y puse cara enfurruñada. Esperé. Y mi padre dijo exactamente lo que esperaba. Bueno, supongo que tengo que complacer a mi hija –dijo cogiendo las entradas de la mesa–. ¡Ay, vaya! Empieza dentro de diez minutos. Vete ahora mismo –le dije–. Estoy segura de que disfrutarás. Lo empujé afuera. Mi padre bajó las escaleras meneando la cabeza.

Me siento culpable, dijo Yan. Le contesté: Créeme, se lo pasará bien. Cuando ve una película, se pone como un crío. Se entrega completamente. Lo conozco bien. Podemos sentirnos seguras.

Yan preguntó hasta qué punto era segura la habitación. Se trataba de un porche pequeño con grandes ventanas y puertas de vidrio cubiertas por cortinajes de flores verdes. ¿Vigilarás por mí detrás de las cortinas?, preguntó. Yo asentí con la cabeza. Nadie vendrá a esta hora del día –le dije–. Al otro lado de las ventanas hay grandes árboles que bloquean la vista de los vecinos. Encima de las hojas está el cielo. ¿No te importará que te observen los pájaros, o sí? Puedes mirar cómo cambian de forma las nubes. Yo lo hago a menudo.

Yan se sentó en la cama mientras yo arreglaba las cortinas, doblaba mantas y colocaba cojines. Yan me miró. Aparté la vista porque no podía soportar que me mirara así. No soportaba ver en mi interior. Los ojos de Yan decían lo indecible. Yan me preguntó qué estaba haciendo. Le respondí: Esperar a Leopardo. Yan se puso nerviosa. Vino a sentarse a mi lado. Apoyó la cabeza en mi cadera. Me rodeó la cintura. Dijo que tenía que superar su nerviosismo. Le dije: ¿Por qué no me besas? Sentí sus labios, su abrazo. Le dije: Las hojas están tan verdes, los juncos deben haber crecido completamente en la granja. Pasa una nube. ¿No crees que parece una bola de algodón gigante? No me contestó. Siguió con lo que estaba haciendo. Me quedé mirando el patio atentamente. La parte verde del patio. Observé los capullos de melocotonero que caían desde la rama, pétalos sobre pétalos. Dejé que el calor de Yan me traspasara. Mantuve la calma. Ya no veía el patio. Era un océano verde lo que contemplaba. Estaba flotando con Yan en las olas.

Leopardo apareció en la entrada del callejón montado en una bicicleta. Aparcó la bici debajo de un árbol. Llevaba una bolsa de plástico verde a la espalda. También se había hecho un nuevo corte de pelo, lo llevaba engominado. Sus ojos parecían inquietos, los pasos inseguros. Recordaba a un ladrón que roba por primera vez, con la cara roja de culpa. Llevaba ropa de color azul marino. Me vio. Saludó con la mano, turbado. Su sonrisa resultaba graciosa. Yo le saludé también y dije que bajaba a abrirle la puerta. Me alejé de la ventana. Yan estaba de rodillas y levantó la barbilla, mirándome con los ojos ardientes. Intenté contenerme. Me arrodillé delante de ella. Dije: Leopardo está abajo, ¿quieres que vaya a buscarlo?

Bajé y abrí la puerta a Leopardo. Se introdujo rápidamente en el interior. Estaba demasiado nervioso para decir hola. Cerré la puerta y me lancé escaleras arriba. Leopardo me siguió por las escaleras hasta el porche. Yan se bebía el té junto a la mesa. Leopardo dejó la bolsa, colocándola justo junto a sus pies, y se sentó al otro lado de la mesa. Dijo: Bien, se aclaró la garganta y luego soltó una risa seca. Yan no lo miró. Se hizo un silencio. Un largo momento tenso. Intentábamos evitar la mirada de los demás. Leopardo pasó un mal rato intentando saber dónde poner las manos. Empezó a hablar. Dijo que se había quedado atascado en medio del tráfico. Dijo que había tomado prestada la bicicleta de su tío, que era un portero retirado. La bicicleta tenía la cadena oxidada y una rueda pinchada. Dijo que sentía habernos hecho esperar. Yan, sin atreverse aún a mirarlo, preguntó cómo había ido el funeral. Leopardo contestó que bien. Yan le preguntó por su madre. Dijo que estaba bien. Se había ido a pasar unos días al campo con su novena tía. Su novena tía vivía sola. A su hijo, el primo de Leopardo, lo habían arrestado recientemente y lo habían condenado a la cárcel. Yan preguntó el motivo. La novena tía nunca lo había explicado detalladamente al resto de la familia. Su primo tenía veintisiete años, era violinista y había compuesto una canción llamada *A ella*. ¿Estaba relacionado con alguna mujer?, preguntó Yan. Leopardo asintió y dijo que se llamaba Luna. Silencio. Tres mentes se dejaron arrastrar hacia sus propios reinos. Leopardo echó una ojeada al reloj. Era nuevo, un voluminoso reloj fabricado en Shanghai. Yan dio otro sorbo al té. Fuera, los pájaros cantaban con fuerza.

Yan no preguntó nada más a Leopardo. Leopardo no sacó ningún otro tema. Estaban sentados como dos jefes de compañía en una reunión del Cuartel General teniendo cuidado de lo que decían. Dije que el hombre del tiempo había dicho por la radio que aquella tarde habría lluvia de pelo de vaca. Leopardo dijo: ¿Oh, sí? Yan dijo: Oh, lluvia de pelo de vaca. Sí, siempre me ha gustado la lluvia de pelo de vaca, dije yo. A mí también, dijo Leopardo. A mí también, dijo Yan. Se miraron el uno al otro.

Me fui a la cocina y serví una taza de té de jazmín. Volví al porche y dejé el té delante de Leopardo. Llené otra vez la taza de Yan y luego volví a sentarme. El aroma del jazmín perfumaba el porche. El sol se movía ligeramente hacia el oeste por la habitación. El reloj de la sala sonaba como un lento latido de corazón. Me levanté y corrí las cortinas de las ventanas. La habitación se ensombreció, quedando de color verde.

Antes de que saliera del porche, Leopardo me miró suplicante. Me recordó el día en que fui a la Compañía Treinta y Dos para entregar la carta de Yan. Cómo me hubiera gustado que en aquella ocasión me hubiera lanzado esta mirada. Me acordé de la decepción que sentí. La decepción de Yan. Su mal de amores. No podía perdonar a Leopardo. No obstante, lo perdoné. Porque en una ocasión él fue el motivo de que Yan me necesitara, porque hizo de nosotras dos una sola.

Cerré la puerta de vidrio del porche tras de mí. Me fui a la cocina. Cogí una silla, me senté y miré por la ventana. Observé a una vecina con un nuevo y reluciente peinado en forma de seta, que pasaba por el callejón con una cesta de espinacas. Observé a un grupo de críos que jugaban con piedras. Observé el humo de una cocina que salía por la ventana de enfrente y a una ama de casa que tiraba un cántaro de agua al suelo. Observé. Pero mi mente no estaba conmigo. Mi mente estaba con Yan y Leopardo.

El Viejo Sastre entró en el callejón. Estaba enjuto como el cereal seco. Sacó su tabla de coser y la colocó en el patio junto a la pared. Lo hacía cada día. Nunca tenía prisa. Puso una chaqueta a medio hacer sobre la tabla y sacó una aguja de una cajita oxidada. Se puso las gafas e intentó pasar el hilo por la aguja. No podía hacerlo. Partió el hilo con los dientes y lo volvió a intentar, luego otra vez. Lo observé, aunque mi mente seguía en el porche. El sonido del reloj era cada vez más fuerte. Recorrí la cocina de un lado a otro. No oía ningún ruido en el porche.

Intenté frenar mi deseo. El deseo de observarles. El deseo de observar a mi otro yo: Yan. Me sentía como si nunca hubiera dejado el porche. Yo estaba en Yan. En el porche había tres personas en vez de dos. Se intensificó mi curiosidad. Mi anhelo era irresistible. Yan sabía que yo estaba vigilando. Sabía que estaba detrás de las cortinas. Quería que yo participara en esto, ¿no era cierto? Yo no podía hacer otra cosa que ver el modo en que sus labios cederían y su aliento subiría de temperatura. Podía sentir sus brazos rodeando mis hombros. Los brazos que me envolvían como serpientes. No podía distinguir si eran de Yan o de Leopardo o de ambos.

Quería sentir el cuerpo de Leopardo. Quería que nosotros tres estuviéramos conectados como cables eléctricos. Temblé mientras mis dedos tocaban las cortinas. Estaba segura de que lo que hacía no estaba bien. Odiaba a los espías. Y yo iba a espiar. ¿Y qué pasaba si Leopardo se daba cuenta? ¿Qué pasaría? ¿Me odiaría Yan por echar a perder su placer? ¿Se enfadaría Leopardo?

Me obligué a mí misma a volver a la cocina. Mientras miraba otra vez por la ventana, vi al Viejo Sastre planchando la chaqueta. Planchó el cuello, luego las mangas. Dejó la plancha encima del horno. Esperaba a que se calentara la plancha. Abanicó el horno. Las llamas subieron. De pronto el Viejo Sastre se volvió hacia mí. Era demasiado tarde para esconderse. Me sonrió. Pero su sonrisa me hizo sospechar. Fue una sonrisa misteriosa. ¿Adivinaba lo que estábamos haciendo? Tenía una sonrisa extraña, de significado indeterminado. ¿Debía alarmarme? ¿Debía advertir a Yan? ¿Subiría? ¿Cuánto tardaría en subir? ¿Qué haría si se decidía a subir?

El Viejo Sastre era un respetado activista en el vecindario. Había informado sobre ladrones y adúlteros. Le habían premiado por su «revolucionario sentido del olfato». Su principal interés no era coser ropa sino enterarse de noticias secretas. Estaba implicado en los problemas de muchas familias. A menudo lo elogiaban en la pizarra del distrito. Y estaba allí en ese preciso momento sin dejar de sonreírme. Fingí que comprobaba si la ropa estaba seca. Dio un gran trago de agua, levantó la plancha y roció el agua con su boca por encima de la chaqueta. Pasó la plancha sobre las mangas y un vapor blanco se elevó.

Retrocedí hasta la sala de estar. Me torturaba aquello en lo que no podía participar. Mi mente dibujaba las imágenes para mí. Imágenes salvajes. Seguí andando de un lado a otro con cuidado. Con cautela, sin hacer ningún ruido. Mis pasos se detuvieron ante las cortinas. Me quedé quieta, escuché con atención. Mi aliento se volvió entrecortado. No oía nada. Nada en absoluto.

El deseo se apoderó de mí. Con cuidado, con mucho cuidado abrí una rendija entre los cortinajes verdes. Miré al interior y vi un abrumador color rojo en primer término y me figuré que era la ropa interior de Yan. Dejé caer la mano. La rendija se cerró. Sentía que mi piel abrasaba. Mi corazón se quebraba. No entendía mis sentimientos. No entendía por qué me hería lo que veía. Olvidé lo que se suponía que tenía que hacer.

Leopardo la estaba poseyendo. Leopardo estaba poseyendo a Yan. El modo en que la acariciaba dejaba ver que estaba enamorado de ella. Lo percibía claramente; sabía cómo se comportaba cuando no estaba enamorado. Era arrogante, amable y fingía estar interesado. Pero ahora estaba totalmente absorto. Era esclavo de su amor. Estaba llorando. El modo en que la acariciaba me hizo odiarle. Le susurraba, le estaba explicando su dolor por no ser capaz de amarla lo suficiente. Odiaba su verosimilitud. Me sentí invadida. Mis celos eran irreconciliables. Se negaban a compartir el mismo cielo con Leopardo. Estaba furiosa por su amor.

Yan llevaba una fina camisa blanca. Tenía los ojos cerrados. Su belleza era extraordinaria. Me fundía. Leopardo le estaba desabrochando el sujetador y luego las manos fueron a sus bragas. Ella le respondía y lo estimulaba. Arqueó el pecho invitándolo. Mis lágrimas se esparcieron incontrolablemente. Él la cogió en los brazos y luego hundió la cabeza entre sus pechos. Se levantó lentamente. La miró fijamente a los ojos. No pudo apartar la mirada del rostro de ella cuando la penetró muy despacio. Le besó los ojos. Sus lágrimas humedecían las mejillas de Yan. Ella le agitó el pelo con los dedos y lo rodeó con los brazos por detrás. Él gritaba de placer, luego le tocó a ella. Mis pensamientos se perdieron. Mis sentidos siguieron funcionando mientras mi mente dejaba de hacerlo. Veía dos cuerpos que hacían el amor una y otra vez. Olía el jazmín. Recordé el sabor de Yan, oí el aliento cada vez más entrecortado y me sentí... me sentí traicionada. Me aterrorizó ese sentimiento y olvidé que estaba espiando a escondidas a la pareja.

Antes de darme cuenta de lo que estaba haciendo, Yan me vio. Me vio llorando detrás del vidrio. Las cortinas se habían descorrido hacia un lado. Detuvo a Leopardo y se incorporó. Se puso a mirarme. Leopardo se quedó confundido y luego me vio. Estaba escandalizado. Se vistió. Yan, desnuda, permaneció quieta, sentada, como una estatua. Se daba cuenta de lo que me había hecho. Lo había planeado. Percibió mi furia. Apartó la mirada. Puso la cabeza entre las palmas de las manos. Dijo: Entra, por favor.

Abrí la puerta del porche y entré. No podía articular una palabra. ¿Viene alguien? –preguntó Leopardo–. ¿Debemos marcharnos? Yo quería decir: Lo siento, pero las lágrimas se interpusieron. Recordé que tenía que fingir. Tenía que fingir que no había nada entre Yan y yo. Era mi comandante. Yo era su soldado y su vigilante, como siempre. Yan se puso la ropa lentamente. Miró fuera de la ventanta durante un rato. Para entonces yo ya fui capaz de decirle a Leopardo: ¿Te apetece más té? Leopardo miró a Yan y luego preguntó si podía usar el servicio. Lo llevé al lavabo y regresé al porche. Yan se estaba abrochando la ropa y yo me arrodillé delante de ella. Me abrazó y dijo: Siento todo esto, pero tenía que hacerlo. Creo que ahora estamos listas para continuar con nuestras propias vidas. Has terminado con la granja del Fuego rojo.

Me fui a la cocina y miré por la ventana. Dejé que las lágrimas cayeran en silencio. Siempre te querré a pesar de lo que hagas para apartarme de ti, no paraba de repetir desde el fondo de mi corazón. El Viejo Sastre seguía cosiendo. El callejón estaba tan tranquilo como un pozo profundo. Puse agua en un cazo y lo dejé sobre el hornillo. Encendí el fuego y esperé junto al cazo hasta que hirviera el agua. Oí una fuerte respiración que surgía otra vez del interior del porche. Leopardo gemía. Se oía el sonido de un forcejeo. Luego Yan se entregó.

Mientras yo volvía a mirar a través de los cortinajes verdes, Yan estaba sentada sobre el regazo de Leopardo. Leopardo la devoraba. ¿Puede él leer la poesía de su cuerpo como yo la leo? ¿Puede entender el modo en que canta su corazón como yo lo entiendo? Intenté negar lo que estaba viendo e intenté convencerme a mí misma de que Yan no lo quería. Pero Yan seguía devolviéndome a la realidad. Ella sabía que no podía dejar de observarlos. Quería romperme el corazón. La observaba. No tenía otra opción que observar cómo cada punta de su cabello se empapaba en sudor, igual que el de él. Yan estaba frente a mí, la barbilla hacia arriba, los ojos cerrados. Intentaba agotarse. Lo tenía a él dentro. La cara de Leopardo estaba entre sus pechos. Murmuraba, susurraba de nuevo su nombre una y otra vez. Sus manos apretaban los labios de ella. Mientras el aliento de Yan se hacía más entrecortado, sus brazos lo rodearon como serpientes que sujetan estrechamente una ardilla. Ella lo besó intensamente. Me estaba enseñando todo esto a mí. Me lo estaba haciendo a mí. Podía sentir mi corazón tirado por el suelo, siendo pisoteado, como el huevo de la gallina *Gran Barba*. No cerré las cortinas. Me obligué a mí misma a quedarme frente a Yan, a experimentar la muerte de mi amor por ella, a aceptar mi destino. Recordé que me había dicho que era más corrupta de lo que yo podía imaginar. Estaba haciendo esto para que la odiara y la olvidara de modo que ella pudiera olvidarme, de modo que pudiera detener el dolor que había estado padeciendo. Siempre era la dominadora, la manipuladora. Siempre llevaba el control. Estaba destruyendo nuestro amor para conservar el amor. Estaba asesinando nuestro amor con sus propias manos. Odié su egoísmo. No sería manipulada esta vez. Lo sentí por Leopardo, porque estaba perdidamente enamorado; no sabía en dónde se estaba metiendo. Quizás yo estaba equivocada. Quizás Yan no fuera la persona que solía ser, una verdadera heroína, una diosa con un aro que brillaba sobre su cabeza. Quizás la había cambiado la granja, y su vida, y el que yo la dejara sola en la mosquitera. Quizás era corrupta hasta un grado que yo no podía imaginar, donde ya no cabía la fe en el amor, ni en nada. Quizás la lascivia de Leopardo le hacía olvidar lo que quería recordar. Quizás, después de todo, estaba haciendo lo correcto al venir a mi casa para seducirme.

Yan estaba pálida cuando abrió la puerta del porche. Ella y Leopardo estaban completamente vestidos. Mi calma debió sorprenderla porque dijo: Nos gustaría irnos. Quería escapar de mí. Luego dije: Felicidades. No sabía por qué pero lo dije. Me reí. Le dije a Leopardo: Me ha gustado vigilaros. Si alguna otra vez me necesitáis, no lo dudéis, no tenéis más que decírmelo. Le dije a Yan: Adiós y cuídate. Intenté ponerle el brazo sobre el hombro pero fue imposible. Ella me disgustaba. Se daba cuenta. Se acuclilló y simuló que se ataba los zapatos. Pero intentaba aguantarse las lágrimas. Sabía, lo mismo que yo, que no volveríamos a vernos. Le dijo a Leopardo: Vámonos. Él, como si sintiera que me debía algo, dijo agradecido: Has sido de gran ayuda, ¿cómo puedo darte las gracias? Cuida de tu mujer, le dije. Él me contestó: Estoy contento de que no seas un hombre, porque de otro modo tú hubieras sido quien la habrías conseguido. Aunque Leopardo dijo las palabras con sinceridad, sonaba como si se burlara de mí. Ha sido un placer. Me di cuenta de que no podía decir nada más y fui a abrirles la puerta.

Oí pasos en la escalera. Era mi madre. Les dije a Yan y a Leopardo: Esperad. Saludad a mi madre, por favor. Asintieron. Me apresuré hasta el porche y eché un rápido vistazo al interior. Todo estaba en orden: la almohada, las sillas y las mantas. Mi madre entró. Le dije: Mamá, éstos son mis invitados de la granja. Ésta es Yan y éste es Leopardo. Mi madre dijo: Oh, Yan, ¿cómo puedo conseguir que mi hija deje de hablar de ti? Se acercó a Yan y Leopardo. Ellos se sonrojaron y bajaron la cabeza. Yo dije: Mamá, quieren irse. Mi madre me llevó hasta la cocina y me dijo: ¿Cómo es que no les has servido algo? Le dije que les había servido té. Mi madre dijo: El té no es nada. Sírveles alguna sopa con buñuelos hervidos. El agua del fuego está caliente. Sírveles un poco de sopa. Podría hacer los buñuelos en diez minutos. Le respondí: No, no hace falta. Dejé irse a Yan. Tuve que dejarla marchar.

A las seis de la tarde, mi padre volvió de ver las dos películas. Estaba agotado y tenía dolor de cabeza. Me dijo que nunca conseguiría hacerle volver al cine. No le hablé, ni a él ni al resto de la familia. Me sentía tan sola. Aquella noche la lluvia de pelo de vaca golpeó la ventana y se deslizó por el vidrio como lágrimas derramadas.

En el estudio nadie decía nada sobre mi guerra con Wong Soviética. Todo el mundo se había vuelto más cauto en su representación diaria. Observaban el interés y desinterés de Wong Soviética y se imaginaban cómo debían actuar según lo que a ella le apetecía. Nada se expresaba verbalmente. Todo se reflejaba en la mirada, en esa indudable ventana del corazón. Cada acto se ejecutaba con precisión.

Lanza Esperanzadora se me acercó un atardecer mientras yo estaba mirando la puesta de sol, sentada entre la hierba sin segar. Pensaba en Yan. Estaba absorta en mi pasado. Era una manera de escapar de la miseria del presente. Lanza Esperanzadora tenía una brizna de hierba de cola de perro en la boca. Se paró frente a mí, tapándome el sol. Sonreía. Se quitó la brizna de hierba de la boca y dijo: No es que quiera decirte lo que tienes que hacer pero, si yo estuviera en tu lugar, me retiraría ahora mismo. Me propondría volver al lugar de donde yo he venido. Cuando sopla el viento, es mejor seguir su dirección.

Me sorprendió su atrevimiento. La rabia me soltó la lengua. Preocúpate de tus asuntos –dije. La miré y seguí–: Sé que nadie puede sentirse más feliz que tú de que yo esté a punto de quedarme fuera de la competición. Lo llevas escrito en la cara. Vete a echar un vistazo a esa cara ahora mismo. No me tapes el sol.

Simplemente quería demostrarte que me preocupo por ti, contestó Lanza Esperanzadora. Seguro que no me equivoco con lo que veo en tu mente –le dije–. Odio a los espías. ¿Por qué no vas a denunciarme ahora mismo?, fue lo que le dije. Se me quedó mirando y dijo: Sí, iré, si eso es lo que quieres. Se volvió a poner la brizna de hierba en la boca y dijo: Me alegro de que te hayas hecho una idea de dónde vas a acabar. Le contesté: Tú no sabes nada de mí. Entonces déjame que te dé un consejo –dijo–. Te sentirías mejor si estuvieras más preparada. Ya sabes, eres una individualista muy burguesa. Todo el mundo del estudio está convencido de que eres un brote capitalista.

Lanza Esperanzadora me recordaba a menudo a Lu. Al parecer nunca podría escapar de Lu. Había Lus por toda China. Me hizo recordar el antiguo dicho: «La pobreza engendra personalidades malignas».

En realidad, no tengo por qué preocuparme por tus asuntos si el Partido ya se está ocupando de ellos, dijo Lanza Esperanzadora mientras se alejaba caminando con su gracia habitual. Su sombra extendiéndose por el suelo era extremadamente larga aquel atardecer. Permaneció ante mi vista durante un buen rato antes de desaparecer. Por extraño que pareciera, pensé en los buitres, esas aves que se ciernen sobre los caminos de las montañas y dan vueltas en el cielo buscando la ocasión para lanzarse en picado y obtener su alimento.

Al día siguiente nos llegó un aviso a través de Una Onza. Decía que el supervisor había llegado a Shanghai y tenía programada una visita al estudio en algún momento de la semana próxima para elegir a la actriz definitiva para interpretar a Azalea Roja.

Conocer al supervisor, impresionarlo, podría alterar mi futuro. Wong Soviética nos dijo que escogiéramos personalmente el material que queríamos interpretar y que nos preparáramos para la competición. Antes de empezar a practicar, Lanza Esperanzadora se me acercó y dijo: Creo que vas a ser la ganadora. No le contesté. No había forma de que pudiera confiar en ella. Me preguntó, al cabo de un rato, en tono casual, qué iba a preparar para mi interpretación. ¿Será «Azalea visita el Cuartel General del Ejército Rojo» o «Azalea cuenta la historia de su vida»? Se dio cuenta de que no quería contestarle, así que sonrió y dijo: Yo voy a interpretar «Azalea en la cárcel».

Me quedé mirando a Lanza Esperanzadora. Sentí lástima por ella. Me costaba creer que escogiera aquella parte, la parte de Azalea Roja en la cárcel, detrás de los barrotes. La escena sólo tenía dos líneas. No podía creer que pudiera despreciar su oportunidad de este modo. La miré, dudando si la había oído bien. Lanza Esperanzadora me convenció. Me convenció de que su estupidez era real. Iba a interpretar «Azalea en la cárcel». Ella lo había elegido. Dejé escapar un suspiro. Me invadió un placer secreto. Pregunté: ¿Estás segura? Contestó: Sí, eso es lo que voy a hacer –y luego preguntó–: ¿y qué parte vas a hacer tú? Yo le contesté sin pensar: «Azalea cuenta la historia de su vida». Le dije que había escogido la escena porque el material me permitía mostrar diferentes aspectos del personaje. Lanza Esperanzadora dijo: Deseémonos suerte la una a la otra. Se mostró más simpática de lo habitual mientras practicábamos en común y comentábamos nuestras respectivas actuaciones. No dejó de hacerme cumplidos. Vi que el éxito se rendía a mis pies.

Llegó el día en el que se decidiría mi destino. Era por la mañana, hacia las nueve. Un día despejado. El sol entraba como un hacha a través de las ventanas del salón de ensayos. La estancia estaba llena de gente. Todo el mundo esperaba al supervisor. Lanza Esperanzadora y yo estábamos ocupadas repasando mentalmente nuestro último ensayo. No hacíamos caso de cómo se sentían Leña para el Fuego, Pequeña Campana y Abeja OhYang. Les había tocado interpretar los papeles de apoyo. Wong Soviética, Sonido de Lluvia, un grupo de altos cargos del estudio y algunos periodistas ya habían tomado asiento. Cada uno de ellos tenía una taza de té caliente en las manos. Esperaban pacientemente.

Permanecí junto a la ventana. Respiraba a fondo. Lanza Esperanzadora no parecía tan nerviosa como yo. Llegó tardé y se sentó a mi lado. Llevaba una camisa roja y el color se reflejaba en su cara. Estaba de buen humor. Me preguntó si estaba nerviosa. Le dije que sí, un poco. Me dijo que ella no. Me estrechó la mano y vimos que un coche cruzaba la entrada del estudio.

Nos presentaron al hombre llamado el supervisor. Llevaba puestas unas gafas de sol de gran tamaño. Nadie pudo verle bien el rostro. Vestía un uniforme militar verde. Era un hombre de estatura mediana. Su pelo, peinado hacia atrás, era extremadamente negro. No era tan viejo como había imaginado. Tendría unos cuarenta años aproximadamente. Bajó del coche y caminó hacia nosotros con paso vigoroso. Wong Soviética y Sonido de Lluvia se fueron corriendo para darle la bienvenida. Se estrecharon las manos. Lo guiaron hasta el interior de la sala y le acomodaron en el asiento del medio. Las intérpretes –Lanza Esperanzadora, Leña para el Fuego, Pequeña Campana, Abeja OhYang y yo– estábamos reunidas en el extremo posterior de la sala. Wong Soviética anunció el programa. El programa de dos candidatas que competían para obtener el papel de Azalea Roja. Anunció el nombre de Lanza Esperanzadora, luego el mío. Una vez que volvió a su asiento junto al supervisor, nuestra competición había empezado.

El supervisor no nos miraba. Cruzó una pierna sobre la otra y encendió un cigarrillo. No se quitó las gafas de sol. Lanza Esperanzadora caminó resueltamente y subió al estrado situado en el centro de la sala. Se había puesto el vestido de Azalea Roja: una chaqueta de algodón abrochada al lado con un estampado de azaleas rojas. Se sentía segura. Empezó a recitar su parte. Me sobresaltó, me desmoronó: estaba interpretando «Azalea cuenta la historia de su vida». Estaba interpretando mi material. Con la diferencia de que ella lo hacía mejor. Añadía buenos detalles. Yo no conseguía oír otra cosa que un martilleo ensordecedor en mi cabeza. Lanza Esperanzadora estaba interpretando mi parte. No me quedaba nada para representar. Si interpretaba lo mismo que ella, todo el mundo pensaría que la estaba imitando.

Perdí la oportunidad de ganar antes de empezar la batalla. No podía creer que Lanza Esperanzadora me hubiera hecho eso. No podía creer que estuviera recitando la parte que yo había preparado. Fue tan repentino, tan devastador. El supervisor miraba intensamente a Lanza Esperanzadora. Wong Soviética sonreía. Parecía estar muy satisfecha.

Lanza Esperanzadora finalizó su actuación. Clavó su última frase como una acróbata de primera clase que se clava con la punta del pie sobre el sillín de una bicicleta en movimiento. Hubo grandes aplausos. Lanza Esperanzadora hizo una reverencia a la audiencia y al supervisor. Wong Soviética subió al estrado para felicitarla. El supervisor parecía impresionado. Se acercó también a dar la mano a Lanza Esperanzadora. Le preguntó si sabía montar a caballo. Cuando Lanza Esperanzadora le dijo que sí, le preguntó si podría verla actuar a caballo en el Estadio de Shanghai. Ella le contestó: Por supuesto, ¿cuándo?, y explicó que hacía tiempo que se moría por montar a caballo. El supervisor invitó a Lanza Esperanzadora a sentarse a su lado. Habló de organizar un paseo a caballo.

Luego llegó mi turno de actuar. Tenía veinte minutos para contraatacar. Tenía veinte minutos para convencer al supervisor de que era mejor que Lanza Esperanzadora y de que me escogiera a mí en vez de a ella. Pero había sido derrotada en mi propio terreno. Estaba sangrando por dentro. Veía cómo se escabullía mi ocasión.

Subí al estrado. Me temblaban las piernas. Hice la representación más estúpida de mi vida. Interpreté «Azalea cuenta la historia de su vida». Recité las líneas pensando cómo podía convencer a la gente de que no estaba imitando a Lanza Esperanzadora.

El público empezó a bostezar. Luego todo se había acabado. Mi actuación había acabado antes de empezar. Tenía las extremidades frías.

Me dirigía a mi asiento entre el público cuando oí a Lanza Esperanzadora que decía a un entrevistador que debía su éxito a Wong Soviética. Wong era la responsable de sus méritos. Al día siguiente el diario del Partido publicó un gran retrato de Lanza Esperanzadora a caballo guiada por Wong Soviética.

La labor revolucionaria te necesita como ayudante de plató, me comunicó Una Onza en tono categórico. Me encontraba en mi habitación holgazaneando. Llevaba horas holgazaneando. Si no te gusta, al estudio no le importará que vuelvas a la granja del Fuego rojo. Tardó treinta segundos en hacerme saber la orden. En la habitación, nadie pareció sorprenderse. Caí en la cuenta de que mi buena fortuna había llegado a su fin. Quise preguntar quién había tomado la decisión. Tenía tal nudo en la garganta que apenas podía producir un sonido. Sentí una debilidad repentina y salí de la habitación. Me agarré al tronco de un arce y me senté sobre la hierba. El comité del Partido, por supuesto, soltó voluntariamente Una Onza. ¿Quiénes son exactamente esa gente?, lo miré. Lo siento, pero no lo sé –dijo–. No soy más que un guarda que te transmite un mensaje de los de arriba.

Recogí mis cosas y salí de la habitación. Iba camino de convertirme en ayudante de plató en el estudio. Era temprano por la mañana, las seis y media aproximadamente. Lanza Esperanzadora, Leña para el Fuego, Pequeña Campana y Abeja OhYang habían empezado ya a hacer sus ejercicios rutinarios. Sus voces sonaban con más claridad de la habitual. Cuando pasé a su lado, me miraron. Detrás de sus expresiones impasibles, sabía que se sentían contentas. Caminé sin detenerme en dirección a la entrada. Los arces se agitaban y los pájaros volaban arriba y abajo picoteando su comida a mis pies. Una Onza se fue a abrir la gran puerta de madera cuando me vio acercarme. No te molestes, saldré por la puerta lateral, le dije. Una Onza insistió. El cerrojo estaba oxidado después de las últimas lluvias. Una Onza lo hizo girar con gran esfuerzo. El sonido era chirriante. Después de forcejear con el cerrojo, la puerta se abrió de golpe. Los pájaros se alejaron volando. Una Onza estiró el brazo derecho e hizo un gesto humilde para dejarme pasar.

Me negaba a sentir nada. Leña para el Fuego, Lanza Esperanzadora, Abeja OhYang y Pequeña Campana reanudaron sus ejercicios vocales tras de mí. Cantaban:

> ¿Quién rompió los grilletes por nosotros?
> ¿Quién nos salvó del infierno flameante?
> ¿Quién nos guió por el camino dorado?
> Oh, el sol en lo alto del cielo,
> oh, el faro más brillante en el mar,
> sois vosotros,
> el admirable presidente Mao y el Partido,
> vosotros sois los salvadores de nuestras vidas.

Un productor del Estudio Cinematográfico de Shanghai me dio un estropajo de gran tamaño, un guión, una libreta y una caja de tiza. Me pidió que memorizara el guión, que contenía 1.042 tomas. Era el guión de rodaje de *Azalea Roja.* Cuando leí el título me dolieron los ojos. Mira –dijo el productor–, un ayudante de plató es la persona que lleva el registro del plató, y esto quiere decir de todo. Si hay una hormiga arrastrándose por el plató, un buen ayudante tomará nota. Es una gran responsabilidad, porque rodamos las escenas de modo desordenado. Por ejemplo, un hombre abre una puerta y entra en el vestíbulo. Podemos necesitar dos escenas para acabar esta acción. Rodaremos la escena exterior en Hunan y dos meses después rodaremos la escena interior en Shanghai, otra vez en el estudio. Tienes que ser capaz de recordar exactamente lo que llevaba puesto, por ejemplo, y cómo lo llevaba en las diferentes localizaciones: por ejemplo, ¿tenía el cuello abrochado o abierto? Si cometes un error, serás responsable de que una persona que entra con el cuello abierto de repente lo lleve abrochado. La escena se echará a perder, por supuesto. Treinta centímetros de película, que cuestan lo que a nuestros campesinos el cereal de una temporada, es un material que hay que cuidar. Con lo que vale esa película malgastada comerían generaciones de nuestros campesinos. Y tú ya sabes lo que eso significa para el país.

Me obligué a escuchar atentamente al productor. Me pidió que hiciera treinta copias de sus notas para el equipo. Sólo nos quedan tres días antes de empezar a rodar, dijo. Me pidió que sostuviera la pizarra de rodaje, escribiera los detalles de las tomas, comprobara los vestidos, el decorado y los extras. El suelo –el productor dirigió su dedo hacia abajo como si me recordara algo importante–. Deberías empezar por fregar el suelo antes que nada, dijo con seriedad. Cuando cogí el estropajo, dijo: Oye, no nos hacen falta trabajadores ineficaces. Cada zanahoria tiene su parcela. Si no, te enviarán de vuelta a la granja del Fuego rojo.

No levanté la cabeza mientras fregaba el suelo. Me sentía como si no tuviera cara. En el estudio de rodaje estaban en pleno ensayo. Oí que alguien gritaba repetidamente por un micrófono. La voz tenía un fuerte acento de Pekín. Era la voz del supervisor. Recordé aquella voz.

Acababa el trabajo a las seis de la tarde y me iba a un cuarto interior para los fumadores. Había empezado a fumar el día en que me despidieron de la clase de formación de actores. Me sentaba en un banco. El ambiente era oscuro y húmedo. No encendía la luz. Necesitaba oscuridad. Iba cada día y fumaba cigarrillos en la oscuridad hasta que se me entumecía el labio.

Después del descanso tenía que acabar de fregar el resto de las escaleras del edificio. Una tarea que parecía interminable. De repente me acordé del antiguo dicho. Decía: «Es difícil para una serpiente volver al infierno una vez que ha probado el cielo». Ahora yo era la serpiente. Cada día me sentía peor que el anterior. Cada mañana, en el instante en el que me levantaba, mi cuerpo y mi alma marchaban por caminos separados. El cuerpo sin alma se iba a fregar suelos y el alma sin cuerpo se iba al reino de las esperanzas inciertas. Algunas veces el cuerpo y el alma se unían momentáneamente. Era en el instante en que tenía la sensación de que el estropajo se convertía en una metralleta. Mientras restregaba con él, disparaba.

Aspiré profundamente. De pronto, una voz, una voz

tierna, surgió desde mi espalda. ¿Por qué te gusta sentarte en la oscuridad?, preguntó la voz.

Pensé que me había imaginado la voz. Me quedé quieta. La voz se repitió. El sonido fue más suave. Un acento de Pekín. Me levanté y estaba a punto de encender la luz. Me gustaría fumar también a oscuras, si no te importa –dijo la voz–. ¿Puedes darme fuego? Seguí quieta en la oscuridad. Gracias, dijo la voz. Oí el ruido de una persona que se levantaba y se movía hacia mí. ¿Quién eres?, pregunté.

Soy lo mismo que tú, un asistente del plató –me contestó la voz–. ¿Cómo estás? Vi que me tendía un cigarrillo. Le pasé mi cigarrillo. Los dos cigarrillos se tocaron. El fumador aspiró. Fue un rostro amable el que vi. El rostro volvió a desvanecerse en la oscuridad. Mi mente regresó a sus propios pensamientos.

Pensé en mis padres. Había dejado de hablar con ellos. No te mereces esos capirotes, me decía mi madre una y otra vez. Le dije que estaba harta de su rectitud, que no interfiriera en mi vida. Le dije: ¿Por qué no aprendes de una vez? ¿Qué es lo que te pasa? ¿Es porque tu vida no ha sido todavía suficientemente miserable? Mi madre contestó, siguiendo su propia lógica: No lamento ni un ápice mi forma de vida, porque he sido honesta conmigo misma. No podía soportar su lógica. Le dije: No quiero heredar tu vida. Es una vida terrible, terrible y terrible. Se lo dije a gritos. Mi madre fue a tomarse unas pastillas. Le dije: ¿No ves? ¿No ves que no está funcionando? Tu filosofía no funciona para mí. Mi madre se negaba a rendirse. Dijo que no creía que el mal debiera gobernar. Yo respondí: Está gobernando. Ella contestó: Es imposible. Dije: Friego suelos, ¿no lo ves? Mi madre soltó: ¿Y qué hiciste mal? Le respondí: Me gustaría saber la respuesta. Mi madre empezó a repetir: Entonces esto no debería haberte pasado. Le contesté:

Me está pasando. Dijo que le gustaría hablar con mi instructora. Me reí.

Los instructores vinieron antes de que mi madre reuniera el coraje suficiente para enfrentarse a ellos. Fueron Wong Soviética y Sonido de Lluvia los que vinieron. Vinieron para ponerme un capirote en la cabeza. Querían que reconociera un crimen que yo no había cometido. Querían que dijera: Sí, merezco que me saquen a patadas porque soy mala. Mi madre preguntó: ¿Qué ha hecho mal mi hija? Has amparado a una malhechora, fue su respuesta. Mi madre se negaba a que la confundieran. Luchó hasta el final. Luchó hasta el último peldaño de la escalera. Dijo: Decidme qué problema hay con mi hija. Ellos contestaron: Todo. Todo es un problema con tu hija. Ella insistió: Ponedme un ejemplo. Respondieron: No hace falta. Mi madre dijo: Camarada Wong Soviética, desearía que mi hija jamás te llamara maestra.

Mi madre les siguió hasta el callejón. No dejó de gritar antes de caerse sobre el cemento. Aulló: No podéis hacer una criminal de mi hija inocente. Mi padre arrastró a mi madre escaleras arriba. Dijo: Estás empeorando las cosas. ¿No sabes que representan al Partido? Mi madre gritó: Pero yo no soy culpable. Mi padre la obligó a sentarse en una silla. Le explicó las cosas más sencillas del mundo. Las cosas más sencillas para que mi madre entendiera el mundo en el que vivía. Mi padre le recordó que él mismo acababa de ser despedido del Museo de Ciencias Naturales de Shanghai porque no estaba de acuerdo con el primer secretario del Partido respecto a un asunto técnico. Lo acusaban de utilizar la ciencia para atacar al Partido Comunista. Mi padre le dijo a mi madre que Coral había sido obligada a ser campesina porque yo había salido de la granja del Fuego rojo. Coral tuvo que convertirse en campesina para cumplir las directrices del Partido. Estaba trabajando en la granja del Fuego rojo en la Compañía Treinta y Tres, la compañía que carecía de cañería de agua potable propia. El Partido le dice a la gente lo que tiene que hacer, no es al revés, dijo mi padre. Mi madre se negaba a entender aquel mundo. Se negaba a entender las cosas que no tenían sentido para ella. Bloqueó su entendimiento porque prefería vivir en su propio mundo. Vivía con el dios de la justicia. Aquella noche rompió tres vasos mientras lavaba los platos. Me desperté de madrugada y encontré a mi made mirando fijamente el agujero de la fregadera, sola.

¿Dónde está tu interés? La voz en la oscuridad interrumpió mis pensamientos. No tengo ningún interés, dije. Necesito alguna opinión sobre un traje que acabo de escoger; ¿te importaría darme la tuya?, dijo la voz.

La luz se encendió. Bajo la empañada luz de gas vi a un hombre vestido con una antigua túnica de seda roja, con un dragón dorado bordado sobre el pecho y ondas plateadas en la parte inferior. Debajo de un sombrero decorado con diamantes brillaban unos ojos claros con forma de almendra. Las cejas eran largas y delgadas como las alas de un ganso marino planeando. Su fina piel pálida se ensombrecía con un color malva sobre las mejillas. Nariz delicada y boca redonda de color rojo tomate. Citó:

> Río primaveral, la luna hace relucir una florida noche;
> arce otoñal, el sol apresura una fresca mañana.

Me quedé observando al hombre. Pensé: Debe de ser el maquillaje. El maquillaje hacía que pareciera femeninamente hermoso. ¿Quién eres?, me oí decir. Ya te he dicho que soy un asistente del plató como tú. ¿De dónde eres? De Pekín.

Se acercó hacia mí para estrecharme la mano. Al observar su pálido rostro, me sobrevino un extraño pensamiento. ¿Era una mujer o un hombre? Parecía ser las dos cosas. Era de una belleza grotesca. Bajó la cabeza y luego apartó la mirada, casi tímidamente. Sosteniéndose con cuidado el ropaje, caminó hacia la puerta como un sauce oscilante: llevaba botas de teatro con tacones de diez centímetros.

¿Qué haces aquí?, pregunté. Interpretar –dijo–. ¿No te acuerdas de la enseñanza del presidente Mao «Haz que el pasado sirva al presente»? Estoy trabajando en esa idea. Pregunté: ¿Qué supervisas aquí? Todo –dijo–. Por cierto, ¿qué te parece este traje? Le dije que parecía poco habitual. Le pedí al sastre que me lo enviara –continuó–. ¿No te parece maravilloso? Me contó que estaba recogiendo ideas para crear un arte provechoso para el pueblo. Me pidió mi opinión sobre las óperas modelo. Le dije: ¿Cómo puede uno tener cualquier opinión? La opinión del Partido es la opinión del pueblo. ¿Cómo podría atreverme a tener mi propia opinión? Wong Soviética me eliminó porque tenía opiniones.

Las palabras salieron de mi boca a borbotones. La rabia me hacía temblar. Cuando hablaba de Wong Soviética me volvía rencorosa. Expresé mi odio con vehemencia. No me importaba quién me escuchara en ese momento. Él esperó tranquilamente a que acabara de expulsar mis palabras. Empecé a lamentar haberme dejado llevar así. Dije: Nueve millones de personas contemplaron nueve óperas en nueve años. Es encantador. El décimo año, tendremos la número diez, *Azalea Roja.* Quería pronunciar el nombre de Lanza Esperanzadora pero no pude continuar. Me hería pronunciar ese nombre. Los celos eran indescriptibles.

No dices lo que piensas, opinó. Por supuesto que sí, respondí. Él dijo: Las óperas modelo fueron creadas, permíteme que te lo recuerde, por madame Mao, la camarada Jiang Qing. ¿Quiere eso decir que nadie puede criticarlas? Exactamente, contesté yo. Él se rió, con una sedosa voz de mujer.

Me dijo que se había topado con una mente maliciosa. Dijo que era interesante enfrentarse a retos. Se había molestado. Se quitó el ropaje, el maquillaje y luego se puso una chaqueta Mao de color añil. Era un hombre de aspecto delicado. Reconocí al hombre que había visto durante mi desastrosa interpretación. El supervisor. Él era el que había elegido a la ladrona que me robó mi Azalea Roja. Le gustaba Lanza Esperanzadora. Ansiaba contarle lo que me había hecho Lanza Esperanzadora aquel día. ¿Pero cómo evitaría caer en el ridículo? Lanza Esperanzadora estuvo fantástica en su victoria sobre mí. Lanza Esperanzadora tenía talento cuando se proponía apropiarse de mi trabajo. Si hablaba, ¿cómo podría evitar no parecer más ridícula de lo que ya era? El supervisor me preguntó si podía darle un cigarrillo. Sus dedos eran finos y lampiños, como los de una mujer. Encendí un cigarrillo y se lo di. El humo que exhalamos se unió en el aire.

La tarde siguiente me preguntó si podía sentarme con él hasta que acabara su cigarrillo. Le dije: Bueno. Estuvimos sentados en el cuarto de fumar. Me preguntó dónde vivía. Le dije: En la calle Shanxi, en un piso con mi familia. Me preguntó: ¿Cuántos sois? Le contesté: Cinco en este momento. Preguntó: ¿Cuántas habitaciones tenéis? Le respondí: Una y un porche. Dijo: Así que no puedes dormir sola. Contesté: No, por supuesto que no. Dijo: Ya veo.

Me volvió a preguntar si me gustaban las óperas modelo. Le respondí otra vez: ¿Cómo es posible que a alguien no le gusten? ¿Cómo se atrevería alguien a que no le gustara una cosa así? Dijo: ¿Puedes explicarte? Le advertí que mi respuesta le molestaría. Contestó que le interesaba una respuesta personal, que él tampoco estaba satisfecho con las óperas. Dijo que quería ver pasión revolucionaria y muchas de las óperas carecían de ella. Le contesté que estaba de acuerdo con él, que me interesaría conocer la vida privada de los personajes. Dije que me parecía extraño que los protagonistas de las óperas no tuvieran vida privada. Dijo: ¿Quieres decir romances? Respondí: No quería decirlo pero, sí, quizás sea eso, de acuerdo, entonces eso es. No tengo nada que perder. No me pueden rebajar aún más. Se rió en voz baja. No tienes por qué estar tan aterrorizada –dijo–, me interesa tu opinión. Continúa, por favor. Añadió que era cierto que ninguna de las óperas modelo incluía ningún romance. Yo dije: No creo que los protagonistas no tengan ningún amante en toda su vida. No creo que ninguna mente humana pueda liberarse de las emociones profundas.

El supervisor puso una expresión burlona. No deberíamos usar la fantasía para embaucar a nuestros jóvenes, dijo. Los dedos que sostenían el cigarrillo viajaron en el aire. El amor romántico no existe entre el proletariado –dijo con firmeza–. Es una fantasía burguesa. El pueblo no perdonaría que alguien le vendiera mentiras.

Me puse en pie para recoger el estropajo. Él se levantó y lo pisó. Me quedé callada. Debes de tener algún amante –dijo–. No me mientas. No lo tengo, dije. Tienes problemas, me miró fijamente a los ojos. Le dije que eso no era asunto suyo, cogí el estropajo y salí por la puerta.

Ayer te olvidaste de preguntarme el nombre, me dijo la tarde siguiente en el cuarto de fumar. Yo le contesté con impaciencia que me lo podía decir entonces. Él respondió: No es ésa mi intención. Tendrás que llamarme supervisor como todos los demás. Le dije: Si quisiera, podría enterarme por el resto de los miembros del equipo. Inténtalo, fue su respuesta.

Nadie sabía su nombre. Todo el mundo decía que era de Pekín y que se le consideraba un experto en ópera y cine. Todos lo llamaban «el supervisor». Su misión, explicó Sonido de Lluvia un día a todo el equipo, era la misión más importante del siglo. El propio Sonido de Lluvia desconocía los detalles.

Volvieron a traer a Lanza Esperanzadora al plató para hacer unas pruebas cinematográficas para *Azalea Roja*. Pude ver la ilusión en sus ojos. Lanza Esperanzadora, con el rostro radiante, no se dignó dirigirme la mirada. Yo continué fregando el suelo y sintiendo la envidia extrema que me quemaba. El supervisor permaneció cerca de Lanza Esperanzadora, observándola mientras la maquillaban. Hermosa, dijo de todo corazón. No le importaba que se le notara que la adoraba delante de todo el equipo; luego todo el mundo, a excepción de mí, empezó a adorarla.

Estaba comiéndome un pastel de arroz en la oscuridad del cuarto de fumar. Me sentía como un animal que devora su propio intestino. Ya no podía comer más. No soportaba contemplar la sonrisa de Lanza Esperanzadora. No podía soportar su canto feliz. No podía escapar de mis celos por su éxito. Lanza Esperanzadora estaba trabajando duramente. Su interpretación mejoraba cada vez más. Se estaba metiendo en la piel de su papel. Me ordenaron que trabajara para ella. Tenía que apuntarle el texto. Tenía que poner marcas a sus pies para que se situara correctamente ante los cámaras, pasarle una taza de agua cuando pedía algo para beber, cambiarle el vestido después de las tomas, abotonarle el cuello cuando se le olvidaba.

Wong Soviética venía con frecuencia al plató. Me observaba también a mí. Me observaba mientras ocupaba el puesto de Lanza Esperanzadora cuando a ella la mandaban a arreglarse el maquillaje. Yo permanecía bajo los focos en vez de Lanza Esperanzadora. Era difícil de soportar. Pero no quería dejar que Wong Soviética o Lanza Esperanzadora percibieran mi frustración, aunque Lanza Esperanzadora estaba demasiado ensimismada como para reparar en mí. Yo mantenía alta la cabeza, recta sobre los hombros, clavada a la parte delantera del cráneo. Le decía buenos días a Lanza Esperanzadora. Me ponía de rodillas y me inclinaba para dibujar y redibujar con tiza señales para el movimiento de la cámara. A veces las lágrimas me salían sin que yo fuera consciente de ello. Especialmente cuando Lanza Esperanzadora me decía: Oh, haces tan bien tu trabajo...

Aunque el supervisor era el director, iba y venía sin previo aviso. Tenía un grupo de cuatro colaboradores de dirección que trabajaban para él. Siempre se les oía susurrar conjuntamente. La voz del supervisor volvía a hacer acto de presencia repentinamente detrás de la cámara tras unos pocos días de desaparición. Daba la impresión de que Lanza Esperanzadora le gustaba cada día más. Un día le dijo: Quiero que estés preparada, porque las masas te van a querer tanto que te asfixiarán, ¿estás preparada? Cuando el supervisor dijo esto, yo estaba dibujando marcas con tiza a los pies de Lanza Esperanzadora. Estrujé la tiza con los dedos.

No has comido en todo el día. ¿Estás bien?, la voz del supervisor surgió en el rincón. Sólo tienes un estómago,

¿crees que puedes permitirte abusar de él? Le contesté: Me temo que no me siento demasiado bien. Él dijo: No pierdas los nervios, no merece la pena; a nadie le importará lo que te pase. No es bueno ser egoísta. Te consumirás si sigues actuando así. Se levantó y se fue.

De pronto tuve miedo de encontrarme sentada a oscuras yo sola. Tenía una extraña urgencia por acabar con el presente, por acabar con mi vida. Para escapar de este pensamiento, cogí el estropajo y me fui al vestíbulo. Mientras lo fregaba, oí la voz del supervisor por el micrófono. ¡A ver si puedo oír la melodía principal! ¡Tocadla para que yo la pueda oír!, gritaba. Eché una rápida mirada por una ventana de las escaleras que daba al cuarto del director de orquesta. El supervisor, con unos auriculares en la cabeza, estaba echado en el sofá con los pies encima de la mesa. La orquesta volvió a tocar. El supervisor se puso furioso. ¡Atajo de lombrices del arroz, no tenéis orejas!, aulló y bajó al estudio junto a los músicos. Se fue corriendo hasta un piano de cola y tocó una rápida sucesión de notas. Volviéndose de espaldas dijo: Un descanso y lo tocaremos una vez más. Si no lo hacéis bien, me aseguraré de que os quedéis sin vuestro bol de arroz. El supervisor salió y subió por la escalera. Me vio antes de que yo intentara apartarme de su camino. Se me quedó mirando y dijo: Suelta de una vez ese gas pestilente que llevas dentro. Hace un día luminoso. Yo no contesté. Pasó a mi lado y oí su voz por los altavoces cantando la melodía principal.

Fregaba el suelo a los pies de la gente. De un pie a otro. Mis esperanzas se marchitaban. Constantemente pensaba en escapar. Le pregunté a Sonido de Lluvia si podría asignarme un trabajo en algún otro sitio. Dijo: No puedo darte ningún permiso porque sé que tu propósito es impuro. Sé que tu verdadera intención es abandonar el estudio. Me mentiste, mentiste al Partido y no hay más que hablar. Me quedé allí de pie mientras Sonido de Lluvia continuaba: ¿Cómo es posible que no hayas sido capaz de darte cuenta de que aquí tienes un trabajo importante que hacer? ¿Cómo es posible que seas tan egoísta como para poner la labor revolucionaria en segundo plano? Sacó su programación y me dijo que tenía los puestos asignados para los siguientes cinco años. Añadió que él no era el encargado de dictar las normas y cerró su libreta.

Fumé en el cuarto oscuro. Me había convertido en una fumadora empedernida. Después de la jornada, el supervisor entró en la sala de fumar y se sentó a solas. Estábamos los dos sentados en silencio, como era habitual, a un metro y medio más o menos, como si la otra persona fuera parte del decorado. Mis sentidos empezaron a navegar por un océano oscuro. El punto de luz del cigarrillo del supervisor me recordaba la luz de una baliza.

Las primeras pruebas del rodaje fueron altamente elogiadas por los responsables de arriba. Se decía que la camarada Jiang Qing estaba contenta. Quería mostrarle las secuencias a Mao.

El presidente y sus principales colaboradores verían las tomas y respaldarían y promocionarían la película para el pueblo.

Sonido de Lluvia y Wong Soviética vinieron al plató y anunciaron que la camarada Jiang Qing inspeccionaría el rodaje personalmente y cenaría con los miembros del equipo aquella tarde. Nos pidieron que mantuviéramos en secreto las noticias por motivos de seguridad. Los miembros del equipo se excitaron mucho, tanto que se fueron a un rincón a murmurar por grupos, armando un gran jaleo. Se decían los unos a los otros al oído: ¡Es verdad! Qué suerte tenemos.

Limpié el estropajo después de que todo el mundo se hubiera marchado. No fui a la cena. Si iba serviría únicamente para que me recordaran mi miseria. Decidí quedarme. Decidí estar sola. Me fui al cuarto a fumar. El supervisor no estaba allí. Resultaba extraño pero, en ese momento, en la oscuridad, me di cuenta de que mis pensamientos se dirigían a él. Me preguntaba qué tipo de persona era, su origen y sus objetivos. Yo admiraba su devoción. Si no me hubiera encontrado en tan mala situación, me habría hecho amiga suya. Me caía bien. Me gustaba su mente extraña. Empecé a pensar, si fuéramos amigos, ¿le contaría todo?, ¿le hablaría de Yan? Me preguntaba cuál sería el motivo de que él, el creador de *Azalea Roja*, estuviese tan encariñado con Lanza Esperanzadora.

La manilla de la puerta giró. Una figura familiar se introdujo en el cuarto oscuro. Buenas noches –dijo–. No has cenado, ¿a que no? No, contesté. Están cerrando la cafetería, me dijo él. Lo sé. Pero no tengo hambre. ¿Por qué no has ido a cenar? –me preguntó–. Estoy seguro de que estabas invitada. ¿Es que quizás no te interesaba conocer a nuestra mayor abanderada? Por supuesto que me interesa –dije–, pero estoy segura de que nadie se va a preocupar por la ausencia de una ayudante de plató. Él dijo: Nunca se sabe. A la camarada Jiang Qing le preocupa mucho la gente corriente.

Sonrió y se sentó enfrente de mí. Me puso delante dos rollitos de huevo. Cómelos mientras están calientes, me dijo. Cogí un rollito y lo engullí, me moría de hambre. No sabía qué era lo que me hacía tan osada delante de él. ¿Era su elogio de Lanza Esperanzadora lo que apagaba mis esperanzas y hacía que me olvidara de intentar complacerlo?

El supervisor se sentó y cogió el cigarrillo que le pasé. Es un mundo asfixiante, ciertamente –exhaló el humo–. No eres mala persona. ¿No soy mala? –dije burlonamente–, ¿y qué importancia tiene no ser malo? ¿Por qué no va a ser significativo? –dijo él–. Estás sirviendo a un objetivo. Yo quise saber: ¿Qué clase de objetivo? Él respondió: Será mejor que no lo sepas. Me volví a él y le dije: No me interesa saber nada.

Eso está bien –dijo–. Dejemos que el sol siga brillando. Dejemos que el cielo y la tierra compartan... compartan el mito y la belleza de lo desconocido. Mira, no cambia mucho las cosas saber o no saber –dijo–, lo mismo me pasa a mí. Es en la nada cuando las cosas se encuentran en su estado ideal. Se volvió y me miró. Me miró en la oscuridad. Vi sus iris centelleantes. Se levantó, encendió la luz y salió del cuarto. Me dejó pensando en él.

Sonido de Lluvia y Wong Soviética vinieron al estudio al día siguiente. El Comité Central del Partido había emitido un nuevo documento en el que se decía que las directrices que seguía *Azalea Roja* habían creado algunos problemas políticos. La camarada Jiang Qing estaba a punto de tomar una decisión. Todavía no se efectuaría la producción.

Las últimas escenas de exteriores se iban a rodar en marzo en el distrito del Lago Occidental de la provincia de Hang Chow. Llegué justo antes de que el autobús arrancara. El único asiento que quedaba libre era el que estaba junto al supervisor. Dudé, pero decidí ocuparlo. Podía apreciar una extraña tensión entre nosotros. Me pasó un cigarrillo. No hablamos durante todo el trayecto de seis horas.

Lanza Esperanzadora y Wong Soviética estaban sentadas delante de nosotros. Cantaron óperas durante todo el recorrido. Una detrás de otra. El autobús se estropeó justo antes de entrar en el distrito del Lago Occidental. Cuando los demás miembros del equipo salieron a estirar las piernas, el supervisor y yo nos pusimos a hablar.

Le pregunté si tenía familia. Dijo que sí, pero que prácticamente había estado solo durante todos estos años. Le pregunté dónde vivía. Aquí y allí, voy adonde me lleva mi trabajo, dijo. Me preguntó qué tal me las arreglaba con mi vida y si había conseguido un poco de felicidad. Le dije que no y le hice la misma pregunta. Para mi sorpresa, respondió que estaba tan seco como un pescado tirado sobre tierra salada. Dijo que estaba cansado, pero que estaba comprometido con una misión. ¿Qué misión? Luchar por la gente –dijo–. Gente que tiene el mismo destino que yo, añadió. Pensé que aquella afirmación parecía alguna especie de consigna. Se lo dije. Se rió y dijo que estaba impresionado por mi osadía.

¿Por qué luchas por la gente? ¿A quién te refieres con lo de gente?, pregunté. Me dijo que debería saber más de él. Afirmé que me gustaría saber más. Empezó con su revelación. Su familia provenía de la provincia de las Montañas Orientales en el norte. Su madre había sido una criada antes de la Liberación. Nunca había conocido a su padre. A lo largo de su infancia, él y su madre fueron maltratados por los ricos y se quedaron sin un techo bajo el que cobijarse. Su madre tuvo que prostituirse para alimentarlo. Los niños ricos lo golpeaban y mandaban a sus perros a morderlo. Desde entonces odiaba a los perros. Su madre murió de sífilis cuando él tenía doce años. Su madre no pudo ser enterrada en su propio pueblo con sus antepasados. Un hombre dijo que su espíritu maligno ahuyentaría la buena fortuna del pueblo. El hombre que dijo aquello había gozado en una ocasión con el cuerpo de su madre. La enterraron justo afuera de la entrada a la ciudad. Los perros salvajes la desenterraron y se la comieron hasta los huesos.

Aunque estaba lleno de rabia, el supervisor se mantuvo calmado. Después de morir mi madre, me fui a Shanghai –dijo–, a casa de un familiar que era un comunista clandestino. Me puso en contacto con una organización teatral izquierdista en la que me convertí en el cantante de ópera más joven. Ese mismo año me uní al Partido. Echaba de menos a mi madre. Se había llevado una gran parte de mí. Nunca he escapado a la soledad desde entonces. En homenaje a mi madre, produje y dirigí una adaptación de una obra occidental llamada *La casa de muñecas*. Fue el momento cumbre de mi vida. Levantó la mano para tocar el ala de su sombrero del Ejército Rojo y dijo: Interpreté a Nora.

Antes de que la imagen que se perfilaba en mi mente estuviera completa, el supervisor me interrumpió. Me preguntó cómo me sentía siendo una mujer en esta sociedad. Al verme vacilar, dijo que debía ser responsabilidad de toda mujer fomentar la justicia. La pregunta no me gustó, porque yo no veía que se fomentara mucha justicia. Pero no se lo dije. Le dije, a propósito, que su pregunta me confundía. Le dije que el presidente nos lo enseñaba todo sobre la igualdad de derechos. La igualdad de derechos entre hombres y mujeres, igualdad de derechos entre los seres humanos. La igualdad de derechos que se nos había ofrecido a Lanza Esperanzadora y a mí. El supervisor sonrió vagamente. Una vez más, no estás expresando tus verdaderos pensamientos. Le contesté: Quizás, pero, bueno, ¿por qué no me dices tu nombre? ¿Por qué no puedes revelar tu verdadera identidad? ¿Has dicho alguna vez lo que piensas de verdad? Él respondió: Pero estamos hablando de ti. Estamos hablando de cómo te sientes, la inquietud que provoca tu resentimiento. El resentimiento en el que a menudo te hundes, como un buñuelo hervido se unta en salsa de vinagre.

¿Dulce? ¿Amarga? Se rió. Tocó la más infeliz de mis fibras. Le dije: Estoy bien y a nadie le importa lo que a mí me pase.

Mientes muy mal –dijo–. No puedes esconder tus sentimientos; eso demuestra que no sabes nada del arte de vivir. Estás sometida a una gran tensión, como un conejo en un saco. Tus ojos me dicen que te disgusta todo lo que te mandan hacer. Te sientes desgraciada. Odias a Sonido de Lluvia y a Wong Soviética. Los odias porque condenaron tus ambiciones. Tienes celos de Lanza Esperanzadora. No sabes qué hacer con tus ambiciones y te sientes torturada por ello. Querrías ser alguien, querrías ser historia. Mereces que te critiquen como burguesa individualista. No hay forma mejor de describirte. Dime si no estás conforme con mi descripción. Dime la verdad, por favor. ¿Me la dirás? El supervisor se dio cuenta de lo tranquila que me quedaba y dijo: Eres complicada.

En el sótano del Hotel del Lago Occidental, donde íbamos a fumar cada día después de rodar, el supervisor me dijo que la camarada Jiang Qing estaba recibiendo críticas por sus creaciones. Sus opositores decían que cuando una mujer subía a un barco, el barco se hundía inmediatamente. El supervisor me preguntó si estaba sorprendida. Le contesté: A la luz de cinco mil años de historia, no estoy sorprendida. Ah, sí, la historia –dijo–. Toda sabiduría es sabiduría del hombre. Ésa es la historia de China. La caída de un reino siempre es culpa de una concubina. ¿Hay algo más cierto? ¿Por qué debería ser una excepción la camarada Qing?

La camarada Jiang Qing no debería preocuparse por sus opositores –dije–. Ella es la abanderada, la emperatriz moderna de China. Estoy segura de que el poder que ostenta va más allá de lo que nadie pueda imaginar. El supervisor sonrió. ¿De verdad piensas eso? Su sonrisa transmitía un mensaje. El mensaje estaba escrito en un código indestructible que yo no podía interpretar. Qué extraño, empecé a pensar, un supervisor que no tiene nombre, que entra y sale a su antojo del estudio, que se codea con los personajes más poderosos del país. ¿Por qué estaba interesado en venir al cuarto de fumar? ¿Por qué continuaba pidiéndome que le contara lo que de verdad pensaba? Recordé que mucha gente desaparecía después de hablar con franqueza. Continuamos sentados, fumando. La farola de la calle dibujaba los contornos del rostro del supervisor. Permaneció de pie junto a la ventana, mirando la luna. ¿Qué pensamientos estaba enterrando allí?

Mi vida reverdeció. Reverdeció porque el supervisor se estaba interesando por mí. Cada día yo esperaba con ilusión volver a provocarlo. No dejaba de decirme a mí misma que no iba a cambiar nada, pero no iba a permitir que la atención que me estaba prestando se escabullera. El supervisor empezó a hablarme en público. Me hablaba en los platós y fuera de ellos, delante de Lanza Esperanzadora, delante de Wong Soviética. Hablábamos de la pizarra de rodaje, del maquillaje, del vestuario y de los decorados. También hablábamos en privado, en la escalera, en el cuarto de fumar. Le di mi versión de *Azalea Roja*. Le demostré que era una Azalea Roja por naturaleza. Se me quedó mirando, asombrado, perplejo ante mi locura. Le dije que aunque no sabía montar a caballo, sabía cómo llevar un tractor. Le dije que un tractor corría más que un caballo. Era necesario que viera que yo tenía un motor y Lanza Esperanzadora no. Le dije que me gustaría entretejer la hiedra de la confianza que yo sentía alrededor de sus nervios. Le grité, aunque en voz baja: ¿No ves que podría ser como tú quisieras?

El supervisor se quedó callado mientras estaba en el plató. Dejó de hablarme. Pero sabía que algo le estaba pasando. Sabía que le había hecho interesarse por mí. Sabía que estaba consiguiendo un camarada. Sollocé despertándome a medianoche, soñando con Yan por primera vez en mucho tiempo. Le escribí a Yan y le hablé del supervisor.

Se estaban realizando las últimas tomas del rodaje. Una tarde el productor alquiló un barco e invitó a todos los miembros del equipo a navegar por el Lago Occidental como fiesta de despedida. Al pensar en la despedida, me sentí enferma, como si un deseo alimentado en secreto fuera a ser abortado. Decidí quedarme en el hotel. Mientras estaba echada en la cama, me recordé a mí misma que el equipo se disolvería en dos días. Dos días: cuarenta y ocho horas. La película *Azalea Roja* estaría rodada. El supervisor se habría ido. No me pasaría nada más. Mi esfuerzo habría sido malgastado, como una onda de agua en aquel lago. Una repentina tristeza me inundó por dentro.

Estaba echada en la cama del hotel, pensando en el supervisor, cuando entró la diseñadora del vestuario. Era una mujer agradable de unos treinta años aproximadamente, con cara de Buda. Me dijo que Lanza Esperanzadora había invitado al supervisor a una comida de despedida en un restaurante al estilo ruso cerca del lago. Sugirió que fuéramos a visitar un templo budista oculto en la cadena de montañas al este de la provincia. Mi mente no dejaba de imaginar a Lanza Esperanzadora y el supervisor sentados juntos charlando. La diseñadora del vestuario me dijo que el templo era famoso porque concedía deseos. No me importaban los deseos, pero necesitaba salir de la habitación.

Al alzar la vista desde el pie de la montaña, el templo parecía situado en medio de las nubes. Una escalera tallada en la piedra conducía montaña arriba hasta el templo. La escalera era estrecha. Sólo dejaba pasar a una persona. Me sentí como si caminara por un guante de piedra. En una placa conmemorativa se leía una inscripción que decía que hicieron falta cuatro generaciones de talladores para finalizar la escalera.

Ancianas menudas, sin dientes, con bolsas de comida, ascendían poco a poco por la escalera. Se inclinaban, golpeando con las cabezas los escalones de piedra a cada peldaño que subían.

La diseñadora y yo llegamos finalmente a la puerta del templo hacia las tres de la tarde. El templo estaba cubierto de hiedra. El aire era fresco y cargado por el aroma a jazmín. El humo de los grandes quemadores de incienso flotaba en el aire, rodeando los hombros de los devotos. Tras atravesar un largo corredor, había un altar tallado en madera de sándalo. Enfrente del altar, una hilera de muñecas de trapo de aspecto primitivo, aproximadamente unas trescientas, masculinas y femeninas, pintadas con gran colorido, estaban sentadas a los pies de la estatua de Buda.

Una anciana sin pelo, con el cuerpo totalmente empapado en sudor, se puso de rodillas. Tenía el rostro cubierto de barro marrón del ritual de la reverencia. Sacó una muñeca de colores rojo y verde y un bolígrafo y escribió unos caracteres en la parte posterior de la muñeca. Colocó la muñeca en la hilera e hizo interminables reverencias a la estatua de Buda. El sonido de su cabeza golpeando el suelo permaneció en mi oído durante largo rato. Me aproximé lentamente a la muñeca y eché una ojeada a lo que había escrito. Decía: Querido Dios del Nacimiento. Recibí de ti una muñeca y me concediste un maravilloso nieto. Ahora he hecho otra bonita muñeca para devolvértela. Nunca podré agradecerte lo suficiente. Tu sincera seguidora. Madre de tu niño Gran Flecha.

Me temblaban los dedos cuando fui a encender el incienso. Por primera vez, hice una reverencia sincera ante la estatua de Buda. No sabía qué desear. Me incorporé para mirar la estatua. Dime qué desear, recé. En medio del humo, me sorprendí al oír mi corazón que decía: Por favor, Buda, hazme fuerte. Hazme fuerte. En aquel momento fui consciente de mi debilidad. Esa debilidad era debida a la intrusión de un hombre en particular. Me invadió el pánico: me di cuenta de que mi corazón estaba anhelante por el supervisor. Miré a mi alrededor e intenté encontrar a la diseñadora, pero había desaparecido. Continué mirando. De pronto, mis ojos encontraron los suyos, los del supervisor. Estaba entre la multitud, sus ojos me seguían. Apartó la vista en el momento en que se cruzaron nuestras miradas. Hice un movimiento. Hombres y mujeres con muñecas en las manos continuaban entrando precipitadamente. Hacían reverencias, se entregaban al ritual como si no hubiera nadie presente. El sonido de sus oraciones se propagaba y se mezclaba con el sonido de los cánticos de los monjes.

Otra oleada de gente irrumpió en masa. El número de muñecas sobre el altar iba en aumento. El sonido de los devotos arrodillándose era fuerte como el retumbar de tambores. El flujo humano me empujó hasta la parte posterior del altar, donde había un muro con miles de estatuas de profetas de Buda. Nubes de cerámica pintada completaban la escena, a los pies de los profetas, sobre sus palmas, alrededor de las cabezas. Un ciervo corriendo con una cinta roja alrededor del cuello; un cesto de paja con melocotones. Una barba blanca que llegaba hasta el suelo y se agitaba en la brisa. Sonrisas vagas. Un reino donde los sentidos se desfiguran. Me volví mientras todo mi ser era absorbido por una intensa mirada, una mirada desde detrás, de él, del supervisor.

Me quedé ensimismada. Mi mano se estiró hacia atrás, hacia él, como si actuara por voluntad propia. Me sentí arrastrada por mi mano. Se abrió paso a través de los cuerpos de la multitud y de repente otra mano la tocó y la estrechó con fuerza.

Sin ni siquiera mirar, sabía que era él. Miré las estatuas de los profetas de Buda, oí mi corazón que gritaba de dicha.

Mientras la multitud seguía avanzando, la mano me soltó. Me volví para mirar. A poco más de un metro estaba él de pie, como si estuviera allí clavado, mirándome. Tenía una palidez cadavérica. Todo empezó a desvanecerse ante mí, excepto sus claros ojos de almendra. El ciervo con la cinta roja empezó a correr, los melocotones se agitaron en la parte inferior de las ramas, los profetas continuaron con sus vagas sonrisas.

Dos hombres con uniformes de guardias de seguridad hicieron su aparición. Avanzaron apresuradamente entre el gentío y se acercaron a él. Le hablaron, mirando alrededor. Le preguntaron si estaba bien. El supervisor sacudió las manos con impaciencia y les hizo una indicación colina abajo. Los hombres se comportaron amablemente pero se negaron a marcharse. Se quedaron allí, inmóviles. El supervisor se volvió al cielo, con la mandíbula apuntando a lo alto. En sus ojos de almendra vi una suma tristeza.

La diseñadora apareció de nuevo. Se quejó de mi lentitud. Dijo que había pedido un deseo para ella y que ahora se sentía mucho mejor. Sugirió que fuéramos a la oscura cueva subterránea, la Cueva del Dragón Amarillo. Se decía que, hace millones de años, un dragón murió en su interior y que el estrecho túnel de la entrada era la envoltura del intestino.

La cueva estaba muy concurrida, atestada de personas que sostenían jazmín en las manos; algunas mujeres lo llevaban alrededor del cuello y en el pelo. De pronto me di cuenta de que el supervisor me seguía. Los dos guardias de seguridad iban tras él.

La diseñadora se puso contenta al ver el gentío. Qué divertido, dijo, y preguntó a alguien dónde se cogía el jazmín. Empujó con el hombro a la multitud en dirección a un rayo de luz junto a la salida, a varios metros de distancia. Dijo que debía apresurarse y coger el jazmín antes de que se acabara. El pasaje era tan estrecho que los cuerpos extraños se apiñaban y se apretujaban los unos a los otros. El olor amargo del sudor se mezclaba con el jazmín. Yo me moví hacia él. Tenía la esperanza de que volviera a coger mi mano. Lo esperaba tan ansiosamente... Me quedé esperando. El olor a jazmín se intensificó. Se acercó un poco más en medio de la multitud. Los dos hombres desaparecieron. Estaba junto a mí. Nuestros alientos se encontraron. Le ofrecí mi mano. No reaccionó. No me cogió la mano. Por todo mi cuerpo había pétalos del jazmín deshojado.

Me culpé a mí misma, a mi ridiculez. Pero mi ridiculez era poderosa. Me dominaba, me dirigía. Aun así, me quedaba la fuerza de voluntad. Evité a propósito brindar con el supervisor en la fiesta de despedida que celebramos en un gran barco tallado con imágenes de dragones y fénices. Brindé con todos los demás. Brindé con Lanza Esperanzadora y con Wong Soviética. Adiós y cuídate, mis labios se abrían y se cerraban mecánicamente. Me decía a mí misma que todo desaparecería para siempre en un día: Deja de esperar, déjalo de una vez. Bebí con el equipo.

Lanza Esperanzadora estaba borracha. Se pusó a cantar una canción infantil. Cantaba: Arrancando rábanos, arrancando rábanos, y se cayó al suelo de la risa. Al levantarse vomitó. Wong Soviética llevó a Lanza Esperanzadora a su habitación. La celebración continuó.

El supervisor actuaba como si nuestros dedos nunca se hubieran tocado. Sonreía a los miembros del equipo. Fingía bien. Se desabotonó su chaqueta Mao. Llevaba una camisa blanca debajo. Sus dedos largos y finos sostenían una copa de vino. Tenía las mejillas rojas y el color hizo que su piel pareciera la de una jovencita. Cuando el jefe del equipo de iluminación, Gran Tai, le retó a probar quién de los dos bebía más, aceptó.

El equipo vitoreó y se agrupó alrededor de la mesa para mirar. Gran Tai era un hombre enorme, fuerte, de unos cincuenta años, un soltero que siempre había adorado al supervisor. Lo elogiaba como el hombre más hermoso que hubiera visto jamás y decía que haría cualquier cosa para permanecer cerca de él. La gente había advertido al supervisor que no se acercara demasiado a Gran Tai porque tenía extraños problemas: siempre encontraba excusas para buscarse problemas con los hombres de aspecto afeminado.

El supervisor cogió un vaso de vino de arroz y lo bebió de golpe mientras Gran Tai cogía el suyo. Los miembros del equipo les volvieron a llenar los vasos. Me escondí en un rincón donde no podía llegar la luz y sentí que mi mente se espesaba. Gran Tai era un buen bebedor. El rostro del supervisor, al cabo de tres brindis, estaba tan blanco como una muñeca de papel japonesa. Los miembros del equipo esperaban excitados pasar un buen rato. Se tranquilizaron un poco después de que el supervisor y Gran Tai vaciaran el cuarto vaso.

Gran Tai sugirió que se pusieran a pescar desde el barco. La diseñadora del vestuario se reía mientra iba a pedir material al hombre que guiaba el barco. Gran Tai sacó dos cañas de pescar y le pasó una al supervisor. Tembloroso, el supervisor cogió un trocito de comida de su plato y lo colocó en el anzuelo. Echaron los anzuelos al agua. El barco avanzaba suavemente.

Un ganso gritó a lo lejos. La diseñadora dijo que era época de apareamiento. A los gansos les gustaba aparearse bajo el agua, y siempre por la noche. El ganso macho tenía hermosas plumas, de colores magníficos, pero la hembra era ordinaria, como un pato. Se lamían los cuellos uno a otro después del apareamiento. Es terriblemente desagradable, dijo la diseñadora.

Gran Tai se recostó en la silla. Sus ojos parecían diminutos, más pequeños que los de un conejo. Bajó el vaso y estiró la mano hacia el rostro del supervisor. Se rió, dejando ver su diente de plata. Dijo que pensaba que el supervisor era más hermoso que una mujer. Preguntó: ¿Por qué eres un hombre? No deberías ser un hombre: estropeas tu aspecto al vestirte de hombre.

El supervisor sugirió que volvieran a llenar las copas. ¡Un brindis! ¡Un brindis!, animaron los miembros del equipo. Después del quinto vaso, Gran Tai empezó a sacudir los brazos y a patalear con las piernas en el aire. El supervisor dijo que había un pez en el anzuelo. Había oído un sonido y estaba seguro de que había picado un gran pez. Gran Tai anduvo con dificultad hacia la caña. Se cayó al agua mientras tiraba hacia arriba del pescado. La diseñadora consiguió una gran red y los miembros del equipo ayudaron a sacar a hombre y pescado del agua.

El supervisor se dio la vuelta. Me cogió observándolo. Caminó en mi dirección. Me di cuenta de mi temblor, estaba a punto de vomitar. Olí a jazmín y me acordé de la tarde en la Cueva del Dragón Amarillo. Me acerqué a la diseñadora y ayudé a subir a Gran Tai al barco. Gran Tai estaba profundamente dormido a pesar de los tirones y los arrastres. Le salía agua por la boca. Los miembros del equipo no paraban de reírse. Aquellos ojos de almendra estaban fijos en mí. Estiré los músculos faciales para reírme con los demás.

A la mañana siguiente el autobús estaba listo para arrancar en dirección a Shanghai cuando subió el supervisor. Bajé la cabeza y fingí comprobar mis notas. Se acercó, luego se sentó detrás de mí. Me preguntó el número total de tomas que habíamos rodado en el lugar. No le contesté. Sabía que no hacía falta. Sabía que en realidad no le interesaban las cifras. Nos quedamos sentados en silencio. El autobús arrancó en medio del calor. Los miembros del equipo cantaban una canción sobre un vagabundo. Lanza Esperanzadora repartió a todo el mundo tarjetas de despedida que había hecho ella misma con recortes de papel y cintas rosas.

Llegamos a Shanghai por la tarde. El autobús se detuvo ante la entrada del estudio. El supervisor se levantó y estrechó las manos de los miembros del equipo, uno tras otro. Deseó buena salud y suerte a todo el mundo. Los miembros del equipo le desearon un buen viaje de vuelta a Pekín. Cuando me tendió la mano a mí, no me di ni una posibilidad a mí misma. Me negaba a sufrir esa proximidad. Dejando su mano suspendida en el aire, me levanté y bajé del autobús.

Saqué rápidamente la bicicleta del aparcamiento. La rueda trasera estaba pinchada. Decidí resignarme. Rodé hacia la entrada. Las ruedas producían sonidos crepitantes sobre las hojas secas de arce que cubrían el pavimento. Alguien tiró de la bicicleta desde atrás. Tienes una rueda pinchada. Era su voz. No importa, dije sin volverme. Se negaba a soltar la bicicleta. Me di la vuelta. Hizo un esfuerzo por sonreír. Di un adiós amistoso, sugirió. Aparté la mirada. Dijo: La gente nos está mirando. Yo dije: Ya lo sé. Los muy cerdos, indecentes.

Yo estaba sufriendo. No podía evitarlo. Empecé a pedalear otra vez. Él soltó la bicicleta y dijo: Quiero que te reúnas conmigo en el parque de la Paz esta noche a las siete y media.

Me quedé sentada junto a la ventana, con mis pensamientos a la deriva. No oí a mi madre que me llamaba a cenar. No oía nada aparte del sonido de mis pensamientos arrastrándose.

Me fui hasta el escritorio y saqué rápidamente una pluma y un cuaderno. Rompí un pedazo de papel del cuaderno. No podía escribir lo que quería. Vino mi madre. Me cogió las manos. Me dijo: Estás caliente. Sugirió que me quitara el jersey. Lo hice. Miré a mi madre y de pronto descubrí cuánto me parecía a ella. Había heredado su testarudez. Había heredado su pasión. Debía vivir para mí misma, era algo que llevaba en la sangre. Aunque sólo fuera un sueño, que así fuese.

El parque de la Paz estaba situado junto al crematorio de la Vista del Dragón. Era un parque con pocos visitantes. La mayoría de la gente que lo frecuentaba eran personas que iban a llorar a sus muertos. Me sentí a salvo en la oscuridad. Al bajar del autobús, miré alrededor. El aire llevaba el olor a incienso desde el cercano cementerio. Me aseguré de que nadie me seguía. Pagué cinco céntimos en la verja y entré en el parque.

La calma era extraordinaria. Los árboles y las hojas eran densos como muros. Vagué entre los árboles mientras mantenía la mirada fija en la entrada. A las ocho le vi. Se acercó a mí desde atrás, vestido de negro. Nos refugiamos en la sombra de los árboles donde las luces parecían ojos de fantasmas. Nos detuvimos mirándonos uno a otro junto a un gran tronco de árbol. Me dijo que llevaba allí desde las siete. Estaba contento de que hubiera ido. Le dije que yo también estaba contenta. Se nos agotaron las palabras. Caminamos en dirección a los árboles tupidos. Podía oír los latidos de mi corazón.

¿Ya has hecho la maleta?, busqué algo que decir. Sí, contestó. Su voz sonaba forzada. ¿A qué hora sale el tren? A las cuatro de la mañana. Bien, le dije. Bien, dijo. Tu vida en Pekín debe ser muy excitante, le dije. No sabía por qué lo había dicho. Excitante, cierto, un lugar donde las intenciones sanguinarias se ocultan detrás de sonrisas encantadoras. Sacudió la cabeza. Aflojó el paso y dijo: No entenderías esa parte de mí, nadie podría. Le pregunté: ¿Ni siquiera tu mujer? Oh, mi mujer –dijo–.

Mi mujer es una persona sumamente encantadora. Pero dejaría de ser encantadora conmigo si me conociera. Pero quiero que tú me conozcas. Me cogió las manos y dijo: Creo que lo harás. Me miró fijamente. No podía verle los ojos. Sólo veía la sombra de su cabeza. Yo estaba de cara a la luz pero él estaba oculto en la sombra. Sin dejar de mirarme, me rodeó con los brazos y me dio la vuelta, quedándose él en la luz y yo en la sombra. Lo miré atrevidamente porque sabía que no podía ver mis ojos. Lo miré. Miré los contornos de su rostro. Envejeció, segundo a segundo. La tristeza le penetraba. Su expresión se suavizó. Soy una persona solitaria –dijo–, pensaba que estaba acostumbrado a ello, pero no es verdad. ¿Te das cuenta?

Mis brazos lo abrazaron. Sentí, mientras lo sentía a él, la piel de Yan. Lo toqué y le dije: Estoy a tu servicio. Se estremeció como un árbol joven en medio de una tormenta. Me abrazó. Dijo con voz suave: Déjame, déjame poseerte.

Sus labios eran tiernos, tiernos como una fruta de lychee pelada. Mi corazón bebió su jugo pegajoso. ¿Quieres saber mi nombre?, dijo. No –le contesté–. No quiero saber tu nombre porque no vamos a volver a vernos.

Humedeció mis mejillas. Entre sus brazos firmes encontré mi sed. Permanecimos bajo el tupido osmanto, envueltos por su dulce olor. Se oyó un ruido a lo lejos. Un grupo de gente con linternas se acercaba en nuestra dirección. Eran guardias de las patrullas de control criminal de la ciudad. Nos separamos y nos retiramos a las sombras. Me apoyé en el tronco cuando el barrido de linternas pasó a mi lado. Mientras seguía el movimiento de los rayos de luz, me sorprendí al ver otras figuras humanas entre los arbustos. No unas pocas, sino muchas. Cabezas pegadas entre sí, susurrando en la oscuridad.

El supervisor y yo caminamos por el parque como

criminales prófugos. Cuando las patrullas se alejaron, pasamos por detrás del tablón de anuncios del parque. El tablón estaba lleno de fotografías de criminales, ladrones, hombres y mujeres atrapados en pleno adulterio. Alrededor de los cuadros había artículos de crítica pública.

Caminó detrás de mí y se mantuvo a tres metros de distancia. Intentamos encontrar un lugar en el que sentarnos. Pero todos los bancos de la zona arbolada próximos a la maleza, protegidos por las sombras donde los ojos de los fantasmas no centelleaban, estaban ocupados por parejas. En cada banco había tres parejas, colocadas en direcciones opuestas. Nadie molestaba a nadie. Todos estaban ocupados con sus ardientes asuntos, susurrando y acariciándose.

Finalmente descubrimos un sitio tranquilo detrás de los servicios públicos. Nos arrastramos adentrándonos en la maleza y nos quedamos echados sobre la espalda encima de la hierba. La oscuridad me atraía. Le pedí que me cantara algún fragmento de una de sus óperas favoritas. Me canturreó a la oreja:

> De pie junto a la verja
> la mujer es más delgada que una flor marchita.
> Con su amor fabricó un tejido.
> La bufanda que ella tejió la desgastó un extraño.
> Era una mujer vieja cuando su amor era joven.

De pronto dijo que presentía que yo tenía un amante. Me preguntó si podía describirle. Me senté. Me quedé muda. Al comprobar mi inquietud, susurró, paladeando las palabras: Está bien, dijo. Me explicó que para él la madurez era importante y cualquier cosa que confesara no cambiaría la forma en que me veía, porque ardía en deseo por mí. Deseaba probar mi ansia de pasión.

Esperó mi respuesta. No sabía que estaba cargando con balas mi arma. Olí el humo antes incluso de apretar el gatillo. Vacilé, luego le dije que había tenido un asunto pero no con un hombre.

Oí un largo silencio. Lentamente, pude sentir que se recuperaba de la impresión. ¿La elegiste tú? Su voz sonaba severa. Sí, y no –dije yo–, pero no habría cambiado nada si ella fuera un hombre. ¿Dónde está ella?, preguntó. En la granja del Fuego rojo. No sé exactamente dónde. Le debo la vida. Él dijo: ¿Ah sí? Le pregunté si debía confesarle toda la historia. Dijo que no tenía que hacerlo. Le aseguré que no me importaba. Contestó que siempre estaría dispuesto a escuchar pero que prefería oír la historia en otro momento. Le dije que apreciaba su comprensión. Dijo que era demasiado pronto para apreciar nada. El té sabe mejor al servir la segunda taza.

La fiebre surgió con el hambre de nuestros cuerpos. Las manos, aunque tenían prohibido meterse bajo la ropa, calibraban el grado de intimidad por el calor corporal. La piel irradiaba calor. El placer recorrió nuestra carne e hizo que nuestras almas cantaran.

Le pedí que me hablara de Pekín, de su vida. Le pregunté si podría verlo otra vez. Dijo que sería muy arriesgado. No quiero que te hagan daño por mi causa. Mucha gente ha sufrido por mi culpa –dijo–. Puede costar una vida... Se detuvo y alzó las manos para tocarme la cara. Mi pequeña amiga –continuó–, me asustan tus preguntas. Lo abracé y dije: Haría cualquier cosa que me pidieras. Que seas un dulce sueño esta noche, dijo. ¿Por qué no mañana?, pregunté. No, sólo esta noche –insistió–. Porque cuando raye el día, no me conocerás. No habrá habido noche. Esta noche nunca existió.

Dijo que sería como si una mariposa nocturna intentara llegar al filamento de la bombilla: si insistía en seguir en contacto con él, lo único que conseguiría sería quemarme. Cualquier intento de ponerme en contacto con él era inaceptable. Pekín es una ciudad intransigente, muy intransigente, dijo. Es allí donde sale el sol y alumbra para todos.

Lo miré. Sabía que estaba diciendo la verdad. Pero aun así mis sentidos se negaban a confiar plenamente en él. ¿Quién era él? Su misterio me intrigaba. Lo estreché entre mis brazos, pero incluso así no parecía real. Pegué mi cara a la parte de atrás de su cuello, aquel hermoso y femenino cuello largo. Aún conservaba el olor a jazmín.

Me pidió que me quedara quieta y que escuchara con atención. Me dijo que alguien nos observaba escondido entre los arbustos. ¿Quién po-podrá... podrá ser? El miedo formó un nudo con mis palabras. El supervisor dijo que no tenía ni idea. Todavía abrazándome, continuó: Espero que no sea un policía secreto. Intentemos no inquietarle. Vuélvete conmigo hasta un ángulo desde donde pueda ver sus movimientos. Mientras nos dábamos la vuelta lentamente, la sombra entre la maleza arqueó la espalda. Se movía hacia nosotros. ¿Qué debemos hacer? ¿Quién puede ser? Le pregunté si había oído hablar de esos hombres y mujeres solitarios, los masturbadores. Me abrazó y empezó a acariciarme.

He oído informes, no una vez sino muchas, continuó. En aquel instante me sentía arrastrada por él a un placer alarmante. Su voz en mi oído me excitaba todos los nervios. Estoy seguro de que es un masturbador. No, espera un momento. Veo a dos personas. La otra se esconde detrás del pino perenne. Estoy seguro de que hay alguien más observando. Sí, veo un tercero, y ahora un cuarto. Observa conmigo. No tengas miedo, porque ellos están tan asustados como nosotros. Mira detrás de ese arbusto de menta, y ahí, detrás de los osmantos. Puedo verles gemir en silencio, sus partes frontales y posteriores expuestas como animales en temporada de apareamiento, suplicando la caricia y la penetración. Veo las colinas de la juventud cubiertas por azaleas del color de la sangre. Las azaleas siguen floreciendo, invadiendo las montañas y el planeta. La tierra siente los mordiscos y gime, sollozando disparatadamente arrastrada por el placer. ¿Lo oyes? La pasión que sentían por el Gran Timonel ha sido traicionada. Oh, ¡qué gran escena! Ojalá nuestro gran presidente pudiera verlo. Se sentiría impresionado e impotente... Oh, ahora lo sé, éste es un lugar en el que los hombres y las mujeres solitarios se unen cada noche para experimentar la esencia del drama. Se reunen aquí con sus dioses y sus diosas. Llevan el espíritu de los muertos cuya carne acaba de ser incinerada. Se masturban y eyaculan su pasión con culpa criminal. Cálmate mi pequeña amiga, mira la chimenea gigante del crematorio de la Vista del Dragón, mira el humo rojo que lanza al cielo, mira cómo es arrastrado por el aire, mira cómo asciende. Debes aprender a no cerrar los ojos, debes observar, debes aprender a apreciar la belleza dada por la naturaleza. Observa conmigo, siénteme en tu interior, la excitación todavía no se acaba. Los masturbadores se van acercando a nosotros, luchando contra un espanto tan profundo que ha cegado su visión interior. Saben que los fusilarán si los atrapan, igual que a nosotros. Contemplan este momento como su última actuación, igual que nosotros. El miedo dulcifica el ánimo. Estamos tan cerca de la muerte como del cielo. ¿Puedes sentirlo?

Le supliqué que nos fuéramos de aquel lugar. Que nos fuéramos del bosque de los masturbadores. Sostuvo con su hombro mi cuerpo sin fuerza, y nos abrimos camino afuera, hacia la noche de terciopelo. Las espinas de los arbustos habían rasgado mi ropa, habían arañado mis extremidades, dejando marcas en mi carne. Las sombras arqueaban la espalda. Los arbustos temblaban con un ritmo denso. Los masturbadores se mecían, subían y caían monumentalmente y, al pasar, oíamos el sonido mientras estallaban uno detrás de otro. Yo me desplomé, medio inconsciente, en éxtasis.

Volví la mirada cuando salí por la puerta del parque de la Paz. Vi las linternas de las patrullas que inspeccionaban en la maleza. Gritaban consignas que sonaban como de amenaza: «¡Cuidado con las actividades reaccionarias!» «¡Unámonos para librarnos de las influencias burguesas!». El parque se volvió a sumir en el sonido de la muerte.

Fui a la estación del ferrocarril a las dos de la mañana. Estaba tan abarrotada como un enjambre de abejas. Me puse de costado y me abrí camino a empellones hasta la zona del Expreso de Pekín. Miré un vagón detrás de otro y luego lo vi. En el vagón veinticuatro. El supervisor estaba de pie entre dos hombres con uniformes de guardias de seguridad que me resultaban familiares. No dejaba de mirar por la ventana. Yo me acerqué al tren. Pero no saludé con la mano como el resto de la gente. Luego él me vio, aunque su rostro seguía inexpresivo. Lo único que pasó fue que sus ojos dejaron de buscar. No hizo un solo movimiento para decirme adiós. No podía. Era alguien demasiado importante. Nos miramos fijamente el uno al otro. Luego el tren empezó a moverse. Los hombres pusieron ante él un mantel bordado de color blanquecino. Una camarera del tren llegó con una taza de té recién hecho. Intenté sonreírle. Intentó devolverme la sonrisa, pero uno de los hombres se levantó y desenrolló la cortina de la ventana.

La producción casi acabada se suspendió repentinamente. Se comentaba que la camarada Jiang Qing tenía problemas con el reparto. Nos repartieron montones de material de lectura procedente del Gabinete Cultural Nacional sobre la política del Partido en cuestiones de arte. Llegábamos al estudio a las ocho de la mañana, nos sentábamos para revisar todo aquel material, nos autoexaminábamos, descubríamos los errores políticos de los demás y los exponíamos para hacer una crítica. Las reuniones duraban hasta las cinco de la tarde. Un cigarrillo, una taza de café, una guerra dialéctica, se convirtieron en el estilo de vida de la nación.

Además del fregado, me ordenaron llenar los contenedores de agua caliente de la oficina, copiar las actas de lo que decía todo el mundo y entregarlas al comité del Partido del estudio. Había sido ayudante de plató durante sólo unos cuantos meses, pero el vacío que sentía se había vuelto intolerable. Me parecía una úlcera que creciera día a día. Después de acabar la jornada, cuando me echaba en la cama por la noche, notaba que la úlcera se propagaba.

Nunca tuve noticias del supervisor. Dondequiera que fuera por el estudio, veía su sombra y oía su voz. El arce me transmitía su espíritu. El recuerdo de la noche de su partida se apoderaba de mí cada atardecer. Mi cuerpo, solo en el vacío, estaba tendido sin esperanzas en un campo de deseo.

Echaba de menos a Yan, aunque nunca contestó a mis cartas. Nunca hablamos sobre nuestra relación. Nunca nos atrevimos a admitir, ni ante nosotras mismas ni la una a la otra, que lo que habíamos compartido era amor. En su lugar, nos entregabamos a la turbación y la culpa. Nos transmitíamos una a otra nuestra profunda vergüenza. Nunca había pensado en tenerla únicamente para mí hasta el momento en que vi cómo la tocaba Leopardo. Fue en ese momento cuando caí en la cuenta de mi vergüenza. Porque fue en ese momento cuando más deseé ser amada.

Parecía que Yan me hubiera desterrado. Igual que hacíamos con los brotes de arroz al comienzo de la primavera: rompíamos las raíces entrelazadas, las separábamos para garantizar el crecimiento individual en el futuro. La mayoría de los brotes de arroz sobrevivían, pero unos pocos morían durante el proceso. Cada vez que rompía las raíces con mis manos, escuchaba el sonido del desgarro y me preguntaba si las raíces sentían dolor. Yan nunca prestó atención a ese sonido. Cumplía con lo que creía su obligación, sin pestañear. Era cruel. Tenía que ser así. Me rechazó para salvarme. Me alejó para conseguir que la recordara. Y así lo hice. Yan se había convertido en parte de mí. Lo supe desde que toqué al supervisor. Mi relación con él, aunque sucedió de modo inesperado, fue lógica: se produjo como cabía esperar. La diferencia era que yo había sido, por extraño que parezca, consciente de cada uno de mis movimientos con el supervisor. Si lo que compartía con Yan era amor, lo que compartía con el supervisor era ambición.

El supervisor se había marchado sin promesas. Pero mi ansia de superación hacía que yo sólo deseara lo imposible. Yan era lo imposible. No podía librarme de pagar por ello. Estaba pagando por ello. Me convertí en mi madre. Igual que mi madre, vivía en el sueño del mundo en el que creía. Ansiaba el regreso del supervisor. Ansiaba el momento en que volviera a hacer acto de presencia. Un anhelo interminable: solitario, amargo, vaporoso, pero tan vivo...

Lanza Esperanzadora se puso muy enferma. Se decía que los comentarios de la camarada Jiang Qing sobre el reparto cuestionaban su futuro. Se decía que la camarada Jiang Qing había inspeccionado las tomas y había comentado: No es oro todo lo que reluce, refiriéndose a que no veía un talento real en las tomas. La frase quedó impresa en un documento con el titular en rojo. Fue leída en las reuniones del estudio. Lanza Esperanzadora buscó ayuda en Sonido de Lluvia y Wong Soviética. Vertió sus lágrimas. Pero no dijeron nada. Ni una sola palabra.

Han considerado tu nombre –me dijo el guarda Una Onza–. Sonido de Lluvia y Wong Soviética están en comunicación con Pekín para confirmar las noticias. ¿Qué nombre? ¿A quién han considerado? Oí cada una de las palabras que había pronunciado pero pregunté, mientras mi corazón se aceleraba. Por un momento quedé sorda, como si mis oídos estuvieran bloqueados por sucesivas detonaciones de petardos. Por la tarde me llamaron a la oficina de los jefes del estudio. Me senté ante un enorme escritorio de madera y Sonido de Lluvia me dijo que los de arriba, en Pekín, me habían escogido para una importante tarea, una prueba cinematográfica para el papel de Azalea Roja.

Wong Soviética estaba sentada junto a Sonido de Lluvia, con los ojos llenos de envidia. ¿Conoces a alguien en Pekín?, preguntó. Su voz reflejaba una gran desconfianza. Mientras yo negaba con la cabeza, ella dijo: Debes decir la verdad, nada más que la verdad. Las necesidades del Partido son mi prioridad –contesté–. Podría seguir de ayudante de plató si el Partido necesitara que lo hiciera. ¡Hipócrita!, me gritó Wong Soviética.

Extrañamente, me complació ver a Wong Soviética actuar de este modo. ¿Por qué tengo que ser una hipócrita?, dije suavemente. ¡No! No podemos permitir que vaya –dijo con firmeza Wong Soviética dirigiéndose a Sonido de Lluvia–. Debemos ser responsables con los de arriba. Mi instinto me dice que está seriamente corrupta, como una piedra en un foso de estiércol: ¡apestosa hasta la médula! Debe de haber un hombre, algún amante, detrás de la cortina. ¡Es necesario reforzar el dique antes de que suba el agua!

Sonido de Lluvia deshizo las conjeturas de Wong Soviética. La muchacha es pura: hicimos que la examinaran los médicos, ¿te acuerdas? No creo que haya un astuto amante detrás de la cortina. Es terreno sin explotar. Es una mierdecita revoltosa, estoy de acuerdo, pero quizás, ¿quién sabe?, eso es lo que les gusta a los de arriba. Nuestro presidente siempre ha elogiado el espíritu de los rebeldes. Los de arriba siempre han dicho que les gustaban los jóvenes tocados de ese regusto a rebelde. ¿Quién sabe?

Wong Soviética le dijo a gritos a Sonido de Lluvia: Lo único que quieres es ahorrarte todas las molestias de llevar adelante una investigación; eres irresponsable con el Partido. ¿No tienes principios? Sonido de Lluvia se sentó en su silla y dijo despacio: «Di siempre que sí a nuestro Partido», ése es mi principio.

No sabía adónde me llevaban. Sólo sabía que estaba en Pekín. Había viajado en distintos coches de lujo. Era la primera vez que montaba en coche, pero de todos modos no me puse nerviosa. Todos los conductores llevaban guantes blancos de nailon. No contestaron a mis preguntas sobre la instrucciones. Imaginé que no estaban autorizados. Cuando decían: Por favor, el acento era marcadamente del norte, lo cual revelaba que debían de ser hijos de campesinos. Sus rasgos eran sinceros y pulidos como una piedra tallada.

Llevaba la ropa de Yan, el uniforme del ejército blanqueado por los lavados. Me lo ponía cuando estaba asustada o bien me sentía orgullosa. Tenía la intuición de que el hecho de ser escogida por los de arriba en Pekín tenía que ver con el supervisor. Su sigilo me excitaba y me asustaba al mismo tiempo. No me gustaba estar obsesionada por él, me parecía peligroso. No estábamos al mismo nivel. Podía ver el modo en que me hechizaba. Decidí que, si volvía a verlo de nuevo, rompería ese hechizo. Iba a confiar en mí misma. Y sabía que debía ser así. Tenía veinte años. Tenía valor.

Unos guantes blancos de nailon me abrieron la puerta para salir del coche. Estaba en medio de un parque de peonías rodeado por un bosque. ¡Qué lugar! A mis pies los arroyos cantaban entre las piedras. Un camino despejado entre las peonías rosas conducía a las colinas verdes. El chófer me dijo que siguiera el camino, tras lo cual regresó al coche. El vehículo arrancó y se alejó como la sombra de un pájaro. Campos de prados se extendían hasta el final del cielo, donde el sol se estaba poniendo. Un soplo de viento agitó el bosque. Las nubes nadaban en el espejo del río. Andaba a paso ligero dejándome llevar por el viento. Aunque el cabeceo de las peonías era agradable, la vistosidad de las flores me recordó la condición social del propietario. De pronto recordé la primera orden de Yan a mi llegada a la granja del Fuego rojo: ¡Actúa como un soldado! Me obligué a continuar.

Apareció una antigua mansión, envuelta en hiedra y flores de brillantes colores. Había una puerta oscura y estrecha. Me paré ante la puerta. Me abrió un joven con guantes blancos y un uniforme verde del ejército. Me sonrió en silencio y me hizo pasar al vestíbulo. Antes de que yo entrara, otro hombre se encontraba ya en el vestíbulo, pero en un principio no reparé en él, ya que estaba inmóvil como un mueble junto a la entrada. Al igual que el primer hombre, esbozaba una sonrisa bien adiestrada. Me indicó con un gesto que lo siguiera a una salita donde había una hilera de fotografías en blanco y negro expuestas en la pared. Me senté en un sofá desde el que se dominaba una vista magistral del jardín. Otro joven de rostro amable apareció con una bandeja blanca. Sonrisa adiestrada. Me ofreció una toalla húmeda caliente. Salió en el mismo instante en el que un cuarto joven de rostro amable entraba en la sala y colocaba ante mí una taza de té aromático. Sonrisa adiestrada. Pasos adiestrados. Guantes blancos. Mandíbulas afeitadas. Bocas como pétalos. Rasgos de piedra tallada. Se deslizaban entrando y saliendo de la sala como peces entre algas marinas.

Di un sorbo al té y empecé a mirar las fotografías. La mayoría de los temas eran flores y entre ellas abundaban las peonías. Peonías en medio de la niebla, con lluvia, al amanecer, puesta de sol, bajo la luz de la luna y en la oscuridad. Peonías cubiertas por la nieve, de blanco. Peonías marchitas, fotografiadas apasionadamente. Por un momento me cautivaron y me olvidé de donde estaba. Mientras miraba cuidadosamente, descubrí que las fotografías no eran exactamente en blanco y negro. Estaban coloreadas a mano, ligeramente amarronadas. El color de los pétalos abiertos estaba tratado con delicadeza. Me emocionó el modo en que el artista se había entregado a estas fotografías.

Desde la salita, un puente arqueado conducía hacia el jardín. La luminosidad resaltaba todo lo que había afuera. Oí el clic del obturador de una cámara. Oí una voz familiar. Era una voz esperada, pero aun así me sorprendió.

¿Cuánto tiempo, no?, dijo la voz. Me hizo temblar por dentro como otras veces. Quería decir algo pero la lengua se me trabó. Ven a ver el jardín, dijo la voz.

El supervisor llevaba una blusa de algodón blanqueada, pantalones color verde césped y sandalias de paja de un azul intenso. Tenía los brazos delgados, de muchacha, cruzados en el pecho. Se volvió para mirar el corazón de una peonía. Se concentró en la flor. El perfume que se había puesto me arrastró hacia él. La dicha de volver a verlo me recorrió de pies a cabeza. El corto cabello negro estaba peinado suavemente hacia atrás. Se entretuvo con otra peonía. Su elegancia sofocaba mi respiración con el deseo de estar cerca de él. Cuando sus dedos tocaron los pétalos de una peonía, todo mi ser se estremeció por dentro, recordando el modo en que me había tocado a mí.

No me gustaba el deseo que sentía porque me volvía impotente ante él. El supervisor se inclinó para examinar una flor en forma de cilindro. El hecho de que hablara sin voz, atraía toda mi atención. Odiaba sus trucos, pero deseaba tanto ser seducida... ¿Algún comentario sobre las fotografías?, dijo al fin. Me oí a mí misma preguntar: ¿Ésas las sacaste tú? Aquí no vive nadie más. Las fotos fueron sacadas en este jardín.

Los jóvenes de rostro amable continuaban deslizándose dentro y fuera de la estancia. Sentí que era observada. Sus cerebros están hechos de metal –dijo el supervisor, indicando las espaldas de los rostros agradables–. Tienen corazones cuadriculados como los de un robot. No entienden las emociones igual que tú. Tú tienes experiencia. ¿Cómo está tu amante? ¿Cómo se llama? Oh, no, no me respondas a eso. He cambiado de idea.

Me asustó el modo en que escrutaba el supervisor.

Pregunté el motivo por el que se me había requerido allí. Te necesito –dijo–. Has sido invitada a una importante prueba cinematográfica, una prueba que cambiará algunas de las ideas fundamentales de nuestros compatriotas.

Casi se me cae la taza de té que sostenía en la mano. ¿Voy a interpretar a Azalea Roja?, pregunté, asustada fuera cual fuese la respuesta. Exactamente –asintió–, recuerda, harás que me sienta más feliz si no me haces ninguna pregunta.

¿Crees que estás preparada para interpretar a Azalea Roja?, me preguntó mientras me conducía a través del jardín a otro patio. Entramos en una habitación. Vi una pantalla blanca que colgaba del techo. La habitación tenía un muro barnizado de oscuro con tallas en forma de peonía. En cada esquina había cuatro apliques de luz en forma de flor. Había dos grandes sofás amarillos situados delante de la pantalla. El supervisor me indicó que me sentara en el sofá.

A veces duermo aquí las noches en que se hace demasiado tarde y la oscuridad me produce escalofríos –dijo–. Y me convierto en la persona más triste del mundo después de ver mi película favorita. Me acurruco en el sofá y dejo que las lágrimas me asalten como a un niño. ¿Debería uno dejarse llevar cuando se siente débil?

Una sombra cruzó la pantalla. Al volverme vi un proyector en la pared. Así que esto es una sala de proyección, dije. Es una pantalla en la que se interpreta y reinterpreta la historia –dijo el supervisor–. Todo depende de nuestra voluntad, añadió. El joven de rostro amable sirvió el té aromático. El supervisor me miró fijamente mientras sorbía el té. Me gusta el modo en que está iluminada tu cara ahora. No te muevas. Sí, eso está bien –sus manos hacían girar mi rostro–. Tu rostro posee la cualidad heroica que he estado buscando. Me gusta tanto mirarte... ¿Te gusta oír lo que estoy diciendo? Demuéstrame tu gratitud como los demás. Me irrita tu calma, así que olvídalo. No soporto sentirme confundido. Una de las cosas que observé en ti es que no te reías de lo mismo que a las niñas tontitas les hacía reírse como locas. Me impresionó, aunque todavía no me he acostumbrado a tu carácter. Tus cualidades son innatas. Eso es raro. Fregar el suelo te ha hecho aprender. Hay un dicho para esto: «Trágate lo más amargo de lo amargo: te vuelve el mejor entre lo bueno».

Me estaba contando la historia de *Azalea Roja* como si se tratara de su propia vida. Era una líder del Ejército Rojo, una diosa roja admirada y querida por todos. La historia trataba de una larga marcha espiritual. Trataba de una fe inquebrantable en el comunismo, de la adoración a Mao, de la enorme voluntad de vencer a los enemigos, de la extraordinaria habilidad militar a la hora de dirigir grandiosas batallas.

La historia no me cautivó tanto como la cabeza que hablaba ante mí. Era una peonía abriéndose. Una peonía coloreada a mano, como las de las fotografías. Los ojos de almendra estaban más claros que nunca. La fina piel de porcelana decía mucho de su elegancia. Era un hombre y una mujer. Su historia era un licor barato. Corrió por mi garganta y me emborrachó con su calor.

Esto es lo que quiero ver en tus ojos –dijo–: un millón de toros descendiendo por una colina a todo correr con las colas ardiendo.

Hizo un ademán con la mano. La habitación se oscureció. Quiero mostrarte una de mis películas favoritas, me dijo al oído. Le pregunté cómo se titulaba la película. *La caída del Imperio romano*. Le dije que no entendía los idiomas extranjeros. Dijo que ése era el motivo de que estuviera sentado a mi lado. Quería ser mi intérprete.

Empezó la película. La persona encargada del proyector ajustó las lentes. La imagen borrosa quedó enfocada. La indicación redonda del comienzo parecía un gran ojo espiándome. El supervisor estaba a escasos centímetros de distancia. Olía su perfume. Empezó con la traducción. Su voz me recordó a los arbustos que se agitan con el viento.

La voz del supervisor se mezcló con la banda sonora de la película. Su voz se llenó de pesar mientras traducía el desenlace de la historia. La película trataba de la caída de un imperio y el suicidio de su princesa. La música tenía una austeridad trágica. Vi el centelleo en sus brillantes ojos de almendra y el lento goteo de perlas por sus mejillas, como un collar roto. La traducción se hizo más fragmentada y luego su aliento se entrecortó. Se detuvo, incapaz de continuar, y la película siguió adelante.

Recibí un documento con caracteres rojos en la cubierta. Los caracteres decían «Instrucciones estrictamente confidenciales». Era una orden del supervisor. Me ordenaba ir a ver una de las versiones teatrales de *Azalea Roja*. Me envió a ver a un grupo de teatro local que había estado interpretando la obra durante años. El grupo ensayaba sin tener una fecha de estreno. La actriz que interpretaba a Azalea Roja era unos siete centímetros más baja que yo y no tenía ganas de hablar conmigo. Tuve la impresión de que todos los miembros del grupo sabían quién me enviaba. Detrás de su amabilidad había distanciamiento y frialdad.

Cada mañana a las ocho los actores empezaban a interpretar de memoria en voz alta. La obra no tenía fuerza. Las actrices traían sus labores de punto al escenario y los actores fumaban paquetes de cigarrillos. A la hora del almuerzo le pregunté a un miembro del grupo por qué todo parecía tan lento. Me preguntó si le permitiría que yo prescindiera de Azalea Roja por un segundo. Su actitud me confundió. Me hizo un gesto de asentimiento con la cabeza y luego me pidió que escuchara cuando él pusiera la radio. Movió el sintonizador a un lado y otro del dial, explorando todas las emisoras. Había ópera, una ópera tras otra. Las óperas que conocíamos de memoria desde hacía años. Los críos de la calle se unían a la música, se ponían a cantar. El hombre dijo, con una sonrisa amarga: Las óperas revolucionarias son lo que respiramos. Escupió en el suelo y se secó la nariz con los dedos. Yo me di la vuelta. Perdón, dijo soñolientamente, y se alejó pausadamente a echar una siesta. Exhalaba puro aburrimiento.

A mí no me aburrían las óperas, no me aburría *Azalea Roja*. Había pagado un precio en la granja del Fuego rojo para interpretar aquel papel. Yan y millones de jóvenes todavía seguían luchando contra las sanguijuelas. Sólo de pensar en ello se me ponían los pelos de punta. Había dejado de importarme si otra gente iba a disfrutar con las heroínas de la camarada Jiang Qing. *Azalea Roja* se había convertido en mi vida.

Cada mañana ponía cara de respeto. Entraba elegantemente en el salón de ensayos y me sentaba con gesto modesto. A la hora del almuerzo me comía un bol de arroz con unos cuantos pedazos de verduras agrias en conserva. Me dedicaba al estudio del personaje. Leía frase a frase hasta que podía recitar el texto de memoria. Seguí esperando.

El supervisor me mandó llamar. Me mandó llamar con toda una colección de nuevos uniformes del ejército que quería que me pusiera. Después, por la tarde, fui a verlo con mi ropa nueva. Sonrió. Era una peonía. También se había puesto un uniforme. Un largo mechón de pelo le caía por la cara. Me saludó junto a la verja de entrada y sugirió que diéramos un largo paseo por el jardín. Nos sumergimos en el verde, entre parcelas de peonías. Llegamos a un barco de piedra junto al lago. Me contó la fábula del barco de piedra. Era el regalo de un hijo a su madre. El hijo era un emperador. Le preguntó a la madre qué era lo que quería para su nonagésimo cumpleaños. La madre dijo que siempre le había fascinado viajar en barco, pero que le tenía miedo al agua. El hijo construyó un barco de piedra justo al lado del espigón para que la madre pudiera estar en el barco sin agua. La madre disfrutó enormemente de su fiesta de cumpleaños a bordo del barco, y la fábula se propagó por toda la nación como un ejemplo de elevación.

Nos sentamos en el barco de piedra y observamos los reflejos en el agua. Deberías pensar en la película –el supervisor interrumpió de pronto mis pensamientos dispersos–. La vida de una verdadera heroína es como la actuación de las bailarinas acrobáticas en la cuerda floja. Nunca estás totalmente preparada.

El sol se ponía y el cielo parecía un abanico dorado. Las nubes rosáceas, como pintadas con tinta y agua, enrojecían y teñían el cielo. Somos las manos que deberían estar escribiendo la historia, dijo levantándose y caminó hasta el borde del barco de piedra. Se quedó mirando el agua, que había cambiado de color: de verde oscuro a negro profundo. No tengo miedo al agua, dijo mientras levantaba la barbilla, perdiendo la mirada a lo lejos en el cielo. Observé esa mirada. Vi pura devoción. La mirada condensaba la bruma del atardecer y la transformaba en rocío. Me pidió que abandonara mi antigua personalidad para vivir de acuerdo con las expectativas del Partido. Me dijo que sacrificar la vida de uno por los ideales del pueblo engrandecía la propia vida. Dijo que quería que aniquilara el demonio que había en mí. El demonio que te hace renunciar a tu necesidad emocional, dijo. Me pidió que me olvidara de mi propio yo. Dijo que me estaba pidiendo un compromiso total. Su tono religioso me asustó. No podía entender de qué estaba hablando.

Dijo que intuía que mi mente tenía voluntad propia. No lo negué. Su rostro reflejó abatimiento. Me pidió que por favor no le defraudara. Dijo que había confiado tanto en mí que su misión no estaría completa sin mi colaboración. Admitió que nunca había sabido aceptar el rechazo. Me pidió que permaneciera en guardia. Dijo que durante algún tiempo había odiado la individualidad. Me pidió que no le permitiera perjudicarme. Me pidió que le obedeciera, porque obedecerlo era obedecer a mi propia ambición. Porque él y yo nos habíamos vuelto inseparables.

El supervisor me llevó de regreso a Shanghai. Dijo que le habría supuesto muchas dificultades filmar *Azalea Roja* en Pekín. Había una corriente política en contra de él, en contra de la mayor abanderada, la camarada Jiang Qing. Shanghai era un lugar mejor, dijo. En Shanghai, las óperas de la camarada Jiang Qing eran el plato espiritual de cada día. Las radios de todos los vecindarios hacían sonar las óperas. El Taller de Ferretería

Wu-Lee en el piso inferior tenía la radio puesta a todas horas. La mayoría de las mujeres cantaba con la radio mientras soldaba cables.

> La insurrección después de la cosecha
> fue una violenta tormenta.
> El faro se iluminó,
> iluminó mi corazón.
> Me hizo entender que
> para liberar el país debíamos confiar en las armas.
> La única forma de alcanzar una vida agradable
> es unirse al Ejército Rojo y al Partido.

Cuando volábamos a Shanghai me dijo que algún día le recordaría como a un genio.

Durante el rodaje, estuve viviendo en la casa de invitados del estudio de cine y se me permitía visitar a mis padres una vez cada pocos días. Yo estaba fascinada con mi vestuario –uniforme y abrigo del Ejército Rojo–, así que lo llevaba puesto cada vez que iba a visitar a los míos. Cuando caminaba por las callejuelas, sabía que los vecinos me estaban mirando a través de las ventanas. Ya no se atrevían a hablar conmigo. Me había vuelto demasiado importante.

Cuando nos topábamos casualmente, me hablaban con tono adulador. Decían: Oh, hacía tiempo que sabíamos que algún día serías alguien. Lo sabíamos desde que te trasladaste al distrito.

Me daba cuenta que no podía decirles gran cosa porque aún recordaba los días en que me llamaban pulga.

Hablé con Pequeño Ataúd en una ocasión en que la vi venir de visita a ver a sus padres. Se había convertido en una trabajadora en una fábrica y se había casado con un compañero, luego se habían ido a vivir lejos. Pequeño Ataúd nunca me adulaba. Se limitaba a mirarme con admiración. Sabía que estaba orgullosa de mí y le dije: Haré que te sientas aún más orgullosa.

A partir de este momento, quiero que olvides tu apellido. Ahora eres Azalea Roja, dijo el supervisor. A ver, que oiga tu nombre, por favor. Me estremecí y lo pronuncié a viva voz: soy Azalea Roja. Él movió la cabeza con satisfacción. Quiero que seas consciente de lo que estás creando –continuó–. Estás creando una imagen que pronto dominará la ideología china. Estás creando historia, la historia del proletariado. Estamos devolviendo a la historia su rostro original. En unos meses, cuando la película recorra todo el país, serás el ídolo de las juventudes revolucionarias. Quiero que memorices esta enseñanza del presidente Mao: «El poder de un buen ejemplo es infinito».

¿Estás preparada? Tenía los ojos rojos por la falta de sueño, la voz transmitía un aroma a tierra quemada. Hemos empezado nuestra batalla –dijo–. La camarada Jiang Qing está con nosotros. Es una batalla a vida o muerte. Una lucha por el poder político. Yo asentí como si entendiera lo que había dicho. Se movió hacia mí, se detuvo y utilizó su dedo corazón para elevar mi barbilla. Me examinó. Era un dragón que entraba por la ventana de mis ojos y me impregnaba todo el cuerpo con una fuerza silenciosa. Sí, hermosa. Mira, vamos a atravesar un bosque de armas y una lluvia de balas para rendir respeto a nuestras madres. Madres que, durante miles de años, vivieron sus vidas avergonzadas, murieron del mismo modo, fueron enterradas y así se pudrieron. Vamos a decirles: Ahora hay un mundo nuevo. Un mundo donde nacer mujer se recibe con celebración y bienvenida. Un mundo donde una mujer que está obligada a casarse con un cerdo puede tener un amorío.

Se detuvo de pronto. Me miró fijamente, entrecerrando los ojos. Bien, por hoy es suficiente. Apretó un timbre que había sobre la mesa y entró un joven de rostro amable. Llévala a la sala de maquillaje.

Era la primera vez que posaba. El fotógrafo dijo que los talleres de impresión estaban esperando esta fotografía; el cartel se editaría en tres días. Era un encargo político de la camarada Jiang Qing. Azalea Roja debía satisfacer sus expectativas más vivas. Me quedé mirando la bombilla que tenía ante mí. Pensé en Lanza Esperanzadora y en el odio que Wong Soviética sentía por mí. Le dije al fotógrafo que estaba lista. El sonido de los clics era irreal. Sentí a Yan debajo de la piel.

El equipo volvió a rodar las escenas. Los que antes trabajaban para Lanza Esperanzadora ahora tenían que estar a mi servicio. Lanza Esperanzadora y Wong Soviética habían quedado excluidas. Nadie las mencionó. El rodaje continuó sin problemas hasta un día en el que se nos ordenó que revisáramos ciertas frases del guión. Azalea Roja no debía ser demasiado mordaz. El tiempo que permanecía en pantalla debía reducirse, lo que significaba que el héroe masculino debía ser preponderante. El supervisor hizo los cambios. Volvieron a llamarlo a Pekín varias veces. Cada vez que regresaba, se le veía frustrado. Fumaba cuatro paquetes de cigarrillos al día. Sus dedos se pusieron marrones. No explicaba nada. Rodó tres versiones de una escena con diálogos diferentes. En la primera me ordenaron que dijera: «No puedes arrebatarme mi sueño». En la segunda tenía que decir: «No, él es la esperanza de China, nunca podrás arrebatarme esa esperanza». En la tercera tenía que decir: «Sacrificaría mi vida por seguirlo, porque él es el salvador del proletariado del mundo». Así era como luchaba el supervisor con sus oponentes de Pekín. Si la primera versión no funcionaba, sacaría la segunda o la tercera versión. Negociaba. Peleaba por cada centímetro de película.

Tenía la cara pintada. La diseñadora me vistió con un uniforme grisáceo del Ejército Rojo y zapatos de paja. Llevaba las mangas remangadas y trenzas en el pelo. Un ancho cinturón me ceñía el talle. Alguien estaba sujetándome un largo trozo de tela a la pierna. El supervisor había añadido una nueva frase. La frase era: «Presidente Mao».

El supervisor estaba sentado en la silla del director. Su concentración imperaba en el plató. Un auxiliar medía la distancia entre mi nariz y las lentes una y otra vez, murmurando las cifras para sí mismo mientras las escribía. Las manos de Azalea Roja estaban atadas a la espalda con cuerdas. Estaba a punto de ser torturada en público.

Toma dos, toma tres. Quiero un gran, gran primer plano de sus ojos –aulló el supervisor–. ¡Que la cara le quede enmarcada! ¡Cámara, en movimiento! ¡Más cerca, más cerca! El grupo de cámaras se movieron alrededor. Se habían decidido algunos cambios. Los ayudantes de producción empezaron a sudar. Uno de ellos murmuraba los números. Un metro cuarenta, un metro treinta y siete. Un aplique de alumbrado se quemó. El cable echaba humo. El director de iluminación lo reemplazó al instante. El maquillador me peinaba el flequillo una vez más.

De pronto me asustó no ser capaz de satisfacer al supervisor. No ponía sentimiento en mis frases. El maquillador me preguntó si necesitaba que me pusiera unas gotitas de agua en los ojos. El supervisor le hizo un ademán para que se largara. La diseñadora vino y me humedeció la espalda con agua. El supervisor dijo a voces: ¡Rodando! Yo pronuncié mi frase: «Presidente Mao». El supervisor gritó: ¡Corten! Dijo: No, quizás sea la iluminación. Sí, la iluminación es lo que falla. Ésta no es la luz que le gusta. La camarada Jiang Qing no aprobaría esta forma de iluminar. Debe ser una luz directa, uniforme. La camarada Jiang Qing no quiere ver ninguna sombra bajo la nariz de Azalea Roja. Nuestra heroína no debe tener sombras en la cara. ¡En absoluto!

La cámara volvió a rodar. Todo el mundo contenía el aliento. Repetí mi parte cuidadosamente. El supervisor dio una patada a un pie de lámpara. Se sentía frustrado. El equipo de cámaras se puso nervioso. Todo el mundo volvía a estar dispuesto. El supervisor levantó la cabeza. Los ojos de almendra brillaban más que las luces que tenía ante mí. Vi que la ansiedad le quemaba los ojos. Tenía los labios agrietados de la sequedad y sus dedos se estiraban en el aire como las garras de un águila. Cerró los ojos y gimió mi frase: «Presidente Mao». Al abrir los ojos, me preguntó si podía darle algo más que cinco sílabas. Se recostó y dijo lentamente: Rodando.

Le fallé. No conseguí dar lo que él quería. Mi actuación era mecánica. Me cortó. Tenía la cara deformada. Dijo: Un minuto más, y será mejor que lo consigas. Ahora sumérgete. Respiré a fondo y dije mi frase. Repetí: «Presidente Mao», «Presidente Mao». No había magia.

El supervisor me llamó idiota. Y yo me llamé idiota. No podía concentrarme. La frase me parecía incluso graciosa. Presidente Mao ¿qué? Deberían fusilarte los nacionalistas –dijo el supervisor–. ¿Dónde está el espíritu que vi en ti en otro tiempo? Sé que lo tienes. ¿Qué es lo que te pasa? ¿No entiendes el significado de estas cinco sílabas? Creía que tenías sentimiento. Creía que lo entendías todo.

El maquillador vino a repintarme la cicatriz de la frente. La diseñadora roció más sangre de pollo en el pecho. Seguía sin ser capaz de decir «Presidente Mao» correctamente. El supervisor dio un golpe al interruptor general de la corriente. El estudio se quedó completamente a oscuras. Yo no podía respirar.

Me senté sola en una de las casas de huéspedes del estudio. Era aproximadamente medianoche. Las ramas del arce en el exterior golpeaban mi ventana como si alguien estuviera llamando. El dormitorio estaba tranquilo como un cementerio. Había tenido un día terrible. Casi me expulsan del plató. Los iluminadores empezaron a mencionar a Lanza Esperanzadora, hablaban de lo fácil que era para ella ejecutar lo que a mí tanto me costaba. Sugirieron que el supervisor me mandara a casa.

Oí sonido de pasos al final del largo pasillo. Venían en mi dirección. Se detuvieron delante de la puerta. Unos suaves toques, como un pájaro carpintero. Está abierto, dije. El supervisor se introdujo sigilosamente en la habitacion. Cerró la puerta tras él. Llevaba una chaqueta Mao de color azul. Intenté mover una silla para que se sentara. Me detuvo. Se acercó y tomó asiento a mi lado. Me tocó los hombros desnudos con sus manos. Me acarició suavemente. Me pidió que tuviera confianza en él. Dijo: Sólo si tienes fe verás el futuro que yo veo y sentirás el poder que yo siento.

Dije que la frase nueva resultaba torpe. Dije que no sabía cómo poner en mi boca esas palabras. Dijo que no era una cuestión de torpeza. La torpeza servía a un propósito político. La frase tenía que estar allí o no habría *Azalea Roja*. Dije que no conocía ninguna técnica de interpretación para conseguir hacerlo correctamente. Me sentía incapaz de llenar de emoción esas cinco sílabas. Dijo que ésa no era la cuestión. Las sílabas en sí carecían de significado. El significado estaba más allá de las palabras, más allá de la propia *Azalea Roja*. Dije que no lo entendía, pero que en mi opinión la nueva frase iba a echar a perder la película; la gente se iba a reír al verla. Dijo: ¿Quién crees que es la gente? Son cadáveres andantes, permíteme que te diga. ¿Qué sabe la gente? Lo único que conocen es el miedo. Es por eso por lo que necesitan la autoridad. Necesitan que se les diga lo que tienen que hacer. Necesitan un emperador sabio. Ha sido así durante años. Creen lo que los gobernantes les obligan a creer. Es por esto por lo que había fórmulas intelectuales. Las óperas eran una manera de formar las mentes, de mantener las mentes donde debían estar. ¿Lo ves? Te estoy enseñando lo que sé. Te estoy dando mi poder. ¿Lo ves? Ahora hay alguien más que sabe exactamente lo que yo sé. Alguien más está usando mi poder para conseguir también lo que quiere.

Miró mi rostro confuso y dijo: Sabes que te envidio. De verdad, lo hago. Envidio tu ingenuidad, tu dolor, y tus dudas. Porque yo ya no las tengo, nada de eso. No tengo dudas, ¿entiendes lo que te digo? Mi voluntad es inquebrantable. ¿Me escuchas?

Le pregunté por qué motivo hacía todo aquello. Se levantó y cerró las cortinas de terciopelo. Mientras se volvía hacia mí, apagó la luz. En la oscuridad, me atrajo contra su pecho. Me abrazó. Me hizo quererle. Luego, en la oscuridad, me dijo para mi sorpresa que creía conocer a las mujeres al menos tanto como yo, porque también él llevaba una parte femenina en su interior. Era esta persona la que le impulsaba a hacer todo aquello, a trabajar para la camarada Jiang Qing, a trabajar para sí mismo. Dijo que al hacer que yo interpretara Azalea Roja, podía interpretar a una mujer a la que él mismo había estado admirando.

Sentí el movimiento espasmódico del frenesí y la excitación dolorosa recorriendo su cara. Dejémonos llevar, me susurró al oído. Pocos instantes después, mientras recobrábamos el aliento, oímos el sonido de pisadas en el corredor. El sonido de unas chancletas de madera. Aunque estaba preparada para esto, no pude evitar sentir horror. Eran las pisadas del portero que venía desde el extremo del corredor, acercándose. El supervisor volvió a encender la luz y se arregló la chaqueta. Se fue hasta la puerta para abrir una rendija y se sentó en la silla que estaba frente a mí. Sacó un periódico y fingió estar leyendo. Agarré una pluma y simulé tomar notas. Los pasos se detuvieron a la altura de la puerta. Miré al supervisor. Estaba tan calmado como un lago en un día de verano sin viento. La puerta se abrió de par en par. La cabeza del hombre se asomó. Se nos quedó mirando y luego entró. Llevaba una tetera y dos tazas de esmalte. Se acercó a la mesa y sirvió el té en las tazas. No dijo nada. El supervisor empezó a decirme: Así que quiero que memorices estos nuevos cambios. Debes ser capaz de interpretarlos mañana correctamente.

Mi pluma hacía garabatos sobre el papel. Sí, dije. Miré al hombre por el rabillo del ojo. Su rostro no tenía expresión. Luego llenó el contenedor de agua caliente, salió de la habitación y cerró la puerta. Oímos sus pasos que desaparecían al final del corredor.

El supervisor dijo que el portero era una señal. Una señal de urgencia. Una señal de peligro. Nos estaban vigilando. Dijo: Ahora es el momento de que te cuente algo importante. Algo que debo decirte antes de que sea demasiado tarde. La voz del supervisor vaciló al terminar la frase. Una extraña luz hizo brillar sus ojos de almendra. Los ojos de un fanático. Dio un trago al té y me preguntó si me interesaba oír una historia, la verdadera historia de Azalea Roja. Yo dije: Estoy esperando.

Era hija de una mujer que había sido abandonada por su marido –el supervisor comenzó el relato–. Le habían enseñado que nacer chica era una deshonra. Intentó creérselo igual que lo había hecho su madre. Pero no pudo. Tenía dieciséis años. Era una comunista. Se unió a una compañía local de ópera y se fue a Shanghai. Interpretó a Nora. Ella era Nora. Oyó hablar de Mao y de su Ejército Rojo. Esos ideales eran exactamente los de ella. Fue a reunirse con su héroe a una remota zona montañosa, en la cueva de Yanan. No llevaba nada aparte de su juventud. Tenía veintitrés años y era actriz. Allí conoció a Mao, el dragón celestial, el sol rojo, la esperanza de China, la esperanza de las mujeres. Conoció a su compañero espiritual. Se convirtió en su vida y nunca volvió a amar después de entonces. No podía olvidarlo. No podía olvidar la pasión en medio del fuego de artillería. No podía olvidar sus cuerpos alcanzando el éxtasis simultáneamente con la explosión de una bomba. No podía olvidar las partes del techo destrozado lloviendo sobre sus cuerpos desnudos a medianoche. Podían ver a través del techo. El cielo era de terciopelo negro. El cielo del Reino Medio.

No podía olvidar su risa. Era un poeta nato, un amante y gobernante nato. Le dijo que aquélla era la mejor interpretación que él había hecho en su vida. Lo hizo una y otra vez con ella, en medio del fuego. Le dijo que era su emperadora de la guerra. Le dijo que era su vida, su diosa de la victoria. Dijo que debían unirse espiritual y físicamente. Debía concederle el deseo de casarse con ella, por el bien de batallar por una nueva

China, una China donde el nacimiento de una niña fuera motivo de celebración. Se unieron en la cueva de Yanan. Todo el Ejército Rojo celebró la unión con vino de arroz, cacahuetes y boniatos.

Era la época del Ejército Rojo en los años treinta. La tropa no era muy numerosa. Mao estaba reclutando hombres, mujeres y caballos. La nueva pareja estaba junta, uno al lado del otro. Soportaron el fuego y el agua, desafiaron peligros innumerables. Ella soportó batallas junto a él. Batallas que casi le costaron la vida.

Cuando salió de una larga batalla en el oeste, tenía el estómago lleno de hojas. Los muslos eran delgados como brazos, el pecho era una madera para lavar. Su caballo era del tamaño de un perro grande. Mataron a su caballo para llenar los estómagos de los líderes famélicos del Ejército Rojo. Los soldados morían de las heridas y del hambre. Morían en la carretera. Las mujeres y los niños. Sobrevivió. Su número de glóbulos rojos era tan bajo que apenas se aguantaba de pie. Era la fe en sus ideales lo que la hacía seguir por la carretera repleta de muerte. No podía describir su felicidad aquel día –1 de octubre de 1949– cuando su hombre se subió al piso superior de la Puerta de la Paz Celestial para declarar al mundo entero que China había llegado a la era de la independencia.

El tono del supervisor cambió. Su voz se volvió ronca. Sus ojos parecían dos arañas rojas. Continuó: De todos modos, no le conocía tan bien como ella pensaba. Cuando le pusieron delante un contrato, ya era demasiado tarde para que ella se diera cuenta de su ingenuidad. La obligaron a firmar un contrato con el Partido en el que no le daban ningún derecho a participar en la toma de decisiones políticas de China. Sus batallas no significaban nada para el Partido. No quería creerlo. Se volvió a Mao, al hombre de su fuerza.

Mao dijo que aquélla era una decisión del Partido y que debía ser un ejemplo para sus camaradas. Dijo que el individuo debía obedecer la decisión del grupo. Era el principio en el que se basaba el Partido. Y ella, hizo hincapié, no debía ser una excepción. Ella nunca entendió aquella excusa. Sólo sabía que él era el dueño de este reino. Empezó a darse cuenta de que él deseaba un cambio. Su amor por ella se había desvanecido con el humo de los estruendosos cañones. Había prescindido de ella. Mao abandonó el lecho común y nunca volvió. Ella esperaba noche y día el amor que antes solía darle. En ningún momento puso en duda el amor de él. Le escribió pero nunca obtuvo respuesta. Le fue a ver, pero la guardia de seguridad no le permitió pasar de la puerta. Sus palabras fueron como cuchillos. Le llamó por teléfono porque no creía al guarda de seguridad. Una enfermera joven, su amante, contestó al teléfono. Fue amable pero las palabras le perforaron el corazón. La enfermera dijo: A Mao le gustaría ver a su mujer descansando tranquilamente en el Palacio del Ala Oriental. Mao ha dicho que no debes olvidar tomar a tiempo tu medicina.

No se permitió llorar. Su corazón sangraba a medianoche cuando recordaba el cielo de Yanan. No podía soportar estar sentada en aquella casa que la estaba volviendo loca. Necesitaba trabajar, equilibrarse. Exigía estar con su gente. Pero el despacho central del Partido le cerró la boca. La enviaron a Moscú con el pretexto de su recuperación. Nunca le había gustado Moscú. El frío le helaba el aliento. Pidió que le enviaran películas de Hollywood a Moscú. Contempló las películas hasta que la última hoja del invierno cayó sobre el hielo. Cantaba sus óperas antiguas favoritas para superar las noches blancas. Nunca dejó de presentar solicitudes.

Un día, a principios de los años sesenta, le permitieron volver a su patria. Pero su marido se negaba a verla. No le importaba cómo transcurrían sus noches. No le importaba si se volvía loca. No le preocupaba. Él dijo al Partido que estaba loca y que no tenía por qué tratar con una loca, ni él ni ninguno de los demás miembros del Partido.

¿Cómo transcurrían sus noches? –el supervisor repitió la pregunta con un sarcasmo aterrador en la voz. Las arañas rojas se encogían en sus ojos–. Era como ser enterrada –el supervisor sonrió–, enterrada viva. Pero no aceptó lo que el destino le había deparado. Ella creía que era una heroína. Saldría a rastras de la tumba con la única ayuda de sus ensangrentadas manos. Los camaradas de otro tiempo se habían convertido en sus enemigos. De hecho, nunca les había caído bien. Nunca les había gustado la actriz de Shanghai. Nunca pudieron confiar en aquella mujer. Era demasiado salvaje para ellos. Nunca se domesticaría, nunca se tranquilizaría; asedió a Mao después de seducirlo, decían. Había seducido a China. El país estaba en guerra con ella. La atacaban, pero nunca se rendía. Ni ella sabía cómo. Se negaba a desvanecerse. Era un junco que brotaba debajo de una pesada piedra. Aprendió el arte de la guerra. Empezaba los discursos públicos con la frase: «Os traigo saludos del presidente Mao». Sostenía el Pequeño Libro Rojo y decía: «¡Una larga, larga vida al presidente Mao! ¡Larga, larga vida a la Revolución!». Actuaba bien. Era la mejor actriz de su tiempo.

El supervisor encendió otro cigarrillo. Tenía la mente lejos. Sus manos estaban frías como la muerte. Su voz me atravesó y me arrebató. Continuó: Pasó el tiempo y lo que era una barra de hierro tomó la forma de una aguja. Por aquel entonces, le costaba distinguir si era un ser humano aún con vida o un muerto viviente, tampoco podía distinguir si era un hombre o una mujer. Interpretaba papeles y cambiaba de color como un camaleón. Estaba viva y muerta. Disponía de mansiones en todo el Reino Medio, pero tenía miedo de dormir en una simple cama, en un lugar, demasiado tiempo. Cada noche se quedaba echada en la cama y una profunda soledad la devoraba. Se estaba ahogando. La espera la enloquecía. Afiló su lengua y estuvo lista para asesinar. No podía esperar más. Estaba loca de verdad. Las óperas que cantaba sonaban estridentes. Maldecía. Rezaba. Se reía. Gritaba y se transformaba.

Una mañana Mao se despertó y se dio cuenta de que su equipo de gobierno se había convertido en un Cuartel General de los capitalistas. El dragón se había convertido en una criatura sin cuerpo. En un congreso anual del Partido, su plan quinquenal del gran salto no recibió apoyo porque sus comunas habían llevado a la muerte por hambre a miles de personas. Sus antiguos cuadros iban a expulsarlo. Había perdido todas las bases.

Fue en esta situación cuando recurrió a ella. Cuando no tuvo a nadie más a quien dirigirse. Ella tenía su propio plan. Ambos aparecieron en la Puerta de la Paz Celestial en un dorado día de septiembre, con uniformes verdes del ejército, inspeccionando a millones de guardias rojos aullantes. Fue ahí, en la plaza de Tiananmen, donde ella sintió que volvía a la vida. El viejo dragón estaba loco de furia. Era algo por lo que ella había estado rezando. La Gran Revolución Cultural del Proletariado la reunió con su pasado. Mao volvía a sentirse inquieto una vez más. Ella le pidió apoyo. Creó ocho grotescas óperas modelo. Las óperas de las heroínas. Las óperas de sus emociones profundas. Le dijo a Mao que las óperas asegurarían su reino rojo. Hizo que los miles de millones de ciudadanos contemplaran las mismas óperas durante diez años. Hizo que los niños recitaran las partes y cantaran las arias. No les permitió ver nada más que sus óperas. Les domesticó, tuvo que hacerlo, y luego se convirtieron en sus mascotas. Porque ella representaba a Mao. En una ocasión, en Szechuan, le complació escuchar un lema popular que decía: «Es mejor cantar una ópera modelo que dejarte llenar el cuerpo de agujeros de balas». Una generación de jóvenes se unió a ella. Casi fue votada como presidente del Partido Comunista de China. Las masas, los millones de seguidores, adoraban a las heroínas de sus óperas. Y a ella. Se había convertido en su religión. Las masas empezaron a decir ¡Larga vida a la camarada Jiang Qing! en la ceremonia matinal antes del trabajo. Era la estrella de la mañana que pendía sobre la vida de la nación.

Mao se puso enfermo. Casi se le caía la lengua trémulante de la boca. La camarada Jiang Qing era como el desbordamiento del río Amarillo. No la detenía nada, destruía lo que se interponía en su camino. El imperio de Mao se tambaleaba. El imperio se había convertido en su partido y en el de ella. La camarada Jiang Qing se alzaba por encima de los hombres. Cuando no le gustaba alguien, lo encarcelaba y torturaba a su familia. El viejo sol se estaba poniendo, impotentemente. Mao apeló al congreso. Mao gimió: Uníos y no os separéis, sed francos y honestos, no intriguéis ni conspiréis. Reunió a sus hombres en el Palacio Prohibido y mandó un telegrama con un comunicado para todo el público. Su llamada era desesperada. Cuidado, camaradas, yo no estoy en sus planes –afirmaba Mao–. Jiang Qing quiere ser presidente del Partido. No estoy en sus planes. No respeta a nadie. No dejará a nadie en paz. Cuando yo muera, causará problemas al país. De veras. Os estoy avisando, mis queridos compatriotas. Quiero que sepáis que ella no me representa. No me representa.

Durante medio siglo, Mao la dominó. Pero ella era

testaruda. En ese aspecto, era necia. Pero era una verdadera heroína. A pesar de que su soledad era más espesa que el capullo de un gusano de seda, no tenía intención de renunciar a su ideal. Quería ver cómo se transmitía, aunque ella se convirtiera en cenizas algún día.

Debe suceder a su manera, para el pueblo –dijo el supervisor–. Mao tiene ochenta y tres años cumplidos. El fango le llega al cuello. La mandíbula inferior le cuelga y le tiemblan las manos. No nos queda tiempo. Debemos darnos prisa. La camarada Jiang Qing tiene prisa. Debe aliviar el dolor de su amor por el pueblo. No podemos perder el tiempo. Debemos revivir a Azalea Roja. Tú. La heroína. La heroína audaz, diabólica, lasciva, obscena. Azalea Roja.

Se apartó de mi cara con una sacudida nerviosa del pelo, luego, misteriosamente, volvió a aproximarse. El calor de su boca me llegaba al lóbulo de la oreja. Como si estuviera en contacto con un gran poder, sus ojos de araña roja chispeaban. Entrégate al pueblo –susurró–. Entrégate a la camarada Jiang Qing.

Nunca había creído que el supervisor viviera sólo para adorar a la camarada Jiang Qing. Ahora sí lo creía. Era su amante espiritual. Creí en su obsesión por ella, porque representaba su yo femenino. Porque ella le permitía lograr su sueño: dominar la psique de China.

No veía una línea divisoria entre el amor y el odio. Aquella noche no había línea divisoria entre el amor y el odio, entre él y yo.

El supervisor me había cargado de su deseo irrefrenable la noche anterior. Me sentía como una bala en la recámara de un arma. Aún percibía su calor en mi interior. La ambición multiplicaba mi fuerza. Me miré en el espejo de la sala de maquillaje bajo las luces fluorescentes.

Vi a Azalea Roja. Con su gorro del Ejército Rojo. Ojos atrevidos. Equipada. Perfectamente serena. Llevaba la firmeza de Yan y el espíritu del supervisor. Me creía mi maquillaje. Me creía que yo era quien se suponía que era. Estaba encarnando la historia.

Soy la sustancia física de la camarada Jiang Qing y del supervisor. Expongo sus pensamientos. Soy mi ambición. Hay una energía que surge del cielo y de la tierra y que confluye en mí.

Mañana el nombre de Azalea Roja estará en boca de todo el mundo.

Soy la personificación de Azalea Roja. Soy mi papel.

El equipo esperaba. Yo estaba vestida y maquillada, las luces encendidas y la cámara preparada en su sitio. Esperábamos a que apareciera nuestro director, el supervisor. Pero no se presentó. Me pusieron el maquillaje y me lo volvieron a retirar.

El equipo seguía esperando. Las hojas de los arces estaban quietas, como si escucharan aquella calma poco habitual. Los miembros del equipo empezaron a sospechar algo. Empezaron los cuchicheos. El equipo de iluminación puso excusas para marcharse antes de la hora señalada. El equipo de maquillaje lo siguió. Luego otros departamentos empezaron también a excusarse. La gente decía que ya habían esperado demasiado tiempo y que se debía tener en cuenta su espera. Yo continuaba sentada al lado de la cámara, esperando. Los cámaras cabeceaban desde el almuerzo. Nadie asumía la responsabilidad. El ambiente era extraño, igual que el modo en que hablaba la gente: con las cabezas pegadas, como si se mordieran las orejas unos a otros.

El estudio quedó en silencio. Luego las calles, la ciudad y el país. Con la ausencia del supervisor apareció una señal de peligro. Intenté no percibir el ambiente. Era una hormiga avanzando sobre un cazo recalentado. Intenté no notar la explosión que se aproximaba. Me propuse mantener la calma.

Luego llegaron las noticias del siglo. Era el 9 de septiembre de 1976. El sol más rojo bajó del cielo del Reino Medio. Mao falleció. Por la noche el país se convirtió en un océano de flores blancas de papel. Los que le lloraban se golpeaban la cabeza contra el suelo, sobre los mostradores de las tiendas de verduras, contra las paredes. Una pena desoladora. La música funeraria oficial era transmitida día y noche. Dulcificaba el aire.

Igual que a los demás, me dieron flores blancas de papel para que me las pusiera. Las llevé como el resto de las mujeres, atadas a las trenzas, a la blusa y a los cordones de los zapatos. Parecíamos plantas de algodón en movimiento. La gente del estudio se reunió a llorar en la sala principal de reuniones. El sonido de los sollozos se estiraba como el de un gramófono de manivela manual al final del resorte. Yo no tenía lágrimas. Me tapé la cara con las manos para esconderme. A través de los dedos vi a Wong Soviética. Sacudía el rostro en su pañuelo húmedo. La nariz no dejaba de resoplar. Lloraba con gran intensidad. Me preguntaba por qué lloraba. Por su juventud marchita, estaba segura. Debía de estar llorando por sus posibilidades perdidas. Lo estaba celebrando; su miseria posiblemente se había acabado. Me echó un vistazo mientras se sonaba la nariz. Noté que me estudiaba. Debió de adivinar que yo no estaba pensando en la mayor pérdida de la nación. Yo estaba pensando en la camarada Jiang Qing.

Se decía que su mujer lo había asesinado. Mao había sido asesinado por la camarada Jiang Qing. Se decía que la camarada Jiang Qing había sustituido al médico del presidente. Mao había sido envenenado hasta morir. La camarada Jiang Qing había retirado la mascarilla de la cara. No podía esperar a que el hombre se muriera por sí solo. Su último abuso fue pedirle que firmara un papel en el momento del último aliento. Los rumores se cebaban cada vez más, cada vez más pringosos, como un plato de cuello de cerdo.

Los hombres empezaron a hablar de colgar a aquella zorra. La zorra que estaba a cargo del país. La zorra que había vuelto tan miserables las vidas de los ciudadanos. ¿Cómo vamos a permitir que la plaga se propague por China? ¿No estamos locos de remate? Echemos a esa zorra a un cántaro lleno de agua hirviendo. Ahoguémosla. Cortémosla viva a rebanadas. Y sacrifiquémosla sobre el altar de nuestros grandes antepasados.

Los medios de comunicación publicaron una foto de la primera esposa de Mao, una mujer joven que había sido asesinada por los nacionalistas hacía medio siglo. Dijeron que aquella mujer era la única esposa verdadera de Mao. Engancharon su foto por todas partes. Incluso en los parvularios, donde enseñaron a los pequeños a decir el nombre de la mujer y a cantar canciones exaltándola.

En el funeral de Mao, por la televisión, apenas pudimos ver la cara de la viuda, la viuda del sol rojo muerto. La cámara sacó las grandes cabezas de los hombres ancianos. Los cuadros de la Larga Marcha. Hombres con las caras hinchadas cuyos ojos no demostraban ninguna emoción. La cámara mostró los rostros de los asociados más próximos a la viuda. Esos rostros estaban delgados y largos. Bocas con forma de pirámide preparadas para decir: Fuego.

El presidente, tumbado en su lecho de muerte, no parecía estar muy satisfecho. Los asistentes, los representantes del pueblo, gemían apenados. Por la mañana abrieron las puertas al pueblo, el ataúd de cristal se elevó desde el suelo y el muerto quedó expuesto. Cientos de miles de personas fueron a ver a su amado salvador. Cada una de ellas sostenía un voluminoso pañuelo. Se enjugaban las lágrimas una y otra vez, luego se desmayaban, uno detrás de otro, por televisión. Les retiraban y los medios de comunicación elogiaban su lealtad. El amado salvador del pueblo llevaba una chaqueta verde totalmente nueva, diseñada por él mismo. El cuerpo sagrado estaba envuelto en la bandera nacional, con la cara pintada, su interior vaciado y untado con anticorrosivo.

En el estudio, la gente se agrupaba ante el nuevo televisor en blanco y negro, mirando las imágenes. Detrás del televisor aún colgaba un lema: «¡Una larga, larga vida para el presidente Mao!». Los colores eran tan brillantes como las rosas en el verano.

Las palabras «camarada Jiang Qing» habían dejado de existir. Ahora se le llamaba la puta, la zapatilla desgastada.

El amplificador sujeto al tronco del arce fuera de mi ventana estaba retransmitiendo las instrucciones de Mao. Las instrucciones del muerto. La voz del locutor era blanda como una medusa. Repetía: «No estoy en sus planes. Jiang Qing quiere ser presidente del Partido. No estoy en sus planes. No respeta a nadie, creará problemas al país. Lo hará. Os advierto. Mis queridos compatriotas... os advierto».

Me negué a asustarme. La desaparición del supervisor me había preparado para lo peor. Por la noche esperaba. Esperaba una pesadilla. Pero llegó por la mañana.

La trajo Wong Soviética. Su aspecto era extraordinariamente fresco y joven. Me entregó un pedazo de papel con un sello. El papel decía que el Partido había decidido enviarme de vuelta a la granja del Fuego rojo. Se había disuelto el equipo de la película. Habían asignado una furgoneta para llevarme al lugar al que pertenecía.

No le dije nada; sabía que sólo malgastaría mis palabras si lo hacía. El tren de la historia había cambiado de dirección. Comprendí que, a pesar de que en realidad nunca había hecho tal elección, pertenecía al bando de los perdedores. Empecé a hacer la maleta para volver a la granja del Fuego rojo, donde me encarcelarían.

La manilla de mi puerta giró. Alguien dejó caer una nota. La abrí. Era la letra del supervisor. Me agarré a la pata de la mesa para mantenerme firme. El supervisor quería que me reuniera con él en el parque de la Paz. De inmediato. Urgentemente. No tienes por qué venir –decía la nota–. Nuestro encuentro es peligroso. Me están buscando. La nación no me perdonará, no este tipo de pecado. Pero quiero verte. Ven, por favor, si todavía es posible.

Fui. En la oscuridad. Dominando la tormenta.

Me contó que nunca en su vida había dicho «lo siento» a nadie, pero que aquella noche debía expresar su pesar. Te he defraudado. Me he defraudado a mí mismo. Siento vergüenza. Quiero que guardes mi vergüenza, que la talles en la lápida de piedra de tu memoria.

Le miré. Me aproximé para abrazarle. Noté en sus manos un fuerte temblor convulsivo. Se sentía triste porque era demasiado viejo para los infortunios que se avecinaban. Dudaba incluso de que pudiera sobrevivir. Pero debía vivir por su ideal, dijo apretando los dientes. Dijo que no tenía derecho a decepcionarse a sí mismo. No debía rendirse. Matarse era una rendición. Era inaceptable en un verdadero comunista.

Le dije que el estudio me había puesto en una lista

como seguidora de la camarada Jiang Qing. Mi expediente estaba salpicado de manchas negras. Me abrazó y me preguntó si podría perdonar a la camarada Jiang Qing. Le contesté que no la conocía. Insistió en que sí. Dijo que la camarada Jiang Qing había sido expectadora de mi pasión. Estaba orgullosa de ti y, en este momento, cuenta contigo. Ella misma va a ser colgada uno de estos días por sus camaradas de la Larga Marcha y debe confiar en su Azalea Roja. Debe ver cómo se transmite su ideal.

Le pregunté por la situación en que se encontraba. Sonrió de un modo extraño. Dijo: Mi mejor posibilidad sería estar en la lista de enfermos mentales. Me hallo en la cuerda floja. Me estoy convirtiendo en una maldición negra para el Reino Medio –dijo en tono jocoso–. Tengo la cabeza en la soga y es por ello que debo darte este mensaje. Escucha, no has hecho nada incorrecto políticamente. Eso quiere decir que políticamente eres inocente. Deberían clasificarte como víctima de Jiang Qing, una víctima de la Banda de los Cuatro. Debes declarar eso al público. Debes declarar que no me conoces y punto. Tú no has matado, no has cometido ningún delito. Lo único de lo que te pueden acusar es de tu mirada, la mirada elegida por la camarada Jiang Qing. Tras decir esto, me observó bajo la brillante luz de la luna. Contempló atentamente cada parte de mi cara y su expresión se paralizó: Pero tú no sabías nada de su plan.

No caigas en su trampa –continuó–. Recuerda que te encontrarás con trampas, excelentemente diseñadas y bien ensayadas. Pero no será nada nuevo. Siempre los he engañado hasta la fecha. He perdido ante la historia, no ante ellos. Ellos cubrirán de mierda todo lo que yo he elogiado. Con lógica, por supuesto. Te criticarán, pero el día pasará si aprietas los dientes y aguantas mientras ellos te despellejan. Dime ahora que eres una heroína. Prométeme que podrás aguantarlo. No me decepciones.

Pero ya me han ordenado volver a la granja del Fuego rojo –dije yo–. ¿Qué puedo hacer? La orden ha sido cambiada –dijo el supervisor con calma–. Un amigo mío en el estudio lo ha arreglado por mí. Te ofrecerán un trabajo en el estudio. Será un puesto despreciable, pero no tienes que volver a la granja. Te han devuelto el número de residencia en la ciudad. Sé que no eres capaz de volver a la granja del Fuego rojo. Siento no poder protegerte más. Te he hecho más daño que dado felicidad. Lo único que deseo es... –Se detuvo y me miró un largo rato–. Eres tan joven, tan hermosa. Es bueno que no sepas muchas cosas.

Le pregunté por su relación con la camarada Jiang Qing, le exigí saber. Dijo que era mejor que no supiera. Dijo que de este modo me protegía para que no me hicieran daño. Me pidió que recordara la oscuridad de la noche, que observara la marcha de la historia, que observara cómo se alteraba, que viera cómo era posible que los muertos se levantaran y hablaran, cómo nunca protestaban por lo que se había puesto en sus sucias bocas. Dijo que este poder de la historia era lo que le había cautivado. Me pidió que admirara la historia. Su voz impregnó todo mi ser. Azalea Roja nacerá en otro momento, en otro lugar. Estoy seguro, muy seguro –murmuró–. Amo a Azalea Roja, ¿y tú?

Entre la sombra de la maleza, el supervisor me dijo que las óperas se crearon a partir de los deseos insatisfechos de Jiang Qing, que era ese mismo deseo el que había hecho que las tragedias antiguas estremecieran las almas e impulsaran las civilizaciones. Y era este mismo deseo el que encendió la llama de la Gran Revolución Cultural. Hizo una pausa y miró a su alrededor, luego dijo que se sentía un poco decepcionado porque aquella noche no había muchos amantes furtivos y masturbadores presentes. Dijo que había que gozar plenamente del canto de las hojas del arce. Me preguntó si podía imaginarme en las colinas verdes, entre las peonías rosas de su jardín, allí en Pekín. Me preguntó si podía imaginarnos sentados en el valle, en el seno de la madre naturaleza. Me pidió que cerrara los ojos para oler la fragancia de las flores. Dijo: Que permanezca contigo toda tu vida. Abre el camino oculto de tu mente, experiméntalo, permanece enteramente en contacto con él. Me pidió que le contara cómo dispersaba el viento las nubes con su soplido. Me perdí en su calor. Le dije que sus manos eran viento y que en sus manos mi cuerpo se convertía en nubes. Dijo que se sentía impetuoso y que su pasión era tan fuerte como la muerte.

Dijo que siempre quiso observar su propio humo cuando se alzara en espiral de la chimenea del crematorio de la Vista del Dragón, que la muerte nunca le había asustado. Nunca había confiado en los libros de historia chinos. Porque esos libros estaban escritos por personas impotentes para el deseo. Gente que estaba pagada por generaciones de emperadores. Eran eunucos. Su deseo había sido castrado.

Quería verme viva. Quería verme vivir su vida. Conoces mi deseo secreto; ahora guárdalo y aliméntalo por mí. Lloré con estremecimiento. Dije: Lo haré, lo prometo. Él dijo: Abracémonos y no digamos nada.

Nos abrazamos. Sentí a Yan: salíamos andando de la oscuridad.

Una semana después, madame Mao, Jiang Qing, fue arrestada y denunciada. El arresto fue llevado a cabo por la nueva Oficina Central del Partido en Pekín, dirigida por Hua Guofeng, un hombre designado por Mao. El arresto se manejó noblemente y con buenas maneras. Fue rápido y limpio. El público se sintió sumamente satisfecho. Lo celebraron, compraron cangrejos y los hirvieron, para tomarlos con vino. Los cangrejos hembras simbolizaban a Jiang Qing. Ahora ya había sido devorada. China se sentía desbordante. Reuniones políticas, desfiles monumentales y fuegos artificiales durante toda la noche. La gente se echaba a la calle a puñados, tocando tambores y bailando como buñuelos en agua hirviendo. Un año después, Deng Xiaoping, uno de los cuadros de la Larga Marcha, se hizo cargo del gobierno de Hua. Más reuniones, desfiles y fuegos artificiales. Los retratos de Hua se arrancaron de las paredes y fueron reemplazados por lemas que elogiaban al nuevo hombre en el poder. Jiang Qing estaba encerrada en la prisión nacional de la ciudad de Ch'ing a la espera de la sentencia. La gente lo celebraba y gritaba ¡Fuera!, ¡Fuera! ¡Fuera!

Volví a trabajar como ayudante de plató en el Estudio de Cine de Shanghai durante los siguientes seis años. Durante este tiempo, copié guiones, sostuve la pizarra de doblaje, llevé el registro de los rodajes en distintas localizaciones, fregué suelos y llené los contenedores de agua caliente de las oficinas. En seis años de profunda soledad y desamparo mi salud se vino abajo. Tosía sangre y me desmayaba en el plató. Tenía tuberculosis. No me autorizaban a coger una baja. En el expediente del Partido había sido finiquitada permanentemente. Por la noche me sentía tan frustrada que perdía el valor. Echaba de menos a Yan y al supervisor. En seis años me convertí en una piedra, insensible a la pasión.

Un día de 1983 me llegó una carta del extranjero de una joven amiga a la que conocía de la escuela de cine. Se había marchado de China hacía tres años y estaba viviendo en Los Ángeles. Me preguntaba si había pensado alguna vez en ir a América. La idea era tan extraña para mí como la de vivir en la Luna, la Luna como la describía mi padre: helada, sin aire ni sonidos. De todos modos, la desesperación que sentía me volvía osada. Aunque no hablaba una sola palabra de inglés, sabía que América sería la única solución.

Luché para encontrar mi camino y llegué a América el 1 de septiembre de 1984.

Chicago, Navidad de 1992

Título de la edición original: *Red Azalea*
Traducción del inglés: Rosa Arruti,
cedida por Ediciones B, S.A.
Diseño: Emil Tröger
Foto de sobrecubierta: Mario Vilar
Foto de solapa: Lehtikura Ay/A.G.E. FotoStock

Círculo de Lectores, S.A.
Valencia, 344, 08009 Barcelona
1 3 5 7 9 5 9 0 6 8 6 4 2

Licencia editorial para Círculo de Lectores
por cortesía de Ediciones B, S.A.

Depósito legal: B. 16216-1995
Fotocomposición: Fotoletra, S.A., Barcelona
Impresión y encuadernación: Grafos, S.A.
Zona Franca, sector C, calle D, 36. 08040 Barcelona
Barcelona, 1995. Impreso en España
ISBN 84-226-5534-9
N.º 28993